本书获得 2018 年贵州省出版传媒事业发展专项资金资助

# 張聞玉文集

·文学卷·

张闻玉◎著

贵州大学出版社
Guizhou University Press

图书在版编目（CIP）数据

张闻玉文集．文学卷 / 张闻玉著．-- 贵阳 : 贵州大学出版社，2018.12
ISBN 978-7-5691-0066-2

Ⅰ．①张… Ⅱ．①张… Ⅲ．①中华文化－文集②中国文学－当代文学－作品综合集 Ⅳ．①K203-53 ②I217.2

中国版本图书馆CIP数据核字（2018）第294104号

# 张闻玉文集·文学卷

著　　者：张闻玉

出 版 人：闵　军
责任编辑：高佩佩
责任校对：葛静萍
装帧设计：陈　艺　方国进

出版发行：贵州大学出版社有限责任公司
地址：贵阳市花溪区贵州大学北校区出版大楼
邮编：550025　电话：0851-88291180
印　　刷：深圳市和谐印刷有限公司
开　　本：720毫米×1000毫米　1/16
印　　张：24.75
字　　数：435千字
版　　次：2018年12月第1版
印　　次：2018年12月第1次印刷

书　　号：ISBN 978-7-5691-0066-2
定　　价：68.00元

作者与张汝舟先生

1980 年 • 滁州

# 张闻玉文集总序

顺　真

由《小学卷》《天文历法卷》《文学卷》《史学卷》《经学卷》共计五卷二百余万字的《张闻玉文集》，即将由贵州大学出版社隆重推出、陆续出版，这是贵州学界、西南学界，乃至大陆学界的一件喜事。受闻玉先生之托，故黾勉写一总序，忝列卷首。

不言而喻，经过以一代宗师苏秉琦先生为引领的中国考古学界半个多世纪的不懈努力，中华史前文化的演进脉络已经基本理清。公元前三千年前后，黄帝轩辕氏已然开启中华文化的文明时代，这已经渐成学界定论，中华文化上下五千年这一素朴的表述已经不可动摇。近代以降，西风压倒东风的单一走向已经开始彻底扭转，中国人以中国本土文化为根基汇通其他文化进而深度开启身心慧命的时代已经到来。闻玉先生常说的“中国人要做中国的学问”，无疑是这一伟大变革之时代，一直坚守本心、系命本土的中国传统学人之心声。中国人天天说的是汉语、天天写的是汉字，如果没有汉语、汉字为根基所累积的“国学”这碗醇厚的文化甘露，又将以何而维系十几亿中国人的认知之命，又将以何而充盈十几亿中国人的情感之命，又将以何而开启十几亿中国人的灵性之命？故就本土学术研究而言，闻玉先生以为“中国人做学问，由情入理，由辞章而经学而史学，才算走完一位学者的全过程。作为经学附庸的‘小学’乃基础之学，尤应受到重视”。五卷本《文集》正是作者五十多年以来乃至年过古稀依旧孜孜以求的学术兑现与结晶。

闻玉先生早年拜师求学于著名学者张汝舟先生门下，而汝舟先生乃一代宗师黄侃大师之亲炙弟子。故闻玉先生坚守家法，以延续传承章黄学派为使命。又曾问道于著名易学大师金景芳先生，故能由辞章之学进而步入经学之地，最后归宗于史学，尤其于先秦史特于天文历法之学，秉承汝舟大师之体系，金声玉振而集其大成——以“月相定点说”为不易之论、以太史公《史记·历术甲子篇》为殷历四分术之“法”、以“3.06分”为此四分历每年浮差之科学常数、以天上材料（实际天象）与地下材料（出土文献）与纸上材料（典籍记载）“三证合一”为科学方法论、以武王克商在公元前1106年以及西周共计336年之“西周纪年”并共孝懿夷王序王年等核心内容所构成的“张汝舟—张闻玉天文历法体系”，已卓然成一家之言，立于当代学林而不倒。2008年，广西师范大学出版社出版了闻玉先生的《古代天文历法讲座》一书，又使这一传统绝学“飞入寻常百姓家”，推动了“国学”在科学性方面的进展，其嘉惠学林、开拓未来，确实是功德无量。

十五年前，即二〇〇一辛巳年，恰为闻玉先生六十大寿之年。当年贵大三角院楼房落成，先生亦有乔迁之喜，双喜临门，三五友朋，小聚庆贺，品茗饮酒。余曾即席口占“四言八句”。

爰自巴蜀，托命黔庐。
明师指点，早入正途。
究心坟典，堪透天书。
正性正命，非有非无。
乔迁之喜，紫气桃符。
高朋满座，不亦乐乎！
修身养性，吃斋念佛。
学通天地，西南硕儒。

今录出拙句以表我心，并祝闻玉先生身体安康、佳作纷呈。

丙申猴年元月元宵节后二日
记于花溪贵大般若堂

# 儒雅风流是吾师

2008年秋，内子负笈贵州大学，入顺真先生门下攻读中国哲学。2009年春，余亦入黔，蒙闻玉恩师不弃，列入门墙，糊口之余，随先生读书。2010年6月，内子学事已毕，与余束装北归。屈指而算，游于闻玉先生门下，垂十年矣。回首当日与黄君志强、罗君松乔随先生读书宴游，竟是四十年来难得之安乐时光。时下虽与先生暌违日久，黔中塞外远隔何止千里，然先生每有诗文草成或著作付梓，必获见赠。弟子虽资质驽钝，毫无建树，然以先生为楷模，仰不愧于天，俯不怍于人，获益于先生多矣。

闻玉先生本四川巴中人士，生于1941年，时值抗战。出身农家，少入私塾，受传统教育。寒窗苦学，未及弱冠而以优异成绩入读贵大中文系。其时贵州大学名师云集，张汝舟、朱厚琨、李淑元、陈果青诸先生皆学界之耆宿。斯时世风陵替，世人咸以粗鄙为荣。硕儒前辈皆厕身“右派”之列，被打入尘埃。先生向学之心不改，读书治学，甘之如饴，不以为苦。闻玉先生于同窗之中，年龄最幼，然博习亲师，颇得诸先生之青眼。1962年，先生毕业，请缨至毕节从事语文教学。毕节，古人谓之“苦甲天下”，先生却乐在其中，从事中学、中师教育十一年。1973年末，重返贵大执教至今，又四十余年矣！师泽及于八表，弟子何止三千。

先生学天文历法于张汝舟先生，学《易》于金景芳先生。1980年秋，王气中、殷孟伦、徐复三位先生发起“中国古代天文历法讲习会”，汝舟先生于滁州醉翁亭畔主持讲座。老先生年事已高，主要辅导工作由闻玉先生担纲。年末，先生著成《古代天文历法浅释》一书，后得程千帆先生激赏，附丽于千帆先生点校之《章太炎先生国学讲演录》。1985年秋，先生随金景芳先生学《易》于吉林大学。受陈连庆先生之邀，讲学于东北师范大学，并承陈先生之命，整理铜器铭文。先生代表作之一《铜器历日研究》即草构于此。

先生问学滁州期间，因家庭变故，与尚属孩提之爱子天各一方，金宝侍座黔中之时，先生每言及此，痛惜之情，溢于言表。所幸天佑仁人，先生晚景顺遂。与师母赵老师伉俪情深，相敬如宾。得师母之精心照料，博观约取，厚积薄发，著述既富且精，嘉惠学林。尤可欣喜者，2011年劳动节，哲嗣赫嘉兄自沪上归来。失散三十余年之骨肉天伦，重获团圆，实为恩师晚年一大乐事。

闻玉恩师发扬汝舟先生“月相定点说”，力指“月相四分说”之非，于廓清史学界之迷雾有筚路蓝缕之功。先生将汝舟先生之天文历法绝学援引入铜器断代，在考证众多铜器历日的基础上，制定十条“铜器历日研究条例”，独开生面，自成一家之言，已经成为铜器断代研究绕不开的方法论。并据此构建三代纪年，将汝舟先生开创之实际天象、出土文献与典籍记载“三证合一”的科学方法论踵事增华。论证过程严谨精密，所得结论科学可信，确为颇具开创之功的不刊之论。先生在《古代天文历法讲座·后记》中云：“真正的学问必须是简明而实用的。……只有可靠的结论，才能经受时代的验证，对得起子孙后代，三百年也不会过时。”清华大学教授李学勤先生撰文云：“当今以历史年代学名家者，两三家而已，张闻玉先生是一家。”又为先生编著之《夏商周三代纪年》题词曰“观天象而推历数，遵古法以建新说”。经过数十年的传播，由汝舟先生创建，闻玉先生发扬的“张汝舟—张闻玉古代天文历法体系”已经逐步成为先秦史学界共识。

先生之学术发轫于文学，转而为经学，再转而为史学。转益多师，熔裁经史，旁涉百家，终成巨匠。著书育人之余，讲学于南京大学、湖南师大、东北师大、南昌大学、四川大学等名校上庠，好评如潮。后以古稀之年出任贵州师范大学历史研究院院长与贵州大学先秦史研究中心主任，受聘南昌大学兼职教授，为中华文化之复兴鼓与呼。先生乐于提携后进，凡可塑之才，名校硕博或贩夫走卒，均大为揄扬，以期培养读书种子，延一线中华文脉。师门之中，有北大毕业的马明芳师姐，也有军人出身的喻在银师兄，鄙陋如我，亦得以受教。师门中人，无论前辈学人抑或青年俊彦，均云：先生非但是学殖深厚可以解学术之惑的经师，更是使人安心立命足以传人生之道的人师。1984年，先生设帐于南京大学，曾作诗怀念汝舟先生，其中有云“清风化雨江天洒，仰止情深四海同”，足为夫子自道。

少陵《咏怀古迹》云“风流儒雅亦吾师”。先生亦儒雅风流之士，不过此风流非“人不风流枉少年”之风流，乃“是真名士自风流”之风流耳。先生以儒者自期，于孔孟之道一以贯之。古人所谓“仁慈隐恻，造次弗离；节义廉退，颠沛匪亏”者是也。十年浩劫之时，汝舟先生蒙冤，恶冠加首，闻玉先生以师礼事之如初。汝舟先生鹤归道山，身后哀荣，文章之结集付梓，多赖先生之力。历次风波，先生穷达不改其志，遇受难者辄施以援手。风波之后，先生育人之余，乐善好施，寒门学子多受其惠。先生醉心学术，亦关心时事，国运民瘼，尽收笔底。每遇不平事，辄做狮子吼。于学术观点则兼容并包，虽意见相左之文，苟有一毫之可取，亦乐于推介。于未知领域，则恪守“多闻阙疑”之道。余受教门下之时，先生再三叮嘱：于未知领域，不可妄下断言，以免贻笑大方。于门人弟子，则循循善诱，如阳春之温，时雨之润。弟子但有寸进，欢欣鼓舞，若出于己。先生授徒，极重元典诵记。学子或以为苦，后始知受益终身。先生又云，治学需博而能专，切忌门门懂样样不通。是以门下弟子皆严守章黄学派宗风，熟读《说文》，以免受“束书不观，游谈无根”之讥。先生好学深思，尊师重道，宠辱不惊，乐天知命，洵然有古人之风。先生致力于经史，文章余事耳，多为心路历程之实录，绝少向壁虚构之作。章实斋云“六经皆史”，先生之文中多时代风云变幻之折射，来日或可补正史之阙。

先生文集《文学卷》付梓之际，命序于余。余不敏，管窥锥指，略述先生之嘉德懿行。古人云“文如其人”，虽不尽然，亦未必不然。知先生之阅历，亦可为解读先生文章之津梁。至于诗文之月旦甲乙，非余后生小子所能置喙，静待读者诸君品鉴。

受业弟子张金宝沐手敬撰

适逢2017年儿童节后一日

恭祝先生童心永驻寿比南山

# 前 言

承贵州大学校领导的关心，有贵大出版社闵军社长等的具体操作，学校决定出版《张闻玉文集》，借以弘扬国学，弘扬传统文化。就个人来说，事先是没有想到的。

1995年以来，我先后出版了十多本个人专著，如何编辑成集，还是伤了些脑筋。

最先出版了《小学卷》，收进了三本原单行本：《汉字解读》《语文语法刍议》《古音学基础》。这当然是不费心思的，本来就这么三本书，内容也比较集中。

有了这个体例，《天文历法卷》也可以用这个模式出书，还是三本：《古代天文历法浅释》《古代天文历法论集》《古代天文历法讲座》。

《古代天文历法浅释》写于1980年年底，那时还在安徽滁州师专汝舟师身边问学，后来收入1984年秋后南京大学中文系编印的《章太炎先生国学讲演录》一书，又附录于1987年浙江古籍出版社出版的《二毋室古代天文历法论丛》中。

为教学方便，南京大学、湖南师范大学、东北师范大学、贵州大学都有《古代天文历法浅释》刻印本，给文史研究生做教材使用。

《古代天文历法论集》由贵州人民出版社1995年出版，都是有关的单篇文章。那时李学勤先生正在贵阳出席一个会议，出版界宴请李先生，记得是他向贵州人民出版社领导推荐了我的两本书。另一本《西周王年论稿》李先生还特意撰写了序文。

《古代天文历法讲座》先后印刷多次，最为畅销。最初其实是1984年6月在南京大学讲学一个月的讲稿，1985年上半年整理成文，先以《古代天文历法说解》自印了五百本。后来学人汤序波推荐给北京出版界王强先生，编入广西师范大学出版社编辑的“讲座系列”，堂而皇之，名曰：《古代天文历法讲座》。

《张闻玉文集·史学卷》由弟子桂珍明编纂目录，还是仿照这个体式，以三本书为中心编目。其一，《西周王年论稿》，附录有关西周年代学的文字；其二，《铜器历日研究》，附录有关铜器研究的文字；其三，《历史年代与历术推演》，除去“历术推演”，附录有关历史年代（西周年代除外）的文字。

《文学卷》也就三本书：六十岁前的那些散篇文字，印有《辛巳文存》，七十岁前的那些散篇文字，印有《辛卯文汇》，还有《学诗说诗》(2014年)。此卷由弟子张金宝在此三本书的基础上编出目录。那些散文类的“杂货”，他都归类处理，我也感到满意。

有些文字我都不知道散落在哪里，金宝从博客、集子之外的旮旯搜罗出来，费心尽力，我都惊讶。这其中的大部分文章，金宝都转录为电子版文稿，省却出版社许多精力，也缩短了出版时日，令我感动。

《张闻玉文集》的《小学卷》《天文历法卷》《史学卷》我都没有撰写前言、后记之类，编目也顺其自然。唯有《文学卷》金宝出力最多，不得不站出来说几句，以表达我的谢意；同时也借此表达对出版社闵军社长、龚晓康副社长的谢意；也借此表达对《张闻玉文集》责任编辑葛静萍、高佩佩两位女同胞的谢意。

2017年9月6日上午

# 目 录

## 怀人篇

独具特色的一流学者张汝舟……3
忆语师门……6
汝舟先生的佛事……9
汝舟先生墓碑记……11
贵州大学整理张汝舟先生遗著……12
张汝舟学术思想评介……17
怀念朱厚锟先生……24
怀念冬申老师……26
李晔先生二三事……28
赵老在我心中……30
令人敬重的庞老先生……32
怀念周秉钧先生……36
回忆周先生……38
怀念金仓兄……42
悼歌今……46

## 忆往篇

天地有大美而不言……51
耕读师范回忆……53
有缘“三十三”……59

相识三十年感言……61
六十年的回顾与前瞻……63
毕业合影之感慨……65
再说毕业合影……69
回忆前妻……71
儿子从上海来……76
又见庞慧……83

## 历史篇

漫话伏羲……89
龙凤漫谈……91
殷都漫谈……93
关于武王伐纣……95
姜子牙其人其事……96
读“幸氏远祖世系”……98
长寿天子周穆王……102
子贡经商……104
历史上的庄妃……105
辛亥革命后的黄帝纪元……107
对“断代工程”的质疑……112
学术论文理应求实……116

## 记游篇

感受“南环线”……121
“畅通重庆”印象记……124
东莞印象……127
东行散记（一）……130

东行散记（二）……132
东行散记（三）……134
东行散记（四）……136
东行散记（五）……138
东行散记（六）……141
东行散记（七）……145
东行散记（八）……147
东行散记（九）……150
西昌纪行（一）……153
西昌纪行（二）……155
西昌纪行（三）……157
西昌纪行（四）……159
西昌纪行（五）……161
千里南昌行（一）……164
千里南昌行（二）……167
千里南昌行（三）……171
千里南昌行（四）……175
千里南昌行（五）……178
千里南昌行（六）……182

## 书评序跋篇

文化之源在天文……187
《〈史记·历术甲子篇〉解读》序……190
《唐代墓志石刻编年》序……192
《〈黔记·星野志〉考释》序……196
从《楚辞讲座》出版想到的……199
史学的困惑与出路……202
花甲之后又十年……204
《现代汉语语法入门》评介……206

《桑宏恩诗集》序……209
香自苦寒来……212
《文路漫笔》序……214
《花溪龙腾跃》编后记……216
《醉墨吟》序……219
《张达伟诗集》序……221

## 文化篇

怎样读书……225
端午与阴阳五行说……226
子生三月……229
取名的学问……231
善性与良知……233
孝与善……235
文化的话语权……237
话说正装……239
湖南道县石像群之解读……242
《尚书》与清华简国际学术研讨会欢迎辞……246
在“巴山黔缘”乡友会上的讲话……248
写在《南方丝绸之路·都匀宣言》后……252
国学之路……254
第二届中国古代文明研究前沿论坛欢迎辞……260

## 随笔篇

建议古书用夹注……265
漫话影视……267
鬼节说“鬼”……269

漫谈生物钟……273
黄梅老祖寺……275
宝掌“千岁”释读……277
说黔灵山步道……279
善待弱项……281
解读北京奥运……283
回顾与展望……285
愧说“勘误”……287
谈谈习非成是……289
独辟蹊径的一种检字法……291
琢磨琢磨汉语……293
古语无介词……294
说说汉语的简洁……296
语重心长说背诵……298

## 学诗说诗篇

《学诗说诗》前言……303
学诗说诗之述怀诗作……305
学诗说诗之联语集锦……328
学诗说诗之谈诗论对……337
《学诗说诗》编后记……360

## 附　录

认知中华文明的本色……365
从大巴山走出去的黔中学者……367
千里寻师记……370

# 怀人篇

# 独具特色的一流学者张汝舟

张先生名渡，字汝舟，以字行。1899 年 3 月 20 日生于安徽省全椒县南张村，旧属合肥东北乡，早年自称“合肥张渡”。1930 年冬中央大学国文系毕业，1945 年秋，应聘到贵州大学任教授。[1] 于 1982 年 1 月 22 日溘然长逝，享年 83 岁。

张汝舟先生一生都从事教育事业，敬德修业，教书育人，以培养人才为己任。他崇高的道德修养、精深的学术水平，影响和造就了一大批人。国内知名学者如周本淳、宋祚胤、孟醒仁、祖保泉等都出自他门下。先生在贵州从教近 30 年，为贵州培养了众多的专业人才，他们活跃在我省文化战线，成为教育、文艺、学术方面的骨干与中坚，使贵州的文教事业熠熠生辉。正如弟子们给张汝舟先生撰述的《墓碑记》所言：“玉在山而草木润，先师于贵州文教学术之贡献，可谓大矣。弟子遍黔中，颂先师之书、传先师之道，敬德修业咸以先师为楷模。道德风范，口耳相传，无不以升堂入室为荣。”

张汝舟先生作为一位知名学者，其学术成果足以传颂千古。纵观他的学术成果，可以领略他学术研究的特色。

其一，教书育人，服务教学。张汝舟一生都从事教育事业，他的研究最大特色就是立足教学，以教书育人带动学术研究。他的文章与其说写给社会，不如说是写给自己的学生。1941 年他到“国立蓝田师院”任教，由他主讲老庄，便有了《老庄补义》，显示了他对老庄之学的深刻理解。在蓝田师院讲文法，写有《国文文法》一书，由蓝天公益出版社 1942 年印行。20 世纪 50 年代他在贵阳师院中文系讲汉语语法，写出了《简明语法》作为教材。

[1] 为保持作者诗文原貌，本书中高校名称、机关单位名称等有时用作全称，有时用作简称。另，为保持某一话题的连续性，本书的内容并未严格按照写作时间顺序编排。特此说明。——出版者

20世纪60年代初，又因为教学需要，写出了《语法管见》，精要地提出了他的主要观点。他到贵州大学任教，讲声韵学，便写有《声韵学教案》。20世纪60年代在贵州大学为学生讲声韵学，写了《声韵学方面的几个问题》《怎样继承清人训诂学遗产》。1963年他开设“古代汉语”课，自编教材，注释中多有他的独到见解，后来整理为《然疑待徵录补》。

其二，以简驭繁，简明实用。中国古代典籍浩如烟海，经两千多年的历史，任何一个问题都会有纷纭不已的说法。年轻人想入门，实在太难。张汝舟先生写讲义做文章，充分考虑到青年学生的理解与接受能力，总是做到于繁芜中见精要，于纷乱中显明晰。正如谭科模先生的诗：“师传最是合人情，主要精神在简明。”他写出了做学生的亲身感受。

声韵学上的古音通假是一个难点，有人还写有专著。张汝舟先生在教学中归纳为“同音通假”“同声符通假”两类，便可贯通解说。

又如历术，自古以来都认为推步最难，不免望而却步。依张汝舟先生的研究，利用两张表就能便捷地推演上下五千年的任何一年的朔闰中气，不过加减乘法而已，平常人都能掌握。

张汝舟先生对唐诗（主要是杜诗）、宋诗（主要是黄山谷的诗）都有很深入的研究。讲到两者的区别，他说：“唐诗是神气，是韵味；宋诗是意旨，是境界。唐诗是虚的，宋诗是实的。要是完全记在文字表面上，在宋诗认为不佳，在唐诗也以为不妙。必定要寄妙于文字之外；在唐诗便是神韵，在宋诗便是意境。”

张汝舟先生的文字以简驭繁，使后学者不难于入门，又便于在领会中掌握，在逐步掌握中融入自己的理解，加以更好的发挥。张先生的弟子多有成就，是与他的为文示范分不开的。

其三，体系完备，自成一家言。一般学人，有真知灼见已属不错。而能做到体系完备、自成一家言，非一流学者不可。张汝舟先生就是这样的学者。

张先生在中央大学读书时便有“博极群书”之誉，他对古代典籍，无论文学、经学、哲学都有很深厚的功底。他信奉桐城学人姚姬传的名言：“义理、辞章、考证三者不可偏废。必义理以为质，然后辞章有所恃，考据有所归。”他身体力行，以终其一生。他植根于哲理，他的思想就显得深邃；他依托于辞章，他的文字就体现恢宏；他归属于考证，他的研究就必然充实。当他对任何一门学问进行深入研究的时候，都能做到体系完备，成一家之言。

作为语言学家，他的声韵学、汉语语法两个方面也有相当的成就。

他的语法研究注重汉语的语言事实，反对套用外语。重视句子结构，重视词序。

1957年后，张汝舟先生利用不能上讲台的闲暇，潜心研究古代天文历术，独辟蹊径，以完备的星历观点建立了自己的体系。他的推演验证，解决了很多历史上长期没有解决的具体问题。号称“天书”的《史记·历术甲子篇》让张先生展示得明明白白。

张汝舟先生的古天文历法体系极具特色，影响了整个学术界。

安阳殷墟博物苑早在1990年就采用了张汝舟先生推定的克商年代公元前1106年的说法，并在发放给参观者的画册中加以介绍。

台湾最有影响的学术刊物《大陆杂志》先后发表《武王克商在公元前1106年》《西周王年足徵》，宣扬张汝舟先生的观点。应该说，张先生考定的克商年代的说法在台湾也得到了普遍的认同。

文章千古事。张汝舟先生的业绩和精神是不朽的。

# 忆语师门

## ——怀念恩师张汝舟先生

经过“文革”十年动乱，百废待兴。1978年改革开放，一切要步入正轨，高校的青年教师都有亟待提高的迫切要求。1978年年初儿子出生，我错过考研的机会，就只有走进修培训的路子。1979年，按照教育部的安排，一些重点大学重点学科都办有培训班。学习语言学专业，我有两个去处：一是中山大学的古文字班，一是南京大学洪诚先生的训诂班。古文字艰深，我不愿去；训诂班已有一位年长的女先生报名，我又不能去。进退踌躇之际，一位老师告诉我：“干脆，你到张汝舟那里去！”因为张先生还身处十八层地狱，老师们对他都是直呼其名的，我们也见惯不惊。不过，先生的学问是公认的好，有口皆碑。作为受过教诲的学生，我是深有感受。那还是大三、大四的时候，汝舟先生给我们语言专业开过两门课，一门声韵训诂，一门汉语史。声韵训诂他自写讲授提纲，刻印了两篇文章，《怎样继承清人的语言学遗产》与《声韵学上的几个问题》。这些都是他个人的见解，看得出有整套的体系。汉语史，他采用《汉语史稿》做教材，他的讲授与众不同，他在书中找问题讲，差不多每节课讲一个问题，提出不同的看法，纠正与补充书中的观点。他的安徽口音并不好懂，但学问极好是同学们的共同认知。那时我是班里的学习委员，有条件与先生有更多的接触，对先生学问与人品崇拜有加。能到汝舟先生门下问学，我真是求之不得。

1978年夏季，汝舟先生已应聘到家乡滁州的师专做顾问教授，算是小庙请来的大菩萨。菩萨显不显灵，当地人是并不清楚的，毕竟已经八十高龄，眼花耳背。1979年初秋，我到滁州，师专的师生们还感到意外，似乎也不能不对那个老教授另眼相看了。

我的到来让汝舟先生格外兴奋，我的心情因此也十分美好。过两天，我写了一首七律呈上。诗道:“一别慈亲赴皖东,滁州侍坐意从容。琅琊山下添新舍,丰乐亭端送晚钟。音训辞章抒创见,诸经历算显殊功。伐柯执斧凭身教,急待严师育幼松。”第二联,我开初用的“醉翁亭”,师专就在醉翁亭边上,谁没有读过欧阳修的《醉翁亭记》呢。明知与“琅琊山”平仄不合,也实在无奈。汝舟先生看后改成“丰乐亭”,还说滁州原有丰乐亭,后来毁掉了。改动两个字,中规中矩,意境也就不同。第三联赞扬先生的学问,“急待严师育幼松”的确是我的迫切愿望。

到了10月,蒋南华学长电告,汝舟师错案改正,先生有诗《寄黔中友好》:“狂吠卅年欲丧家,秋来雁阵起南华。亲朋未尽输肝胆,宵小何曾挂齿牙。八十翁嗟添白发,二三子为插红花。仰空忽听机梭急,且逐牛郎泛一槎。”汝舟师错案平反阻力甚大,南华兄为首结集111人联名申诉,最终解决。南华兄乃湘人,诗中“南华”是地名,双关。我也为之高兴,《喜赋》末两句道:“行看国事频频捷,老骥驰驱愧井蛙。”井蛙,自然是我啰。

我像一块干燥的海绵,吸收着汝舟先生的雨露,学业也就大踏步前进。我尽情吸取先生的学术菁华,尽可能咀嚼消化,三个月时间已大体掌握了古音学体系。当年11月,我写出了《邪母归定考》,算是学习古音学的一个总结。1980年师专中文系安排我给学生讲授古音学,我将有关的二十个图表刻印作教材,反应还不错。其实,那都是汝舟先生的研究成果。我的授课,加深了师专师生们对老先生学问的了解。

初到滁州,汝舟先生正在写《历术甲子篇浅释》,学校安排一位郑姓老师做助手。后来郑老师教学任务重,有关事项就自然地落到了我的头上。这也让我有机会学习古天文历法。老先生还有一篇重要文章《古代天文历法表解》,也由我誊抄整理。这篇文章对正确理解古代天文知识十分有用。历术这东西,空谈不行,非得动手演算,只有掌握了年月日的推演,才能具备历法的基本功。这个寒假我虽然离开了滁州,历术的推算却时刻没有放松。新春到滁州,我已经有了三大本演算草稿,历法也就大体掌握。这为我后来的深入研究打下了良好的基础。学习中我逐步认识到,先生的古天文学具备了完整的体系,的确与众不同,他是从考据学角度研究古天文学,言必有据,反过来用以通释古籍,也就毫无障碍。《浅释》与《表解》两文,比较集中地代表了他的星历观点。他提出纸上材料(文献记录)、地下材料(出土器物)、天上材料(实际天象)对证,做到“三证合一”才有可靠结论。

这是对王国维“二重证据法”的突破，在方法论上有不可估量的作用。应该看到，在当代古天文学研究领域，张氏的观点独具一格，于繁芜中见精要，于纷乱中显明晰，力排众论，自成一家言。这种以古治古的方法，尤其为文史工作者易于接受。

鉴于汝舟先生古天文学体系的完备，由南京大学王气中教授、山东大学殷孟伦教授、南京师大徐复教授共同发起举办了“中国古代天文历法讲习班”，地点就在滁州师专，时间在1980年10月。参与者是三校的部分研究生以及先生当年的十位贵州弟子。三十多人，整整学习一周，共同的感受是古代天文历法妙不可言，它不愧是中华民族的瑰宝。因为我先行一步，自始至终担任讲习班辅导。为了宣传汝舟先生的学说，在大家的鼓励下，这年底我完成了《古代天文历法浅释》，作为研究生教材，好几个大学都翻印过。南京大学学报还将《古代天文历法浅释》一书编入《章太炎先生国学讲演录》，颇有影响。1984年6月，南京大学邀我给他们的研究生讲天文历法，就用《古代天文历法浅释》作教本。

1980年暑假，汝舟师嫡长孙立楷到滁州，他那时还是大三学生，加上一起进修的学兄张耿光，我们三人时时在先生身边聆听教诲。先生讲到高兴之处，便以玄奘大师西天取经自诩。他快乐地指点说：“闻玉是悟空，顽皮捣蛋；耿光是沙僧，踏实苦干；立楷是八戒，‘好吃懒散’。”总之，我们在他身边，他总是愉快。我们有时从门前经过，听到脚步，他会半眯着双眼，喃喃地说：“来，进来！”真进去了，要么问这问那，要么给你讲他过去在贵州的故事，他的叙述总是平淡，从不恶语伤人，你只会感到他的天真。要是涉及学术问题，他就变得兴奋莫名，讲得十分投入。要是你说“听不懂”，他就毫不客气，“你是猪啊！”接着会说：“过来，再说一遍，好好听。”他就是骂你，你也不可认真，他是愉快啊，一个快乐的老人。

到了1981年年初，我准备返回贵阳。因为汝舟师有重返贵州的愿望，他有心再为黔中贡献余热，我得回去张罗，与朋友们尽力促成其事。临别辞行，先生叮嘱道：“回去不要张牙舞爪，要夹着尾巴做人。千万记住，稗子昂头，嘉穀低头。”事隔二十多年，“稗子昂头”的教诲让我受益匪浅。万万没有想到，这次分别竟成了与恩师的永诀。早知如此，我应该再陪伴恩师半年，尽可能深入地窥探他学术成就的全貌。要说人生有什么憾事，也就莫过于此了。

2008年4月20日

# 汝舟先生的佛事

先师张汝舟先生曾任中国佛教协会理事，1980 年 12 月还不顾 81 岁高龄，参加全国佛协代表大会。其热心佛事，可见一斑。

先师之母吃长素，先师自视“胎里素”，常引以为荣。一生素食自不必说，笃志佛事确实终身不辍。

1938 年，先师幺女亡去，他作绝句六首，其一为“拍手欢欣唤五哥，喃喃随父念弥陀。不教佛种留人世，知我前生恶孽多”。这当是先生佛事的写照。

抗战期间，先师任教“国立八中”高二部，其学识与品德影响着不少追随、仰慕他的弟子，随他信佛吃素的就不少。周本淳、范培元、傅轶群、黄同书随先师播迁湘西读高中，毕业后考入浙大中文系还坚持素食，是浙大当时有名的“四大和尚”。他们几位佛衣佛法，浙大还专门为他们安排素餐，这在当时的校园也属稀奇。

当时最虔诚的弟子叫王鼎三，安徽人，对先师可谓五体投地，崇敬有加。他八中高二部毕业，先师已去蓝田师范中文系任教，他就不考别的大学，专考蓝田师院。待王鼎三蓝田师院中文系毕业，抗战亦结束，先师已经去贵州大学任教授。他不回安徽谋生，硬是追随先师到了贵州。贵州大学校址在贵阳市郊花溪，先师就推荐他到花溪有名的清华中学任教。师生友情，过从甚密。王鼎三教书认真负责，深受清华中学学生欢迎，新中国成立后有“忠诚党的教育事业”之誉，还入了党，后来当了修文中学校长，又调任安顺二中校长直到退休。

在贵州大学期间，先师的佛事不断，除了自己给一些学生讲经不说，还经常带着若干安徽籍的学生，如郭德念、王继衡、童本麟、朱耀远、高朋、王青白、班必儒以及亲子叶苇、叶茗到贵阳黔明古寺（今贵阳三中附近）拜访有名的怀一法师。当时怀一法师年约二十七岁，精通佛学，亦谙熟古籍，口才极好，常令听众叫绝。贵大的教师，如钱堃新、姚公书、李伯华、皮焕昌等都常去听怀一传播佛法。后来，茅台酒的老板华问渠（中华人民共和国成立后曾任贵州省建设厅厅长）的老妈信佛，专门请了怀一法师去华家佛堂讲经，住在他家里（今贵阳二中后面）。先师还常带着弟子去华家佛堂听经。先师对怀一法师十分佩服，盘腿坐在蒲团上听讲两小时毫无倦容。以他那样好的学问，听教于一个年轻法师，当是不容易了。怀一法师也曾到贵大静晖村先师的室内讲经，听者填室，真正的香烟缭绕。

先师由一个诚心佛事，一味强调学生认真读书的人变成一个为营救进步学生而四处奔走、不畏恶势力的斗士，他的转变令人刮目相看，当时就有人戏称他为“斗战佛”。

自然，崇信佛事后来也为他带来了若干麻烦。这里就不赘述了。

# 汝舟先生墓碑记

先师张汝舟 讳渡 以字行 幼年家贫 勤苦好学 就读中央大学已有博极群书之誉 学成归里 设帐皖中 抗战以还 家园沦陷 遂率诸弟子辗转湘西执教于“国立蓝田师范学院” 战事毕 任贵州大学教授至“文革”中回乡 滞留筑垣凡二十七年 先师一生 好古敏求 诗文 哲理 考据 历算 皆有建树其为人也 耿介不阿 虽卑浊之累 亦毁誉不计 奖掖后进 不遗余力 玉在山而草木润 先师于贵州文教学术之贡献 可谓大矣 弟子遍黔中 颂先师之书传先师之道 敬德修业咸以先师为楷模 道德风范 口耳相传 无不以升堂入室为荣 我辈后生 有幸受教于门下 深蒙启导 仰止高山 其情难已 当发弘师道 为我华夏民族文化之振兴一尽绵薄 以慰先师于九泉之下 呜呼 登寿耄耋 魂归帝乡 遗爱于兹 文运久长 勒石千古 永放光芒

受业弟子

孟醒仁 宋祚胤 周本淳 范培元 祖保泉

傅轶群 黄同书 王鼎三 谭科模 班必儒

王继衡 曹兴滔 萧成钰 佘长虹 吴荣爵

黄大荣 张耿光 蒋南华 程在福 程伯钧

饶尚宽 张闻玉(执笔)

一九八八年春节同立

# 贵州大学整理张汝舟先生遗著

贵州大学教授张汝舟先生（1899—1982年）是国内知名的语言学家，安徽省全椒县人。他博学多闻，在声韵、训诂、考据、语法、古代文学、古代天文历法诸方面均有建树，但生前发表的很少，有遗稿两百多万字。在贵州大学张汝舟教授遗著整理小组及校内外人士的共同努力下，已经出版论学杂著、古代天文历法、汉语语法等三种，其中《二毋室古代天文历法论丛》交浙江古籍出版社，1984年第三季度发稿，预计1985年上半年出书。

张汝舟先生在古代天文历法研究方面的特色，在于能够排除纷纭不已的各家学说，独辟蹊径，独树一帜，建立自己的体系。

他对《史记·历书》进行深入研究，认定那是司马迁为我们保存下来的我国第一部完整的四分历法——殷历。他认为，摄提格、单阏、焉逢、端逢等是干支的别名。《历术甲子篇》正是用这些别名纪年，他指出《历术甲子篇》之太初，乃殷历历元之太初，非汉武帝纪念改历之太初年号。他揭示了《历术甲子篇》作为四分历之“法”的内部规律，利用《殷历二十蔀表》和《一甲次数表》，通过推演验证，解决了很多历史上长期不得解决的具体年代问题。他依据祖冲之对四分历的论断“经三百年辄差一日”，确认四分历每年有3.06分的浮差。并以此推算密近的实际天象，可以便捷地得出任何年月的经朔和中气（平气）。《历术甲子篇浅释》深入浅出，引人入胜，读者无不惊服殷历创制者之精妙绝伦，无不为祖国古代有如此高度的文化而自豪。

他高度评价《汉书·律历志·次度》，认为它是四分历法的天象依据，与《历术甲子篇》构成我国古代天文历法双璧，使我国古代天文历法的真相大白于天下。中国最早的历法，前人有所谓“古六历”之说——黄帝历、颛顼历、夏历、殷历、周历、鲁历，近人以为都是四分历数据。其实，“古六历”是东汉人的附会。战国盛传所谓“天正甲寅元”与“人正乙卯元”，其间也有承继关系。人正乙卯元实是天正甲寅元的殷历的变种。所以，中国最早的历法也就是天正甲寅元的殷历，就是以寅为正的真夏历假殷历，也就是四分历。历法产生之前，包括“岁星纪年”在内，都还是在观象授时阶段。进入“法”的时代，就意味着年、月、日的调配有了可能，也有了规律，由此可以求得密近的实际天象。战国纷争，四分历法却是不可改变的，各国用历所不同者唯岁首与建正不同而已。秦历名为颛顼，实是殷历的改头换面。到汉武太初改历才废十月为岁首，而取正月作岁首，并废闰在年末，行无中气之月置闰。太初之后十余年又用八十一分法取代四分历，直到东汉章帝元和二年（85 年）二月复用四分，即东汉四分历。

在天象方面，秦汉以后有“岁阴左行，太岁右行”之说，进而有天体运行的左旋与右旋之争，一直延续到清代，这是地心说造成的迷雾，所以历代的天文图表，在表示十二辰次与二十八宿关系时总是按“四象”的东南西北方位配上二十八宿，黄道圈内有两个方向相反的十二支顺次。张汝舟先生在《中国古代天文历法表解》中根据《次度》制成一表，修正了历代就二十八宿配四象所造成的错误，恢复了二十八宿宿位排列的本来面目。这张表由于调整了二十八宿的位置，调整了十二宫、辰的位置，加了岁差、木星、北斗柄的方向，与传统的排列法比较，不仅彻底摆脱了“四象”的束缚，放正了二十八宿的位置，使“地望”“占卜术”无所依存，而且在以下几个方面有它突出的意义。

1. 二十八宿的运行与二十四节气的配合取得了一致。此表依据《次度》，二十八宿运行方向由东向西，冬至点在牛初，春分点在娄四度，夏至点在井三十一度，秋分点在角十度，历历分明，节气顺次与二十八宿运行方向一致。

2. 北斗柄方向与四季的方向、二十八宿运行方向吻合。由于北斗柄绕着北极转动，一年四季斗柄指向不同的方位，此表加一个北斗柄方向，与二十四节气顺次配合无误，与二十八宿运行也就吻合。这也表示了古人把北斗、北极与二十八宿紧密相连的观测方法。

3. 否定了“岁星纪年”。传统的二十八宿安排有内外十二支排列，这是迷恋岁星纪年，又假想出一个与木星呈相反方向运行的假岁星（太岁）。张汝舟先生此表取消了假岁星的安排，明确了木星的运行方向，十二支与纪月的“星纪、玄枵、娵訾……”配合，彻底改变了对“岁星纪年的认识”。昙花一现的“岁星纪年”，不过是四分历法产生之前观象授时阶段的一个插曲而已。

4. 明确了岁差与岁差的方向。岁差虽然是东晋人虞喜发现并加以计算，可是汉代已有明确的记载：西汉末冬至点在建星（南斗尾附近），东汉时冬至点在斗宿二十一度四分之一。冬至点从牛初的移动表明，岁差是汉人观察到的恒星位移，更证明“冬至点在牛初”是战国初期的实际天象。

经过多年深入研究，他用充分的材料断定，殷历创制于战国初期，行用于周考王十四年（公元前427年），这时我国始有干支纪年，才进入有历法的时代。他认为西周至春秋前期是承用商代以建丑为正的殷历。《大戴记》的《“夏”小正》其实是以“殷历”为主的观象授时的文献，“夏”字是后人妄加的。为此，他写了《“夏”小正校释》《中国古代天文历法表解》和《谈〈豳风·七月〉》三篇文章，以证其说。《“夏”小正校释》亦是极好的考据文章，处处体现了乾嘉学派严谨朴实的学风。《谈〈豳风·七月〉》一文还澄清了千百年来关于该诗用历的争议。他认为，《七月》用历的争议是没有弄清楚“二至”“二分”的中星及“中、流、伏、内（纳）”这个天文现象，没有弄清建子为正的周历是到春秋后期才出现的。文中肯定了毛传对“一之日”“二之日”的解释，认为“一之日”“二之日”“三之日”“四之日”的写法是修辞方式，他根据《“夏”小正》记载“正月初参中”“三月参则伏”“八月辰则伏”(辰为房星，房近火)，“九月内火”，得出规律：六月火中，七月火流，八月火伏，九月火内（火入或火纳），表明不同节气火星（心宿）在天上的位置。这对我们研究古代文献资料很有帮助。他比较《七月》《“夏”小正》《月令》及《尧典》的天象、物象、气象、农事活动，得出结论：《七月》与《“夏”小正》《月令》一样，用的是以建丑为正的殷历，《尧典》用的是夏历。从而证明“周代用历以子为正”之说毫无根据，“三正论”的虚妄也就暴露无遗。

他不仅对战国相传的“三正论”以及岁星纪年加以剖析，还对刘歆的三统历和二十八宿分四象的说法都据理批判，指出它们在古代天文历法研究中的有害影响，并认为古代积年术与占卜术是历来历法研究中的雾障，要加以扫除。

他肯定古来月相定点说，认为王国维的“月相四分说”是想当然的误解，他根据现代天文科学给“生魄（霸）”“死魄（霸）”做了明确的解释，说：“生魄，月球受光面也；死魄，月球背光面也。”并由此对朔、望、弦、晦，既生魄（霸），哉生魄（霸），既望，既死魄等都做了确切的解释。他以为，古人最重视朔与望两个月相，其他月相都是朔或望的派生或延续，同时批判了根据王氏月相四分说而建立的当代古历著作中的种种错误。

1957年他在《文史哲》上发表《再谈屈原之生卒》，针对当时影响很大的浦江清先生用"岁星纪年"推算得出的结论，用殷历的章蔀年月进行推演，肯定了屈原出生于公元前343年（戊寅年）正月二十一日（庚寅）。1979年在《历术甲子篇浅释》中又加以申说，结论更令人信服。

他批判日本天文史学者新城新藏对武王克商在公元前1066年的错误论断，指出我国现代一些书刊仍延续新城之说的错误，为此，他写了《西周考年》，对古器古书中四十一个历点一一加以考订，以申其说，并论定武王克商在公元前1106年，把我国信史年代提前四十年。在《西周考年》中，他提出研究古代天文历法问题，必须掌握一套技术和四个论点。一套技术是历法推算，四个论点是"否定三统历"、"否定三正论"、否定"月相四分说"和"确定失闰限和失朔限"。只有这样才能得出科学的结论。他说："过去学者不知道四分历'经三百年辄差一日'，又不知道西周诸王纪年大半是宋人妄作，把错推的结果向这些错误纪年上硬套又把正月死死地安在子月，这该多么危险！明确了这四个论点，又掌握一套技术，才能谈到对古历、古史进行科学研究。"

张汝舟先生在20世纪50年代就编定了《西周经朔谱》和《春秋经朔谱》，将古代文献所记这两个时期的年月日一一归队入谱、贯穿解说，对前人之误见逐次加以澄清。因此，两谱既是对两周文献记日的研究成果，也是广大文史工作者研究两周文史的极好工具。

综观《二毋室古代天文历法论丛》，可以说，《历术甲子篇浅释》是他的天文历法观点的入门书，《西周考年》是他研究历术的最高成就。他的论证，做到了天上材料（实际天象）、地下材料（出土文物）和纸上材料（典籍记载）三证合一，尤其重视实际天象。所选文章，深入浅出，不厌其详，读者不难含英咀华，从中认识张先生的整个体系。

在当代古天文学研究领域，张氏的观点别具一格，于繁芜中见精要，于纷乱中显明晰，力排众论，自成一家言。近年来，经他的友辈和弟子宣讲阐释，其科学性、实用性已逐渐为文史界所重视。掌握张氏的古天文观点与推演方法，于古代文献的释读，于古史古事的考订，都会深感灵便，情趣无限。

为方便初学，浙江古籍出版社决定附印张先生弟子张闻玉同志《古代天文历法浅释》于后。此篇通俗系统地阐述了张汝舟先生星历观点，是专为青年同志编写的学习张氏论文的入门之作。

原载《古籍整理出版情况简报》第130期

1984年10月20日

# 张汝舟学术思想评介

今年3月20日是张汝舟先生诞辰一百周年，他的同事、朋友以及众多弟子为他隆重举行了诞辰百年纪念会，足见他的道德文章对后世的影响之大。要想全面了解张先生的学术思想，有必要对其一生的学术研究做一些了解。

## 第一　张先生学术研究的几个方面

张先生一生著述甚多，但因为颠沛流离，散失不少。现有遗留文字可分为以下几个部分。

1. 古代天文历法，约三十万字。主要文章有《历术甲子篇浅释》《古代天文历法表解》《西周考年》《“夏”小正校释》等。已经整理为《二毋室古代天文历法论丛》由浙江古籍出版社1987年2月出版。在国内自成流派，独树一帜，有一套完整的星历观点。

2. 汉语语法。主要著述有《国文文法》《简明语法》《汉语语法发展史纲要》《语法管见》等。在国内自成体系，特点是简明实用。这部分文字已由贵州大学张先生遗著整理小组辑为《二毋室汉语语法论丛》，由贵州人民出版社1987年3月出版，责任编辑是李万寿先生、黄涤明先生。

3. 汉语声韵学。主要文章有《切韵考外篇刊误》《段氏十七部批注》《声韵学教案》《诗经韵读举例》等。用的是传统语言学研究方法，继承发扬了章黄学派的声韵学成就。其中前两种组成《二毋室声韵学二种》，由程在福先生整理成集，尚未公开出版。

4. 古诗古文、训诂考证。主要论文有《国学概论》《老庄补义》《然疑待征录》《齐鲁学考》《南宋九经考》《九歌新论》《谈杜诗书》等。这部分文字涉及面广，足以展示一代学人的全面风采。遗著整理小组辑《二毋室论学杂著》，由贵州人民出版社1990年3月出版，仍由李万寿、黄涤明二位先生任责任编辑。

## 第二　张汝舟学术研究的特色

纵观张汝舟先生学术研究的成果，可以毫无困难地体味出张先生学术研究的特色。

**教书育人，服务教学**

张先生一生都从事教育事业，他的研究最大特色就是立足教学，服务教学，以教书育人带动学术研究。1941 年到“国立蓝田师院”，教学需要，由他主讲老庄。教学之余，便有了《老庄补义》一文，显示了他对老庄之学的深刻理解。他在教学大纲中写道：“孔孟平实，老庄玄妙。说孔孟得其玄妙，说老庄得其平实，斯近之矣。”一见他对道学、儒学研究之深。

在“国立蓝田师院”讲文法，写就《国文文法》一书，交由蓝田公益出版社 1942 年印行。20 世纪 50 年代，他在贵阳师范学院（以下简称“贵阳师院”）中文系主讲汉语语法，又为贵州省中学教师进修班开课。写出了《简明语法》作为教材，由五十年代出版社 1955 年公开出版。20 世纪 60 年代又因教学需要，写了《语法管见》，精要地提出了他的主要观点。

抗战结束后，他到贵州大学任教授，讲声韵学，便写有《声韵学教案》。1957 年春准备为贵阳师院中文系学生讲声韵学，写了《诗经韵读举例》，课没有讲成，文章却保存了下来。20 世纪 60 年代为贵州大学中文系五八级语言班讲声韵学，写了《声韵学方面的几个问题》《怎样继承清人训诂遗产》。1963 年他为贵州大学中文系学生开设古代汉语课，自编讲义作教材，注释文字中多有他的独到见解，后来整理为《然疑待征录补》。他开设汉语语法发展史，便写出了《汉语语法发展简史纲要》，针对王力先生《汉语发展史稿》提出许多中肯的批评。

作为一位深受学生爱戴的传道、授业、解惑的人民教师，他从来没有忘记自己的职责，毫无保留地将自己的真知灼见传给后学。他的心目中只有他的学生，所以他的研究总是服务于学生。正如著名学者汤炳正教授所言：“在学术问题上，他对青年后学循循善诱，而对权威人士则往往分寸必争，锋芒毕露。”真正做到了“敢向学阀挥戈，而任桃李竞开”。

**体系完备，自成一家言**

张汝舟先生在中央大学读书时便有“博极群书”之誉，他对古代典籍，无论文学、经学、哲学都有浓厚的兴趣。他信奉桐城学人姚姬传的名言："义理、辞章、考证，三者不可偏废。必义理以为质，然后辞章有所恃，考据有所归。"他身体力行，以终其一生。根植于哲理，他的思想就显得深邃；依托于辞章，他的文字就体现恢宏；归属于考证，他的研究就必然充实。所以，当他对任何一门学问进行深入研究的时候，都能做到体系完备，自成一家言。

作为语言学家，他在声韵学、汉语语法两个方面都有相当的成就。关于语法的主要观点，或者说语法体系的主要内容，大致有以下几个方面。①词类分实词和虚词两大类。实词分七类，虚词有连词、助词、叹词三类。他认为汉语不存在"介词"，通常所说的"介词"，其词性、语法功能同一般动词没有区别。②关于单句的类型，他主张分动句、表句，动句是主语发出动作，表句是谓语说明主语。③主语就是一句话的主题，是说话人叙述的对象。因此"台上坐着主席团"这一类句子中"台上"是主语，不应把这一句型看作是倒装句。④反对"外位"的说法。⑤反对另立助动词（能愿动词），主张一律看作动词。反对被动式的说法，因为汉语的被动情态是靠动词的词汇意义表达的。⑥关于句子分析法，他创制"线标注字法"，多年引用，堪称简便。

张先生的语法研究注重汉语的语言事实，反对套用外语，重视句子结构，重视词序，更重视句型对比。

1957年后，张先生利用不上讲台的闲暇，潜心研究古代天文历术，独辟蹊径，以完整的星历观点建立了自己的古代天文历法体系。他对《史记·历书》进行研究，认定那是司马迁为我们保存下来的我国第一部完整的四分历法——殷历。《历术甲子篇》是用摄提格、单阏、焉逢这些干支别名纪年。他揭示出《历术甲子篇》作为四分历之"法"的内部规律，他依据祖冲之对四分术"三百年辄差一日"的论断，确认四分历每年有3.06分的浮差，并以此推算密近的实际天象，可以很便捷地得出任何年月的经朔与中气。通过推演验证，解决了很多长期得不到解决的历史年代问题。就这样，号称"天书"的《历术甲子篇》让张先生展示得明明白白。

他高度评价《汉书·律历志·次度》，认为它是四分法的天象依据，与《历术甲子篇》构成我国古代天文历法的双璧，使我国古代天文历法的真相大白于天下。他用充分的材料断定：殷历创制于战国初年，行用于周考王十四年（公元前427年），他不仅对战国相传的"三正论"以及岁星纪年加以剖析，还对三统历和二十八宿配四象据理批判，指出它们在古代天文历法研究中的有害影响。他肯定古来月相定点说，认为王国维“月相四分”是想当然的误解。

可以说，《历术甲子篇浅释》是他的天文历法观点的入门书，《西周考年》是他研究历术的最高成就，他的论证做到了天上材料（实际天象）、地下材料（出土文物）和纸上材料（典籍记载）三证合一。

细读《二毋室古代天文历法论丛》，读者不难认识张先生的古天文历法体系。

**以简驭繁，简明实用**

这是张先生学术思想的第三个特色。

中国古代典籍浩如烟海，经过两千多年的研究，任何一个问题都会有纷纭不已的说法，年轻人想入门实在太难，张先生做学问，充分考虑到青年学生的理解与接受能力，总是做到于繁芜中见精要，于纷乱中显明晰。谭科模先生的诗：“师传最适合人情，主要精神在简明。”就道出了做学生的亲身感受。

汉语语法中有若干老大难问题。张先生在教学中并不做烦琐的引证，而是深入浅出，用“王冕死了父亲”“妈妈是小脚”“台上坐着主席团”这样明白的口语切入，讲授语法，既实用又通俗易懂。他将自己研究语法的心得归纳为“面向语言，同型对比，体会语感，统一处理”，以此引发学生研究语法的兴趣。

声韵学上的古音通假，当然也是一个难点。有人写过厚厚的几十万字的专书，而张先生在教学中归纳为“同音通假”“同声符通假”两类，便可贯通解说。

又如历术，自古以来都认为推步最难，不免望而却步，欲深究者，多不得法，徒费时日，致事倍功半。殊不知，任何科学的东西都应该实用而简明。战国以前，古人尚以目测观象授时，并无高深的数学可言，必有简便的推演之法。至汉以后，历术渐密，始生枝节，说愈纷繁。就汉代三统历而言，假托黄钟，附会易著，故神其说，莫可究诘。到了清代，标榜汉学，钱大昕著《三统术衍》，董佑成著《三统术补》，李锐有《三统术注》，补衍推解，繁杂不已，难于入手。于此可见中国古历之一斑。初学者何以不难？

依据张汝舟先生的研究，读懂《史记·历术甲子篇》利用两张表就可以很便捷地推演上下五千年任何一年的朔闰中气，不过加减乘除而已，平常人都能掌握。张先生的古天文之术，已经把世人认为最难的学问变得浅近易懂，这就有利于古代文化研究的深入。

又如，张先生对唐诗（主要是杜诗）、宋诗（主要是黄山谷的诗）都有很深的研究。他说，两者的区别，“唐诗是神气，是韵味；宋诗是意旨，是境界。唐诗是虚的，宋诗是实的，诗完全寄在文字表面上，在宋诗认为不佳，在唐诗也以为不妙。必定要寄妙于文字之外：在唐诗便是神韵，在宋诗便是意境。”又说“沉郁顿挫”这四个字的确是老杜的独到、诗脉的正穴。黄山谷便在四字上做功夫。“沉郁”就是不浅露，“顿挫”就是不直泻。“沉郁”从意上见，“顿挫”从辞上见。如果不对唐诗、宋诗有精审的研究，能有如此见解吗？

《老子》是道家的经典。《老子》一书的字数实在太少，但又处处体现出道学的精要。张先生的简明实在是大学问家的手笔。正如汤炳正先生的评说，汝舟先生“所撰论文多提纲挈领，举其大体，开门见山，单刀直入”。

正是因为张先生学术的以简驭繁，使后学不难于入门，又便于在领会中掌握，在逐步掌握中融入自己的理解，加以更好的发挥。

## 第三　张先生学术思想的社会影响

张先生从教近六十年，进入中央大学之前就在江浦县（今南京市浦口区）乡村课蒙，中大毕业后一直在中学、大学任教，逝世于安徽滁州师专。六十年中真正的桃李满天下，这就给张先生学术的承继与传播提供了条件。

受张先生教诲，早年的弟子如江苏淮阴师专周本淳教授，系国内古典文学研究的著名专家，在唐诗研究及古籍校注方面均有专长。安徽大学的孟醒仁教授是吴敬梓研究的独领风骚者，在日本亦享有盛名。湖南师大宋祚胤教授长期执教于湖南高校，弟子遍三湘，对古典文学及周易的研究都卓有成绩，在湖南学术界堪称一代领袖。安徽师大祖保泉教授，是古代文艺理论研究专家、国内佼佼者。

张先生在贵州近三十年，他的学术思想影响了一大批人，为贵州造就了一批有真才实学的教学科研骨干。崇敬张先生博学嗜学的弟子，在文学、史学以及其他方面做出了很大成绩的，有王燕玉、袁愈荌、王强模、姜澄清、王筑明、房开江、阳海洲、亚青、杜若、高宗文、何士光、王鸿儒、余未人、龚启荣、张劲等。这些同志，都是我省各条战线的专门人才或学术骨干。

张先生的语法体系，通过他的弟子在贵州的教育战线上广泛应用，广为传播。成绩突出的如谭科模、佘长虹、吴荣爵、贺正淑、罗福应、徐德明、计其迁、颜迈等。

直接承继他的学问的，研究古汉语语法的张耿光、张国光兄弟，他两人有一系列的古汉语语法研究论文，张耿光的《连动结构与连词“而”》，其基本观点见于张汝舟先生的《语法管见》。又，师大黄大荣的论文《“二于X”句式研究》，其基本释义来之于张先生的“二指有二心”的讲授。他们的论文，多是对张先生语言观点的直接发挥。

值得一提的是，张先生的古天文学后继有人，蒋南华、张闻玉、新疆师大饶尚宽教授都是公开宣扬张先生古天文学说的，他们三位都出版过古天文学专著，饶尚宽有《古历论稿》，蒋南华有《中华传统天文历术》，张闻玉有《古代天文历法论集》《西周王年论稿》《铜器历日研究》等，这在国内文史界产生了良好的影响。他的弟子张闻玉还先后应邀到南京大学、湖南师范大学、东北师范大学为研究生宣讲张先生的古天文之学，到中国社科院历史所开过两次天文历法讲座，备受欢迎。他们几位从张先生学术思想中受益，不遗余力地传播张先生的学术。张汝舟先生至今在国内学术界还享有盛誉，就得力于他的这些忠实的弟子。

随着时间的推移，张先生学术的影响日益扩大，他于1964年撰写的《西周考年》先后收入《华夏文明》西周卷（1990年），《武王克商年代之研究》（1997年），《西周诸王年代之研究》（1998年）等论文集中。南开大学历史系主任朱凤瀚教授（现任中国历史博物馆副馆长）在评述中写道：“张氏精通古代天文历法，编定历谱方法较科学，有其创造性，自成系统。”《华夏文明》编者按写道：“张汝舟先生于声韵训诂、古代文学、古代哲学、汉语语法诸方面均有建树。1957年春天之后，在困难的条件下研究古代天文历法，终于建立了自己的体系。《西周考年》写于1964年，考定武王克商在公元前1106年是其主要成就。”国家重点科研项目“夏商周断代工程”将张先生考订的克商年代视为很重要的一家之言，给予很高评价。

安阳殷墟博物苑早在1990年就采用了张先生的克商年代的说法。在殷墟博物苑介绍画册中这样写道：“公元前一三七八年商王盘庚从山东‘奄’（今曲阜附近）迁都于‘殷’，在这里传位八代十二王，历时二百七十三年，史称‘殷商’。周灭商，殷商古都逐渐沦为一片废墟，后人称‘殷墟’。”其中所引用“传位八代十二王”不仅可参考司马迁的殷王世系，也从殷墟出土的甲骨刻辞中得到证实。所引“历时二百七十三年”乃古本《竹书纪年》记载，已为学术界所信崇。从公元前1106年算起，历273年，盘庚迁殷的具体年代就是公元前1378年。

台湾著名学者黄彰健先生著文写道：“我觉得最值得重视的仍为张汝舟对《史记·历术甲子篇》所作的解说。我不够资格评论他的解说的是非。”这里要指出的是，张闻玉依其师说对武王伐纣的年月日的考定结果为：武王克商在公元前1106年。“我认为应定武王伐纣年为公元前1106年。”(见《历史研究》1998年第2期)。总之，张先生1964年在西周考年中考订的克商年代得到台湾学术界的普遍认同。台湾影响最大的学术刊物《大陆杂志》先后发表《武王克商在公元前1106年》《西周王年足徵》，宣扬张先生的观点，就足以说明问题。

文章千古事，揭示了真理，反映了历史真实的学术研究成果，只会得到越来越多学人的认知，都会永远立于不败之地。一句话，经得起时代的考验。我相信，张先生的道德、张先生的文章将在中国文化史上永放光芒。

1999年3月20日

# 怀念朱厚锟先生

朱厚锟先生是我省久负盛名的老教育家，是贵州教育界人皆景仰的学者教授，他从事教育工作五十余年，门生遍贵州，桃李满天下。他攻读刻苦，治学严谨，学识渊博，教艺精良，他的道德学问垂范后世，他的人品作风启迪来者。

朱厚锟先生字止安，又字止盦，是贵州织金县人，1900 年生，1924 年毕业于北京师范大学英文系。整整五十年，献身于贵州教育事业。历任省立贵阳师范学校、达德中学、贵阳女子师范学校、贵阳女子中学、正谊中学、省立贵阳高中等校的教员或校长。他先后任贵州大学讲师、副教授、教授，曾任贵州大学文学院院长。新中国成立后他继续在贵大、贵阳师院从事教育工作，院系调整调任贵阳师院教务长。且以满腔热情积极投身于各项事业活动，曾先后被选为贵阳市人民委员、市政协代表、省文联执行委员。1958 年后调任贵州大学中文系教授，一直兢兢业业战斗到生命的最后一息。

朱厚锟先生天资聪颖，才思敏捷，学贯古今，兼通中外，对英语教学与研究造诣极深，曾翻译出版过两部长篇文学著作《文苑外史》《威尔 · 瓦伯顿》，另外有《止盦译丛》四册。朱先生晚年在中文系任教，取得了显著的教学成绩。他先后讲授现代汉语、古代汉语、工具书介绍、汉语史等课程。以他广博的学识和精湛的教艺吸引着听讲的学生。朱厚锟先生在任中学校长、贵大文学院院长和贵阳师院教务长期间，还充分显示了他的组织能力和教育行政管理才能。他的学者举止、长者风度，给接触过他的学生、同事留下了深刻印象。

在 1957 年反右斗争中，朱先生蒙受了不白之冤，“文化大革命”期间又遭受严重冲击和摧残。他虽身处逆境，但在荣辱毁誉面前坦坦荡荡，毫不戚戚于心。朱先生是一位有骨气的文人，在高压下，也显得铁骨铮铮。1957 年，在“大鸣大放”的座谈会上，他提意见说：“肃反扩大化，错抓人，张汝舟先生坐牢十个月，有人伤心，有人落泪……”在后来斗争右派的会上，党群激愤，要他交代：谁伤心？谁落泪？朱先生坦然地说：“张汝舟冤案，我朱厚锟伤心，李伯华落泪。”——这就是心怀明月、表里如一的朱先生。一席话，令在场的正义之士暗暗叫好，肃然起敬。

长夜漫漫，朱先生坚信挫折是暂时的，前途是光明的。他曾在给友人的诗中说：“高义初从患难生，一时泾渭未分明。若非剧孟能怜我，谁信曾参不杀人？”他是多么热切地盼望党和人民了解和信任他。他在悼念周恩来总理的一首七律中写道：“长星忽报堕燕京，八亿神州泪满襟。一代风流光顿掩，千秋雨露景常新。江山紧握工农手，主义征研马列文。身后遗尘浇大地，逍遥更拟北溟鲲。”这首诗充分表现了他对党、对领袖的真挚深厚的无产阶级情感。朱先生的坦荡豁达，体现了老一辈学者不计个人恩怨的宏大胸怀。他的高风亮节是我们知识分子学习的榜样。

“玉在山而草木润，渊生珠而崖不枯。”朱厚锟先生虽然离我们而去，然而他的音容笑貌，教态仪表将长久地留存在我们的心间，他为贵州教育界做出的贡献是永远令人难忘的。他鼓舞、感召着我们每一个教育工作者奋发向前。朱厚锟先生始终是我们的表率，是我们可敬的师长。

原载《贵州日报》1987 年 9 月 10 日

# 怀念冬申老师

颜冬申老师病故的消息令我们震惊。实在不能相信像他那样生机勃勃、顽强奋斗的钢铁硬汉，会让死神夺去生命。20世纪50年代，他是我们的高中老师，他严肃认真的教学风范征服了班上所有的同学，如果用“百分之百聚精会神听他讲课”来体现他的教学艺术，那是一点儿也不夸张。他将全班同学的思维引入知识的大海纵横驰骋。两节课下来，谁都感到听颜老师的课是一种享受。令我们迷惑不解的是，1957年他被划为右派后课堂上再也见不到他的身影了，但我们对他的崇拜与尊敬并没有消失。

冬申老师从厄运中坚强地走了出来。1980年，他从遵义到了贵阳财经学院，先后教英语、大学语文，他的一丝不苟、严肃认真的教学态度又进了大学生的课堂。他要求学生练毛笔字，一笔一画都加批示；他对学生的作文，错字错句都要批注；他布置的练习，一题一题地进行审阅；英语练习上的句子，错一个字母，他都要加以纠正。学生的作业，他从来都是全收全改，绝不搞抽查或集中批改。他每次进出课堂都背一个大包，发下学生的作业本，又收走做好的练习簿。他布置的练习及考察题目，从来是自己刻写、自己油印，一学期下来全班学生的作业次数及成绩细目，他都刻印成一大张，人手一份。表现欠佳的同学，他主动与家长信函联系，市内学生的家访，更是坚持不断。他不愿让任何一个学生掉队，他把全部心血与精力都倾注到了学生身上。按他的说法，这是为中华民族尽职尽责。几年如一日，他受到财院学生的爱戴，同行的尊重，领导的信任。他多次受到表彰，多次被评为系、校各级先进工作者。1988年他被树为“四化建设标兵”，获得了贵州省“五一”劳动奖章。

冬申老师工作那样劳累，他的生活却十分简朴，常常是稀饭一大碗，面条一大碗。旁人视为清贫，他总是不改其乐，真正的“一箪食，一瓢饮”，弦歌不绝”。在他六十寿辰之际，我们在筑的高中校友特意聚会，怀着中学时代的敬意为他挂了一个大匾，请著名书法家黄济云先生用甲骨文题字：“甄陶矢志，师道流徽”，借以表达我们对老师的深深敬意。

他终于累出了病，而且确诊是癌，他不得不去成都就医。临走前几天，他还在贵阳市内奔波，积极筹划大学语文年会论文集的出版事宜。面对死神的挑战，他还得与癌症做斗争。治疗期间，他始终保持高昂的斗志，相信他会在与癌的对抗中创造奇迹。他写了近百首抗癌诗，其中一首七古写道：“人说阴阳隔张纸，我谓生死一口气。气未断时乃活人，一寸光阴一寸金。活人生活之意义，在为群体办正事。各献奇迹展所长，民族兴旺姓字芳。”我们准备将他的抗癌诗结集成册，以表明他的乐观与顽强，同时表达我们对他的缅怀之情。

原载《贵州工人报》1992 年 6 月 6 日

# 李晔先生二三事

9 月 1 日下午，我下河游泳归来，路途上突然想到：李晔先生怕是不行了吧。前不久，杨军老师告诉我，李先生腿部已经浮肿，这当是病危的征兆。2 日一早，杨军老师电话告诉我李先生去世了，时间是 9 月 1 日上午 4 时，我不得不相信有某种心灵感应。

也是在 9 月 2 日，李先生的另一位弟子，现任贵州大学中文系副主任的骆礼刚老师告诉我，希望我为李先生灵堂写一副挽联，我当即便答应下来。

坐下来沉思，简朴的李先生实在是一位可敬的人，他的去世不仅是贵州大学、也当是贵州教育界的一大损失。

李先生是安徽泾县人，1922 年生，1948 年北京大学毕业后，目睹国民党的腐败，毅然参加了中国人民解放军。随军南下，到了武汉，任职于中南军政委员会教育部。1953 年调北京国家教育部。1959 年他支边赴黔到了贵州省教育厅。1972 年他到贵州大学中文系任教。

简单一生，即使穿过军装，他始终是一位文化人。他嗜学如命，无论何时，无论何地，总是苦读不辍。他虽有儿孙，却孤身度日。闭门读书，成了他唯一的功课。

1974 年，我们同住一栋楼。一间教室，隔为两半，他里我外，中间一张板壁，彼此常隔墙交流。走路的脚步都听得清楚，除了一日三餐，他总是静静地读书。外出也不过买点蛋、菜、粮、油之类。我去他室内看过，一张靠墙的条桌上，煤油炉上支一铝锅，算是炊具，桌上另一半堆着小山似的鸡蛋壳。当时我想他的能量就全靠鸡蛋支撑了。除此之外，满屋全是书。书架上，楼板上，桌子上，横着、顺着，还有没开包的，都是书。他不停地读，夜以继日地读，犹如一条春蚕，不停地啃着桑叶，那么专注，那么痴迷。书籍给他以营养，书籍也将耗尽他的一生。

1975 年，课上要讲解古代的战争范例，我与李先生同在一个小组，李先生将《左传》中的历次大战列了一个名目，要我校读，做些准备。我找到三种版本的《左传》，将其中的战例做了认真的校注，还用毛笔写了眉批。这次李先生指导我读书，我获益不少。在此基础上，之后我认真地将《左传》作了通读，从此对史籍产生了浓厚的兴趣，才有了以后的治史。

1982年，先师张汝舟先生逝世后，贵州大学成立了遗著整理小组。我们在整理过程中，利用早年的刻印本，发现不少文字上的脱误，也有若干引文的校对问题。尤其是引用，必须校对原文。张汝舟先生学问精深，旁征博引，加上资料缺乏，我们深感整理遗著的困难。凡是遇上问题，我总是求教李晔先生。在先生那里，我们总能得到满意的回答。通过多次学术上的接触，我深深地感到：李先生博览群书，凡涉及典籍，几乎无所不知。李先生本身就是一笔宝贵的财富啊，只可惜没有得到充分开发。

李晔先生学问好，为人耿介。中文系有志于学的几位青年教师拜在他门下，虔诚问学，在李先生指导下，学业精进，而今已成为中文系的骨干力量。这是唯一让人欣慰的。

李先生的历历往事涌上心头，归纳起来便有了一副平实的挽联。

投笔从戎下江南，默默挑灯苦读，终成一代硕学；

支边作客来黔中，孜孜传道乐教，堪比千秋良师。

李晔先生安息吧！

1997年10月29日

原载《贵州日报》1998年3月20日

# 赵老在我心中

先秦史学会秘书长来函，告知赵光贤先生故去，希望我写点怀念的文字。

是的，我与赵老虽只有一面之识，但作为后学，确实应该为他写点什么。

赵先生是北师大老教授，算是名校名师，弟子少说不下三千，而今活跃在史学界前沿的也数以百计。按理，有关赵老的回忆纪念文字轮不到我写。

虽然如此，我理解秘书长的用意，还是想为赵先生写点什么。

那是1992年的春天，先秦史学会秘书长孟世凯先生来信，邀请我出席当年在西安召开的第二次西周史学术讨论会及先秦史学会成立十周年纪念会。在此特别说明，邀请我到会也是赵光贤老先生的意思。

10月25日，我到了长安县（今陕西省西安市长安区），与先秦史诸位专家相聚，有老朋友，也结识了不少新朋友。到后，我礼节性地拜访了赵老先生。他到会的弟子多，进进出出，我也不便搅扰，无法长谈，也无法交流。他给我的印象是清瘦矍铄，儒者风范。

赵先生提交的论文是《武王克商与西周诸王年考》，很长，会上发的仅是“节本”。我从他的文章看出，他花的功夫，他付出的心血，非常人所能想象。因为年代研究并非赵先生的强项，能写出这样的文字，正是他几十年苦苦追求真理的体现。赵先生已进入老龄，能有这样的成果，能不令人浩叹！

赵老的文章使我想到孔子的“朝闻道，夕死可矣”。

赵老的文章使我想到清代学者段玉裁，他研究古音分部，在给江有诰的信上说：“足下能确知所以支、脂、之分为三之本源乎？……仆老耄，倘得闻而死，岂非大幸也？”

赵老的文章使我想到东北师大的陈连庆老先生。作为老一辈史学家，陈先生对年代学也有浓厚的兴致。1985年秋，我在吉林大学从金景芳先生学《易》。国庆期间，由他的研究生张鹤泉同志引荐，我去师大拜望陈先生。他得知我熟悉历算后，显得十分兴奋，还拿出几沓早年推演历日的演算稿纸，连说“很难，没搞懂”，显现陈先生多年的苦心追求，令我十分感动。我当场利用《史记·历术甲子篇》数据给陈先生做了推算的示范，陈先生满意，兴奋莫名，留我们用膳，当即邀我给师大的研究生讲历术。冰天雪地中，他总是提前到教室，从不缺席。尔后，陈先生还提供若干铜器历日供我研究，导引我进入先秦史学领域学习、研究。

赵光贤先生与陈连庆先生一样，都是史学界前辈，享有盛名，到了七八十高龄，还对历史年代深入学习、研究，这种“朝闻夕死”的精神实在令我等后辈景仰。

金秋十月，长安的先秦史学会开得热烈，赵老先生在会上也十分愉快。我能理解，赵老是想将他的成果展示出来，供大家学习、认同，毕竟这是他多年的心血啊！只是因为办会人疏忽，没有提供交流的机会，不能对赵老的文章做专题讨论，就难以产生一个共识，这是令人失望的。我当时就想，赵老先生晚年有这样厚重的成果，他应该是感到“大幸”的，至少不会有段玉裁的失落。

就是因为有赵老先生的这次邀请，我从此也就成了先秦史学会的一员。

我还想说的是，我当年高中毕业参加高考，填报的第一志愿就是北师大。自信历史这门课学得相当好，仅仅是因为考场紧张，粗心大意，将一道20分的历史题看错，没有如愿到北京求学。要是细心一点，历史会得个高分，说不定进了北师大，我也将有幸成为赵光贤先生的弟子。唉，人生不就是一个缘分么！

赵老去了，但赵老始终在我心中！

2003年10月21日于贵阳花溪

# 令人敬重的庞老先生

桌面上放着一封来自陕西省岐山县博物馆的书信，是去年11月中旬寄出的，可惜我下旬去了一趟广西，然后回四川老家探望老母，今年3月中旬才回到学校。信是庞怀靖老先生的次子文龙同志写的，还附有一份老先生“生平简介”。信告，老先生“与世长辞了”，“简介”说“享年88岁”。老先生的高寿虽令我欣慰，但他的过世确实也令我悲痛。虽然从来没有机会见过一面，他却是让我从心底里敬重的一位老先生。庞老2006年8月19日因心脏病突发在家病逝，算起来已近周年，我早就有心写上一段文字，适逢暑假到来，就静下心来回忆我与庞老几年来的交往，作为对庞老永久的怀念吧。

2000年，阳春三月，我有幸受到邀请参加了“中国 • 岐山首届周文化艺术节”，学术研讨会就在驻地周公庙举行。其间，我们到了周原，看到了三千多年前开辟出来的那一片片沃土，领略了周民族先民农耕的智慧；也到了渭水边姜太公垂钓处，感叹文王招揽贤才的胸襟与气度；又去了五丈原，为一代杰出的政治家诸葛孔明的病逝而伤情。收获实在太大了，岐山给我留下了美好的印象，真的是不虚此行。

这年5月，我收到岐山县博物馆庞怀靖先生的来信，他在信中说，“在文化艺术节学术研讨会所编论文目录上看到你的大作，篇题《易明夷卦探微》，很想拜读全文，以资学习”。信是5月8日写的，同时附上他的文章《试谈〈周易〉十二辟卦的科学性》。这就开始了我们的文字交往。这封短信给我两个深刻的印象：用“你的大作”，不用我们习惯用的“您”，说明他是老资格，不年轻了；“以资学习”，此人一定谦虚好学。我当即回信说，在我接触铜器有关材料的20世纪80年代，就在《文物》上拜读过庞先生的不少文字，给我很多启发。对他未参加岐山“文化艺术节”感到不解。要是到会，不就在岐山见面了吗？真是失之交臂！

庞先生第二封来信是6月18日写的，满满五页稿纸。主要是学术交流，他对我的《易明夷卦探微》一文充分肯定，“细读再三，不忍释手”；他以为，“月相定点，定于一日；武王克商在公元前1106年，西周积年336年；西周中期王序是共孝懿夷”等结论，“都是令人十分信服的”。改共、懿、孝、夷为共、孝、懿、夷，他还补充一条理由：共、孝为同辈人，由共而孝（兄终弟及）而懿而夷，其世系正好是顺序的；若由共而懿而孝而夷，则其世系前拉后扯，反成错乱的了。他对小盂鼎铭文由“廿有五祀”释为“卅又五祀”表示不解，希望有更多的说明。他在信中说，“自1979年离休，已廿二年之久了”。算一算，应该82岁了，比我长了二十多岁，真正的前辈，老前辈。他也讲到“拒绝邀请”不愿参加研讨会的原因，指出当今学术风气不正，此次“文化学术节”评奖的不公，“下里巴人之调，反在阳春白雪之上”。评委水平的低劣，评奖不能体现学术性。我们也有同感，一同与会的陕西师大常先生就拒绝去领奖，我与常先生友善，也不便去领那个评给我的“优秀奖”与“纪念奖”，我们仅仅满足于“到此一游”。想不到庞老先生愤恨到“拒绝邀请”。他的文人正气，不含糊、不苟且，令我钦佩。

我不断给老先生邮寄书籍、文章，庞老也将他的文字常常附于信中，总是说“勿望见笑”“请赐教正”，他确实是一位谦虚的长者啊！

7月25日庞老第三次写信说：“收到大著《西周王年论稿》《古代天文历法论集》，正在悉心学习。我以前迷信王国维‘四分说’，曾在《文物》1981年第2期发文驳斥‘定点说’，今方知我是执错攻错，等于痴人说梦。我从前曾多次阅读《史记·历书》《汉书·律历志》，皆因不甚了了而辍读，只好站在古代天文历法这扇科学大门外徘徊兴叹。今得惠赠二书，我将矢志深入钻研，力争在有生之年学懂这门科学。”——这封信写到了第7页，庞老已视我为知心朋友、忘年交。信中介绍许多当地文坛不可思议的怪事，揭示当今学风的不正。“作为岐山人，我甚感气愤。”我又一次看到庞老先生的文人气节。这一次，庞老将他所藏岐山出土的卫盉及伯太祝追鼎铭文拓片各一张赠我，支持我的研究。

8月7日、8月31日、9月19日我都有信、有文章、有书籍邮寄过去，庞老先生9月27日才回信。他说：“近因研读你的《古代天文历法浅释》入迷，迟复为歉。”“从而益信运用天文历法这门科学为铜器断代，其所得结果，乃是绝对正确的。”“铜器铭文所记历日，是不依人们主观见解为转移的客观存在。各家权威学者不运用天文历法知识推求远古时代的天象，当然就陷入各自不同的主观臆断了。”又说，“《浅释》尚未读完，已经遇到若干疑难问题。我的办法是反复阅读、反复思考、反复翻查《史汉》。经再三思考还不能搞通，望作开示。”——一个八十多岁的老人，对学问如此痴迷，反复、反复、反复，实在令我惊叹，他不是我的榜样么？不是年轻人的榜样么？不是我们所有人的好榜样么？

古代天文历法的核心问题就是历术推算，不能掌握实际天象的推演，永远是个门外汉。庞老十月下旬的来信令我惊喜，他大体掌握了历术的推演，以《左传》上的几个历日作例证，按部就班一一进行推算，他要我“阅卷正误，考察其是否已入门及格”。顺便他还指出、纠正了翻印本中几个数字的错误。他务实而又严谨的态度，还是让我惊喜。要想进入天文历术大门的学人很多，像庞老先生这样踏踏实实，一步一步精心推算的，实在太少。庞老真正实践了孔子的箴言，“朝闻道，夕死可矣”。

庞老用自己的辛勤耕耘敲开了历术的大门，尔后我们就出土铜器的历日进行了广泛的交流，彼此取长补短，切磋琢磨。庞老的学术文章上了一个新的台阶，接连几年都有佳作问世，的确是老树吐新芽、开新花。八十几岁的老学人，有几个能够像他这样呢？反正，我是以庞老前辈为榜样，时时激励自己，永不言退。

2001 年 2 月，我年届六十，按惯例也并无声张，却意外地收到庞老从岐山寄出的《甘棠图》拓本一幅。我告知庞老，算是六甲生日礼物吧。世间流布的《甘棠图》并不罕见，庞老指出，这是“岐山乡土文物”。这幅图的来历，庞老作了简要说明。岐山县城西南 8 里处刘家塬村（旧名召亭村）是周初召公奭的采邑所在。村内有一棵甘棠树，人们附会为《诗 • 召南》所咏之甘棠，称“召伯甘棠”。清道光二十五年（1845 年）县令李文瀚绘有写生画，又写了一篇《甘棠图记》。岐山耆绅武澄讨得图纸勾勒石碑之上，石碑置于周公庙内召公殿前。50 年后，刘家塬村召公祠建成，武澄子敬亭又依式复制甘棠图碑竖于召公祠内。从此，甘棠图拓片广为流传。由于辗转复制石碑，甘棠图的赝品也就不少。“文革”时周公庙内图碑流失，1983 年复得，存放在县博物馆内。庞老赠送的拓片就来自这个原周公庙内的甘棠图碑，比较那些赝品，也就格外珍贵。

2001 年辛巳年是我的本命年，我将没有收入集子的那些单篇文章汇成一册编印为《辛巳文存》，作个纪念吧。庞老先生读到这本书，特意送来岐山书法家书写的一幅字：“融汇百家得硕果，博通万卷采精华。文章疑是老苏笔，谁料君龄始花甲。”前两句当然是过奖了，一位朋友为我解读后两句：“文章老到，东坡笔法，应该有八九十岁了，谁个想到你才六十呢。”我加了一句：“心态才三十岁呢！”庞老没有想到我六十岁，更不知我的心态更年轻。毕竟只有书信来往啊。我一辈子都在学校生活，周边几乎都是年轻人，跟他们交流，自然得有三十的心态。贵州报社一位小姑娘干脆称我为“三六九老者”，我的博客对外也自称“369 博客”。这都源于庞老先生那幅字。

2003 年 1 月 19 日眉县出土了 27 件窖藏青铜器，引起轰动，庞老来信告知有关情况。他特别关注器物上涉及共、懿、孝、夷王序的文字，他是想印证“共、孝、懿、夷”的说法是否能够得到验证。这批器物关涉一些大问题，讨论快五年了，还是没有较为一致的意见。我是要就共、孝、懿、夷再写篇文章的，以解答庞老先生就此问题的特别关注。可惜，庞老先生再也不能读到这篇文章了。

“生平简介”中说，1992 年庞老先生荣获宝鸡市“老有所为精英奖”。我想，老龄同志都能像庞老先生那样老有所为，我们的国家、我们的民族将会出现更多的像庞老先生那样的社会精英、民族精英。

怀靖老先生，安息吧！

2007 年 7 月 29 日于贵州大学寓所

# 怀念周秉钧先生

今天是湖南师大周秉钧先生诞辰百年的日子，我怀着景仰之情回忆与周先生相识相知的往事，以此缅怀我们尊敬的周先生。

1982 年暑假，中国训诂学会在大连举办了训诂讲习班，贵州学界，主要是省内高校十余位青年教师参与，我也有幸忝列其中。一边暑假旅游，欣赏大海风光；一边聆听各类讲座，增长知识，实在是赏心乐事。

那正是“文革”之后不几年，青年人都渴望增长知识，如饥似渴地汲取传统文化中的精华，向老一辈文化学者请教，以传承中华文化。

那时候，信息沟通不畅，时空相对闭塞，买一本书都相当困难，当然就不熟悉国内的学术动态啦！学界前辈纵然知晓，见面却难。

一天下午，周先生给我们开《尚书》讲座，我听得入神，还做了笔记。目睹大师风采，我眼界大开。古人说：“周诰殷盘，佶屈聱牙。”我真的不知从何入手去解开《尚书》这个谜团。这下终于明白，任何艰深的学问，也有明白的路径可寻。周先生的讲座让我对《尚书》有了新的认识，我意识到《尚书》并非高不可攀。尔后我买得曾运乾先生《尚书正读》，还有周先生《尚书易解》，真想深入钻研，读懂《尚书》。

事隔几年，20 世纪 80 年代中期，贵州人民出版社组织“丛书全译”，先秦经典自然包罗其中。因为整理张汝舟先生遗著，我与出版社诸多文史编辑已经熟悉，在选题的时候，黄涤明编辑苦于《尚书》的全译没有着落，便征求我的意见。我毫不迟疑地表示，国内研治《尚书》者，数周秉钧先生最好，何不与湖南师院联系？这就有了《今古文尚书全译》的问世。周先生弟子江灏、钱宗武两位具体从事此书的编撰与译注，取得不错的成绩，《尚书》研究的影响力也就不断扩大。今天的“国际尚书研究学会”红红火火，自然得归功于周先生的学术传承。

20 世纪 90 年代，贵州人民出版社第二套“丛书全译”五十种相继出书，我承担的《逸周书全译》，实际上是《尚书全译》的后续之作。溯其上源，还是周先生的流风余韵。没有大连暑假训诂讲习班，我自然无从关注《尚书》。

我与周先生相识于大连，真是一种天赐的缘分。

1985 年 5 月，我受湖南师院中文系之邀，到长沙讲授张汝舟先生古天文之学，宋祚胤先生、周秉钧先生、马积高先生等都对我宠渥有加，他们的研究生都参加学习，还提供诸多方便。宋先生、周先生还设家宴款待我这位后学。长沙一月，让我对三湘学界有了更深入的了解，“惟楚有才，于斯为盛”八个字，让我铭刻于心。其间，由中文系安排，江灏教授等陪伴我游了南岳名胜，算是一生中值得回味的大事。在南岳，我写了十余首小诗，表述我的心境。《半山亭夜宿》道：“铁佛尊前夜色浓，半山酣梦入鸿蒙。始知借宿玄都观，释也道哉原可通。”我是想说，南岳两天，让我明白了许多道理，思想境界又提升了一个台阶。

1993 年 6 月，惊闻周先生辞世，痛不能亲临吊唁，我曾代表贵州学人拟挽联一副：立言惊世，俾黔中后学，仰慕风采；著述等身，有华夏英才，弘扬辉光。——悼周秉钧前辈。所谓“华夏英才”，当然是指周先生门下诸多弟子啰。

这是我们真诚的景仰之情。

周先生的贡献是多方面的，他的古汉语研究，直接继承章黄之学，《古汉语纲要》便可以为证。其中，“反切变读”尤其简明，的确“能收事半功倍的效果”。有人写出反切专书，还是让人糊涂。两相比较，周先生学养之深厚可见一斑。

他创办《古汉语研究》杂志，让传统的章黄之学有了一个古汉语阵地，传统学术在这里有了话语权。这个意义不同寻常。他撑起的是一面传统学术的大旗，在寒风中高高飘扬。

我们纪念周先生诞辰百年，深感周先生弘扬传统文化的伟大意义。他已经走出来一条路，我们自当景行景从。

前人已矣，后辈自当努力。

2015 年 4 月 7 日

# 回忆周先生

2002年7月底，程在福兄电话告诉我：周本淳先生去世了，你代表我们发一个唁电吧。我简直不敢相信，一个乐以忘忧的健康长者会突然离世。为了得个准信，也为了转告，我立即与周先生的弟子杨德威君联系。原来，贵州方面最早得到信息的就是德威君，是周先生的家中人长途直接通知他的。

德威君是周先生在贵州友朋的中心。通过他的努力，周先生见到了抗战时期在贵州读书、教书的朋友与弟子。有德威君的热情接待与精心安排，周先生先后数次到黔中这块故地重游。我见过德威君与同窗印行的《骆驼》刊物，其中载有很多回忆当年周先生传道授业的生动文字，表达骆驼班弟子对周先生的敬仰。

除此之外，周先生在贵州的朋友还有一“党”，那就是在福兄电话中说的“我们”几个曾在贵州大学问学张汝舟师的同门小兄弟。二毋师汝舟先生在贵州执教近四十年，弟子遍黔中。与周先生交往较多的主要是蒋南华、程在福、张耿光与我。南华兄曾任贵州省社科院院长、省古代文学学会会长，学究文人，不沾官气，仗义直行，为汝舟师的冤案平反奔走出力最多；耿光兄、在福兄先后到滁州向二毋师求学；在福兄是在滁州师专参与主持了二毋师的丧事才返回贵阳的。这就是周先生《蹇斋诗录》中《游黔杂诗》中所写的“二毋教泽黔山水，喜服同门四子贤”。

我们这一批贵州学子，与周先生“先后门墙结契今”，而最早认识周先生，与他交往最多的便是我。

1979年9月初，我到滁州汝舟先生门下进修，学校在琅琊山下的醉翁亭边，环境优美。汝舟师几经磨难，晚年总算有这么一块净土。经过“文革”，我们学业荒疏，有这么一个机会，如同久旱逢甘霖，就安安心心在琅琊山下读书近两年。

滁州侍坐，汝舟师向我讲了许多他早年的经历，“国立八中”高二部给我的印象特深，因为有一批虔诚的弟子始终崇敬他，几十年情谊深重。“高二部”弟子中，他提得最多的，就是“周本淳”了。

我在《汝舟先生的佛事》一文中写过：抗战期间，先师任教于“国立八中”高二部，其学识与品德影响着不少追随、仰慕他的弟子，随他信佛吃素的就不少。周本淳、范培元、傅轶群、黄同书随先师播迁湘西读高中，毕业后考入浙大中文系还坚持素食，是浙大当时有名的“四和尚”。他们几位佛衣佛法，浙大还专门为他们安排素餐，这在当时的校园里也属稀奇。

1971 年 9 月，汝舟师被遣送回原籍全椒县南张村老家。这期间，不避风险，敢于专程到南张村拜谒汝舟先生的就是其钟爱的弟子周本淳。更何况，周本人也在“被改造”之列，自顾不暇。这就难能可贵了。师徒情深，可见一斑。

我查过当年的《记事本》。1980 年 4 月 3 日记：“汝舟师回南张村老家。”4 月 6 日（星期天）记：“周本淳来滁。”他是专程来看老先生的，可是不巧，刚走了两天。他见老先生不在，就匆匆告辞。这是我们第一次见面，只有简短的问答，留也留不住。

还是记事本，1980 年 8 月 2 日（星期六）记：“宋祚胤、周本淳来滁。夜宿招待所。”

这次到滁州，汝舟先生很高兴。他们三人的交流，有时口讲，有时笔谈，其乐融融。我心生羡慕，一直陪侍着。我到滁州已一年，学业大有长进，汝舟师不时在宋、周面前夸奖我。我心里明白，宋、周两位算得上真正的学问家，老先生不过示意他们关照、提携我这个无名小人物罢了。

《蹇斋诗录》有《挽咸斋宋祚胤兄》的诗，“滁州两宿又杭州，零雨凄迷夏似秋”所指便是这一次。不过，时间是 1980 年 8 月。《蹇斋诗录》误记成“七九年夏”了。

这次在滁州，晚上由我陪他们二位，交流自然就多了。我们谈贵州的今昔，谈老先生的起居，谈老先生文章的搜集、刻印……题目无边，彼此都很投合。

1983 年 10 月下旬，借湖南师大宋祚胤教授《周易新论》的出版，我们应邀到长沙参加“周易讨论会”。南大王气中先生、汝舟先生长子叶芦大哥（浙江师大）、孟醒仁先生（安徽大学）、周先生与我，都得以欢聚一堂。我们的住地在省农科院招待所，就是大名鼎鼎的水稻专家袁隆平院士的基地，在举世闻名的马王堆汉墓的附近。郊野鸟鸣蛙鼓，红橘累累挂枝头，到处是丰收的气息。每当晚饭后，我们便在田野间陪气中老先生夫妇散步。这期间，我与周先生才真正开始了学术交流。他很健谈，当天讨论会上的发言，他都在散步时对我们做简要而中肯的评点，我受到的启发尤多。有一天下午，我在会上就《周易》的研究方法发言，批评一些人将四百五十条爻辞视作四百五十张卡片，进行归纳、分类，指明这不是系统的研究，这不是研究《周易》。晚上散步，周先生对我说："你今天的发言，有的人坐不住了！"他的微笑很自然，看得出是满意的微笑。我感到周先生在支持我、鼓励我、肯定我，打从心里就靠近了他。

1984年6月，我应南大程千帆先生的邀请到南大中文系讲古天文历法，宣传汝舟先生的学问。在南大招待所住了一个月，其间与本淳兄又得以相会。此前，他已经给南大的研究生讲过一门课，反响很好。这次来，是到南京图书馆古籍部查资料。他接受古籍出版社的点校任务，每日早出晚归，一点不敢马虎。晚上交谈，他讲查证的艰辛以及获证的喜悦。他大老远从淮阴坐汽车到南京，不就为几个字么！这让我感到他是一个一字不肯放松、勤奋而又严谨的学人。

这之后，他来贵州多次。只要我在，是务必要会他、陪他的。我们总能做到推心置腹、无话不谈。

这之后，凡是他出的书，他都有寄赠，总是亲笔签名。书一到手，我会迫不及待地阅读。周先生的诗写得好，考据的功夫到家。我喜欢他的诗，喜欢他编的《唐人绝句类选》，更偏爱他的《读常见书札记》。值得一说的是，他寄赠的书，凡有印错的字，他都一一校改，一丝不苟，朱笔粲然。我读起来，自然就心存敬意。我常常想，像周先生这样的学者，娴精典籍，融会贯通，勤奋治学，朴实严谨，当今能有几人？

宋祚胤先生辞世，2000年9月叶芦大哥辞世，不到两年，本淳兄周先生又逝去，我很悲伤。同门的老学长一一离我们而去，实在是我们民族文化的损失，华夏民族的损失。这样的损失无论如何是难以弥补的。

我代表我们几位给本淳师兄周先生拟定的唁电是：

能诗能文能考据　华夏硕儒归上界

有德有量有丹心　黔中季子哭先生

事实就是这样，我们是先后同门，我们是“季子”，我们共有一位尊敬的二毋师张汝舟先生。本淳师兄的道德文章，的确堪称我们的楷模，我们都乐意尊称他“周先生”。

流水东去，转眼又两年多了，钱煦女士也已随周先生辞世。为抚慰晚辈对父母无尽的哀思，仅以这短短的文字表达我、我们贵州学人对周先生长长的怀念！

2005年3月7日晨

记于贵州大学44栋寓所

# 怀念金仓兄

2011 年 11 月 20 日收到廖名春教授的弟子阎平凡博士的短信，说是常金仓先生在福州的宾馆里突然病故，还说是廖老师要他尽快告诉我的。

这真是晴天霹雳！金仓兄毕竟年龄不算大，正处于学术研究的黄金时节，怎么就突然离世了呢？

我与金仓兄有一段深情厚谊，名春教授是知道的，他俩是金景芳老先生的博士生，有同门之谊，他在赶赴福州的路上用电话告知阎平凡，要他务必告诉我。我没有这个方便，无法立刻飞去福州，去向他做最后的道别，但我的心思，从看到短信起已经去了福建，已经在金仓兄的身边。我不会离开他，我相信他也永远不会离开我。他在我心里永远是鲜活的。

那是 1985 年的秋天，我在吉林大学周易研讨班跟金老学《易》。国庆假日，吉大古籍所张鹤泉同志陪同我去东北师大拜访陈连庆老先生，其间谈及历术，陈先生让我做了推算的演示，当即决定邀我给历史系的青年教师与研究生开课，就讲天文历法。陈先生是国内知名学者、史学界大师级的老先生，师大的史学教师多是他的弟子，他自然是可以拍板的。那时，师大历史系还办有一个“历史教师助教进修班”，集中了全国部分优秀青年教师，金仓兄也在此学习。

我在东北师大第一次讲课，助教进修班的学员也来得不少，金仓兄就怀着极大的兴趣坐在课堂，特别专注。课间，他特意倒上一杯热茶，与我亲切交谈。他说自己对历术特有兴趣，也下过一番功夫，希望弄个明白。这是我们认识的开始。那时候每周去师大上一次课，都在下午，尽管冬天雪花飘飞，我与金仓兄的交流却始终不断，而且还越来越热络起来。我专门去师大他的住地拜访过他，他也来过吉林大学。我陪他去见过吕绍纲教授，也陪他去拜望金景芳老先生。金老早已招收博士生，我想，金仓兄年富力强，很有条件继续深造，拿到博士学位。我的想法正是他的愿望。真是不谋而合啊！

金仓兄基本功扎实，勤奋好学，博览群书，是做学问的材料，有个好导师，必定大有可为。我料到，他将是史学界的希望之星。这在之后的一二十年都得到了验证。

学期结束，我们结伴而行，同一趟火车离开长春到北京，然后他回山西临汾，我往四川成都。火车上，我们还是不断地探讨学术问题，畅谈学习心得，彼此都体会到学术交流的愉快。

下一次见面已经是20世纪90年代了。他读完金老的博士，回了山西师院，又调往史学人才荟萃的陕西师范大学。这也是我们创作欲望最盛的时月，我和他一样，高质量的学术论文在国内刊物上频频发表，然后结集出书。1996年9月我的《西周王年论稿》出版，金仓兄的书评《追回逝去的岁月》就刊发在1996年10月20日的《中国文物报》上。他的见解总是公正而允洽，毫无私美。“我留心于张闻玉及其先师张汝舟先生的年代学论著已有十余年，他们主张月相定点，一贯以书上、地下、天上材料相一致自律，较诸任何一家有影响的年代学说立论都科学严格，可以经得起事实的考验。”他说“留心已有十余年”，那应该是从东北师大我们初次相识算起的。他和我一样，时刻铭记着长春的相识相处，大有相见恨晚之叹。

1996年金秋十月，我们一同在洛阳参加“夏商周断代工程”召开的学术会议，会后我要经西安回四川老家，金仓兄邀我在西安停留，到陕师大给历史学研究生做个学术报告。为启迪后学，我难于推辞。10月30日下午，金仓兄主持报告会，我以“西周年代学研究中的几个问题”为题，讲了我的看法，又与年轻学子做了交流。当晚就离开西安。相处时间不长，看得出，金仓兄在陕师大过得不错，虽不能说如鱼得水，但还可以发挥所长，那时他已经是历史系副主任啦。文化人，能有施展才能的空间，带出一批弟子，那就应该庆幸了。至于地位、财物，那是不值一提的。

1998年贵州省出版基金资助我出本有关铜器历日研究的书，我请金仓兄写个序文，他慨然允诺。序文中他又一次提到13年前长春的相识，他写道：“那时我的习作《晋国史纲要》刚成初稿，我对西周年代学的兴趣也由此生发，独学无友，很多问题无法解决。”这才开始有我们的交流。《铜器历日研究》一书涉及铜器断代，金仓兄有很好的见解，记录的年月日“不一定就是制作的年代”，往往是“追记”。这就解决了器型排比法出现的很多误解，给铜器断代指出了一条光明大道。至今，迷信器型排比的专家，未必明白这个“追记”的意义。金仓兄真是慧眼独具啊。

也是1998年，金仓兄的大作《穷变通久》由辽宁出版社出版，他寄赠一本给我。他的基本观点我是熟悉的，他此前就有文化史学的不少论述，这本书是他十余年对历史学走向衰落的深沉思考的结晶，他响亮提出构建文化史学，恢复历史学的科学本真。“文化史学把全部注意力集中在由事件、人物表现出来的文化现象上”，“不再满足于叙述一个个历史事件”了。至于如何解读历史事件的文化现象，他不仅从理论上做了阐述，实践上也有所示范。他的观点获得史学界的普遍认同，尔后各地名牌大学的历史系、历史学院，都改称“历史文化学院”“文化历史学系”，强调以文化解读史实。而今，他的“文化史学观”已经深入人心，史学界几乎没有人提出异议。读过这本书，我真正是醍醐灌顶，明白了很多很多。当年九月底我写出了我的感受，《史学的困惑与出路》一文刊发在1998年11月20日《贵州日报》上。我说：“应该深深感激常金仓教授，他毕竟是文化史学的开山领头人。”怀念金仓兄，我们会永远记住他对史学界的重大贡献。

2000年阳春三月，我北上西安，与金仓兄、西北大学张懋镕教授一同赴陕西岐山，参加“中国·岐山首届文化艺术节”。我们三人共住一室，几乎每天都是形影不离，交流的机会也就很多。学术研讨会就在周公庙举行。其间，我们到了周原，感叹周民族先民的农耕智慧；又到渭水边姜太公垂钓处，赞佩文王姬昌招揽贤才；又去五丈原，为鞠躬尽瘁的诸葛亮病逝而伤怀。有金仓兄、懋镕教授为伴，真的不虚此行。岐山学术研讨会，我们三人事先都提交了论文，都得了奖。懋镕教授得个头等大奖，那是当之无愧的。金仓兄文章是谈“谥法”的，给的三等奖，我的论文得个优秀奖，远在三等之外。我本意是会会金仓兄与懋镕教授，不在乎奖不奖的。此后才知道，岐山博物馆老馆长庞怀靖先生就提出评奖不公，不能体现学术性，“下里巴人之调，反在阳春白雪之上”，庞老先生于是义愤到“拒绝邀请”不到会。金仓兄也深感不公，拒绝领奖。我与金仓兄友善，自然也不去领奖。我只想说，金仓兄与庞老先生一样，不含糊、不苟且，一身文人正气，都是性情中人。个性与学术的严谨是一致的，也可见金仓兄可敬的人品。

尔后，金仓兄应聘到了大连，带出一批博士生。他的弟子晁天义、赵满海都先后与我有过联系，友情的接力棒延续到下一站啦。谁料到，正是他大展身手的好时候，金仓兄就突然离我们而去。

不能亲往吊唁，深以为憾。我痛切感到：友朋少一知己，学界失去良才。我发往福建师大悼念会的电文也就这些文字。

安息吧，金仓兄。

2012 年 3 月 30 日凌晨

# 悼歌今

惠水民族中学校长余歌今同志病逝的噩耗，震动着我们这些同龄人的心。他正年富力强，身体可称健壮，但是癌魔在不到半年的时间就夺去了他宝贵的生命。生前好友没有任何人会相信他走得那么早，走得那么急促。这就应了老百姓的俗话，“好人命不长”。

好人余歌今从四川营山县考入贵州大学中文系，1962 年毕业后分到惠水中学任教。其间只在县委机关做过文字工作，一生都贡献给了惠水，贡献给了惠水的教育事业。他的知名度堪称惠水第一，超过当今任何一位县长或县委书记。

从上大学时候起，歌今就是一位积极向上、勤奋好学而又谦虚随和的好人。他爱文学，长于写作，有记日记的好习惯。20 世纪 80 年代我去他家，歌今就翻出当年的日记，念着我们同窗交往的许多情节：花溪河畔的闲步，军疗草坪的考前温习，困难时期上山“小秋收”……歌今待人诚恳友善，同学们都乐意与他交游。四年同窗，我没见他“说过红脸话”，总是笑脸相对，他的朋友算是最多的。

歌今当是一颗文艺之星，他应当成为作家或评论家。是惠水滞留了他，是课堂牵制着他，他本来可以有大发展的。他本名余开国，在县委做文字工作时改用笔名余歌今。那时，常见他在省内报刊上发文章，我想，他要长期“歌”下去，耍笔杆子，贵州当多一位文化人。可是不久，他又根据需要回到学校担任校领导职务。这样，事务缠身，还坚持上课，哪有爬格子的精力呢？他的积极进取使他成了教育界的全国模范，贵州省的特级教师。事实证明，他干哪一行都可以出成绩，都能出类拔萃。

歌今的宽厚使他永葆青春。1974 年，我随贵大中文系师生到惠水毛家苑“开门办学”期间，专程到县城拜访他。分别十余年，正是他笔走龙蛇的时候，他红光满面，意气风发。当年的腼腆已不复存在。他活得那么开心，令我羡慕。我想他当是长寿之星了，当时写了一首五律赠他，其中便有“才笔应延寿，文章果养身”的句子，我相信他是一位吃笔墨饭的人，他要是从此就写作下去，发挥所长，以他康健之躯，寿命九九，文章久久。

好人余歌今毕竟走了，匆匆地走了。追悼会是隆重的，在贵阳的若干好友能去的都去了惠水，其中县处级以上干部二十余人，还有不少人专程从都匀、独山赶来参加那短短半小时仪式，远在四川的同学也都发来了唁电，这都令生者感到一丝宽慰。目睹此情此景，惠水民中的师生可以感知余歌今校长备受敬重。

当然追悼会也不无遗憾。歌今作为县委委员，县委应该有个花圈的；歌今作为州人大代表，县政府、县人大应该有个花圈的，可是灵堂左右未见。作为民中校长，教育界全国劳动模范、特级教师，县里负责人或县教育局的负责人应该出席主持追悼会或致悼词的，可是张罗此事的是校内两位副校长。

追悼会后，我们一行参观了一下校园，一位少将级的警官同学说，走遍全省的县级中学，这儿教工宿舍是最差的。这就难怪了，歌今校长的住房也是废旧教室隔成的。这就与追悼会的低调十分协调。

不管怎么说，好人余歌今风范永存！

1997年5月26日稿

原载《贵州日报》1997年6月7日

# 忆往篇

# 天地有大美而不言

近日，有幸读到香港现代知识出版社新出版的《汤炳正评传》，勾起我对这位老人的许多美好的回忆。

1980年前后，我在安徽滁州问学，先师张汝舟先生常常提及汤炳正。我得知，汤先生乃山东荣成人，是章太炎先生后期的得意门生，算是师辈的师辈。汤炳正先生曾任教于“国立贵州大学”中文系三年，中华人民共和国成立前夕才应邀到川北大学任教。在贵大期间，与先师张汝舟先生过从甚密，算是学术上的知己。1982年元月，汝舟先生辞世，为整理张先生遗著，我曾与汤先生多次信函来往，汤先生还为汝舟师的遗著写了“序”文。20世纪80年代中期，我几次途经成都，都专程到四川师大拜望汤先生。1989年汤先生八十寿诞，我代贵州大学校方拟一贺联“融通华夏文明五千年传统，赓续乾嘉学术三百载光辉”，以示黔中学界衷心的祝贺。1990年初夏，汤先生作为中国屈原学会会长到贵阳参加学会的年会，贵州大学校方曾盛情邀请汤先生及汝舟先生长子张叶芦教授，我亦陪坐。往事如烟……

汤先生在教书育人的同时，潜心于学术研究，以他的天赋加勤奋，取得了令学术界瞩目的成就。他对语言文字学与楚辞学的贡献，使他在国内外学术界享有盛誉并长期担任中国屈原学会会长、《楚辞研究》主编。

国学大师黄季刚的弟子范文澜先生曾有一副让人刻骨铭心的对联：“板凳要坐十年冷，文章不写一句空。”这应该是章（太炎）黄（季刚）学派的一贯学风。作为太炎先生的弟子，汤先生数十年潜心学术，与世无争，足以体现这种精神。正是因为长期的“坐冷板凳”，他似乎有些“孤僻”，不愿与人交往，更从来不搞什么“应酬”活动。他不是学术界的交际家，而是文化界的苦行僧。我拜访汤先生的时候，涉及世事，他有点“一窍不通”，而一旦谈及学术问题，他总是滔滔不绝，往往让你难于领悟。他的为人，一如古人所云“天地有大美而不言”，这就是学者汤炳正先生。

《汤炳正评传》是给一位学者作传，自然要有他的身世的“传”与学术论著的“评”。要做到这两点是很不容易的。“传”要求有翔实的材料，特别是前期的“故事”，“评”则要求对他的学术成就有通透的理解，才能鞭辟入里，评介适宜。我以为这样的“评传”一般人是难于写的，更难于写好。

《评传》作者乃汤先生的嫡孙汤序波同志。汤先生的早年以及乡情，作者有来自父辈如数家珍地叙说。这样的“传”反复取证，当是诚实可信的，且汤先生身前都一一过目认可。

我以为，难得写好的是“评”。序波同志花十年工夫，“前六年，重点放在阅读、研究他的学术论著”，在此基础上评价汤先生的学术成就，也就令人放心了，章黄学派之长在于古称“小学”的语言文字学，尤其是声韵学，认为这是治学的根本。序波同志正是从这里下手，有关声韵学的文字，写得连汤先生本人也“欣喜万分”，认为他吃得透，讲得清。所以，《评传》的重头戏放在“语言文字学”与“屈原及楚辞研究”上，前后共四章。正可以体现出汤炳正先生的学术成果与学术水平。序波同志花六年读书工夫，四年写作，无异于完成了两个专题的博士生论文。

国内外赞许汤先生为“楚辞大家”“楚辞学大师”“现代权威楚文化专家”等，都在其次，尤其当赞许的是他献身学术的精诚精神。他的“坐冷板凳”，他的“穷根究底”，他的“心无旁骛”，他恪守太炎先生“没有独到见解绝不行文”的戒律……比较晚近学术界纵横捭阖的不正之风以及一般学人的浮躁脾气，任何文化人都应该对汤炳正先生肃然起敬。

2000 年 8 月 25 日

# 耕读师范回忆

## 报名上山

20世纪60年代初，我们还是风华正茂的青年，“到最艰苦的地方去”“到祖国最需要的地方去”几乎就是我们的志愿。这当然也是党多年教育培养的结果。大学毕业，我是报名到毕节这个被称为“高寒山区”“威宁毕节苦荞巴”的地方任教的。到毕节一看，条件并不差。毕节，对我们出生在大巴山下的农村学生来说，已经是一个不小的城市了。我在毕节一中教书也就十分安心。

当了教师，牢记着“忠诚于党的教育事业”的号召，我自然就十分关注教育的改革与发展。1965年上半年，讨论“半农半读”的文章多起来，我抽空读得不少。

那时，“四清”工作组到了毕节一中，开始揭露一中的问题。当然是隐蔽式的，几乎都是个别谈话，有点地下工作的味道。我对政治向来就不敏感，实在没有多少可讲。与一知心朋友交谈，他的看法大不同，认为一中领导问题严重，用人不当是关键，涉及立场问题。他还举了很多例子。我一想，也有道理，只怪自己没有政治嗅觉。工作组第二次找我，启发我找问题，我就照朋友的见解提意见，还写成文字材料。这之后，“四清”工作不了了之，好像是撤走了。但我的顾虑却来了，真是吃不了兜着走。我感到这里已不是什么净土，还是躲开为好。1965年8月20日，我写了一首七律，表达当时的心境，诗中有两句道：“糊涂三载思犹愧，醒悟一朝化尔悲。”想到离开大学三年了，也糊涂了三年，实在十分幼稚。我真的在反思、在自责。我志在教好书，无心于政治，又最怕卷入钩心斗角的政治，当然就想找一个理想中的桃花源。

地区教育局要办一所半农半读的师范学校，有宣传，有行动。新型学校，培养新型人才，又是新办，一切都那么单纯，那么洁净。这便是我看中的理想的桃花源。我毫不迟疑地向教育局写了请调报告，志愿到半农半读师范学校当一名新型的教师。

我要“适彼乐土”，就真的成了关门山的第一个志愿兵。

8月26日还在暑假中，晚上得到调令。其实，头一天我就风闻调动了。25日当天写了一首诗，题目是《奉调耕读师范得一绝》，诗云：“虎踞山前留往事，关门坡脚立新家。教书种地皆无误，豆结豆应瓜结瓜。”——我在虎踞山下的毕节一中三年，认真教书，算是种豆得豆；希望到一个新的天地关门山，种瓜得瓜。我的确是满怀信心，满怀希望。似乎是上井冈山，开辟个人生活的新天地。

8月27日我就作为耕师的一员到筹备处报道。筹备处设在城里，由毕节师范来的黄廷学同志负责，还有京剧团来的申建柱、川剧团来的李德明。申负责采购，李负责办食堂。毕节师范两位应届毕业生胡高云、蔡松涛也参加筹备。胡做秘书，蔡任后勤。我算是第六名了。

8月28日，我搬运行李上山，当晚就住宿山上。

一切都很简陋，但心情舒畅，丝毫没有压抑感。山上的清新，山上的绿色，都与我的心情一样美好。

## 开学前后

每年九月初都是新生入学的日子，耕读师范也不例外。

校长刘传谷同志是9月1日到达的。他是教育专家，对学校工作十分内行。他一到，就布置迎新工作：设立迎新站，张贴标语，分派人员，安排拉行李的板车。各就各位，各司其职。一切都在有条不紊地进行。

9月初，实习结束的何凤翥、萧志实、王远明三位师院毕业生分配到耕师，从黔西一中调来的尹渥老师也来了。大家都投入了紧张的迎新工作。

教职员工齐心协力，干劲十足，冷清的山沟顿时热闹起来。拉行李的板车一进沟，我们就帮同学运行李，安排住宿。上山下沟，一天好几个来回。

简易的宿舍在半山，得从沟里一条“《”形小路上去，路很难走。先来的同学得参加迎新，给后到的带路、扛行李。

学生陆续到校，得组织集体活动，散不得。刘校长往往趁吃饭碰头的时间安排布置，抓得很具体。尹渥、何凤翥两位在当时发挥了突出的作用，真正深入到学生中去了。学生反映出来的种种思想问题，尽在我们的掌握之中。

学生到了，住了下来，就准备举行开学典礼。刘校长对此有明确的分工。由我负责办一期墙报，落实师生的发言稿；何与尹负责文艺演出，排练节目；后勤方面自然要会餐、办宴席。关门山在开学前热火朝天，这是一点也不夸张。

开学前，有个教师参加的分班会。学生 100 名，刘校长按照各县报名顺序的单双分成两个班。校长要我带一班，萧志实带二班。我对刘校长说：“我带二班！”校长说：“老张带一班。就这么定了！”事情本来就这么简单。

后来的事实证明，有特长的学生，如文艺演出、绘画写字、体育竞赛、劳动技能等，凡是比较拔尖的学生，几乎都出在一班。“文革”初期有人就对此大为不满，硬说“张闻玉在学生分班中捣鬼！”那时，我是批判对象，自然有口难辩，由他几个说。只有刘校长最为知情，可惜他是“走资派”，也不能说。真是冤枉！

分了班，就有了竞赛对手，唱歌、大扫除、劳动、出操，凡事都得比一比。青年学生就喜欢上进，不甘落后。我这个班主任也十分卖力。

要出墙报，作为语文老师我总得写点什么。很多学生的眼睛在看着你。9 月 7 日当天，我拟就了一首七律。题目是《到半农半读师范十日有感》，因为从 8 月 28 日住上关门山算起，正好十日。

诗云：

去城三里远繁华，鸟语花香月色清。
果树成荫非旧舍，人才造就属新型。
改天换地凭双手，破浪乘风有百丁。
千载树人终不老，从斯立志教而耕。

今年招生 100 名，故称“百丁”；据中央精神，半农半读是长命的，应该千年不老；末一句是当时的心里话，愿意终身从事半耕半教而已。

这首诗后来收入我的《辛巳文存》这个集子中，大有“立此存照”之意。

开学典礼庄严隆重。9 月 9 日这天，从公路边到沟边、沟里，一直到山上，沿途能贴标语的地方都贴上了标语，一派喜庆。开会前，分班唱歌，尹老师鼓动一班，何老师鼓动二班，气氛十分热烈。地区教育局来了人，也邀请了地区属的其他学校。尹渥老师任主持，声音高亢激越。领导们讲话，我作为教师代表讲话，女学生张某作为学生代表讲话，最后刘校长代表学校表示我们决心半农半读，办好这所新型的学校。

## 劳动建校

半耕半读，究竟怎么个耕法读法？因为没有样本，大家心里都没有底。读一则我 1965 年 12 月 7 日的日记：晚上与尹渥、吴乃域两位老师谈及有关半农半读师范的教育问题，深感问题多多，值得今后冷静思考。现在是全日制的框框套套，只不过多加了点劳动而已——足见我们的茫然。

半耕半读，顾名思义，半天读书，半天农耕。事实上也是这样安排的。

刘校长重视教育，第一学期大体在上午上课，下午劳动。劳动内容是自力更生建校，全校师生修路、建球场。

沟底是生活区，一个“丫”形三点，教室在左上，住宿在右上。先修一条从下到上、通往教室的斜坡路，将原先两尺宽的路扩展为两米左右的大路，主要是土石方工程，挖山运土。

农村来的同学，体力好，有劳动习惯，十分卖力。我们班的陈吉昌、舒愿本、王德学都是能手，大家比着干。教师中，只有健壮的王远明敢和他们一争高下。劳动是师生们的必修课，自然无怨言。都是年轻人在一起，有说有笑，劳动场面总是欢乐的。

要说都热爱劳动，也不是事实。两三个月后，少部分学生厌恶劳动，思想波动，动辄就“病”了，想退学。个别的，就是不起床，得让我这个班主任到床边去请几次。时间一长，我心里也烦，讨厌这种“死老蛇”。

学校的思想工作抓得紧，开学后就建立了团支部，重视先进学生的培养、发展，正面表扬居多。从12月开始，全国性的“学王杰”活动普遍开展，活学活用毛主席著作成了时尚。何凤翥老师本身就是学习毛主席著作的省级模范，活生生的榜样。1966年3月掀起“学习焦裕禄”活动。我们在学生中树标兵，培养积极分子，整个学校显得生气勃勃。不管怎么说，半耕半读的关门山，思想工作、政治运动始终与全国步调一致。

1965年12月11日星期六，学校组织了纪念“一二·九”三十周年文艺表演和一场以“学王杰”为主题的文娱晚会。晚会的节目多是自编自演，搞得有声有色。我在前两天写了《赞王杰》的诗，晚会上表演了诗朗诵。

12月19日（星期天）我的日记里写道：晚上开会，确定明日起集中劳动。因为地区财政局经费有余，给学校拨有部分建设款项，工程须年内完成。

20日上午刘校长动员报告后，又分班做了具体安排，劳动一周。其间，同学们积极性颇高，我亦为之鼓舞。当时，每天晚饭后均有总结汇报，当天情况及时公布，及时表扬。其中，每班宣传组起了很大作用，自己编稿、自己誊写，在劳动现场朗读，然后张贴。

进入12月，天气转寒，学生要烤火，没有烤火费。我们决定下水里挖沙，搞点收入，算是勤工俭学。沟水凉，我是带头脱鞋下水。为了集资，我们也挖过黄沙。

第一学期，1月16日放寒假。我颇有疲倦的感觉，期末工作确实累。

1966年2月6日（星期日）我的日记里写道：晚上开校务会，教职工都参加了。会上对学校工作做了安排，决定第一周劳动。我们一班有积肥十五万斤的任务。

2月7日上午由总务主任李肇炳同志给同学做报告，算是开学了。整个一周，都是“积肥”“白天积肥”“铲土皮积肥”的记录。

2月13日（星期天），晚上开会，决定再劳动一周，修好球场。

学校第一个篮球场是在山上教室的门前。砌堡坎的石头得从沟底食堂背上去。任务不轻啊。到3月初，球场才铺设三合土。3月20日中午，毕节师范学生队来校比赛，新建三合土球场才算正式起用。

从3月中旬开始，劳动安排有了变化，即“大半天学习，小半天劳动”。所谓“小半天”，指下午劳动两个半小时。当然就算不得一半对一半的“半耕半读”了，于是再辅以集中劳动来弥补。

3月14日下午召开建校誓师大会，刘校长动员，我作为教师代表讲话，表示要勤俭建校、艰苦建校。会上，学校给每个同学发了一把锄头，有如部队给战士发枪。会后，果真劳动两个半小时收工。

这种“小半天劳动”只坚持了两周。三月下旬，春耕季节到了，得种苞谷。学校又决定集中劳动，抢时间把苞谷种下去。

过了五一节，校长主持又开了一个校务会，“讨论”本学期工作。“大家一致赞同本期停课劳动，修好教室为新生入校做好准备。看来，这三个多月（5、6、7三个月）的劳动任务相当繁重。”——我当时并不懂，这都是党小组事先决定了的。

这之后，又不提“小半天劳动”了。我的日记上是“劳动”“上午劳动”“下午学习”“下午继续劳动”“逢着下雨便上课”之类的记录。

我这样烦琐地抄录当年的日记，只是想说，我们对“半农半读”的理解与实践就只有这么一个水平。

这就是体现“半耕半读”的一年，也是耕读师范建校最具特色的一年。在关门山工作、学习过的师生员工，在他的一生中，也只有这一年最具历史意义。对我们来说，终生难忘。

## 流风余韵

1966年6月中旬，颜少寒同志带地委工作组进驻耕师，就算“文革”这幕大戏在关门山正式开场。此之后，离“耕读”二字越去越远。到了招收新一届师范生的时候，已与全日制的毕节师范没有两样，称之为“毕节第二师范”似更确切。

文章还可以写下去，比如“文革”中的耕师与耕师“五七战团”，比如卢泮水同志的到校以及安装电灯，比如教师间的恩恩怨怨，师生间的友情以及恋情，还有新进来的许多教职工，甚至沟上清澈的溪流，阳山里面绿草地的风光等都应该在我们的记忆之中，其中不乏许多美好的故事。

这篇短文，只在表达与解读“耕读”二字，于是就此打住。

2003年7月7日稿

# 有缘“三十三”

2007年7月下旬，接到毕节方面老朋友尹渥老师的电话，原毕节耕读师范七四届的同学有一个聚会，邀请我们当年任教过的老师参加。算了一下，月初正有三天的空闲，也就先答应下来。隔了两天，筹备聚会的几个热心的同学居然到了花溪，登门相邀，看来就不好推托了。去就去吧，有机会重返关门山故地看看那曾经耕耘过的土地，看看那些曾经共同半耕半读的老师们、朋友们，何尝不是一件乐事！8月2日下午，与师大吴乃域老师、佛山孙大清老师夫妇等就上路了。送我们去毕节的也是当年关门山的吴姓学生，开着他的高档轿车，一路热情友好。本来天黑前就可以到的，担当驾驶的吴同学硬是将车开到大方羊场坝老路边一家火锅店吃豆干火锅，这一吃下来，害得在毕节等待我们共进晚餐的朱世全老师、尹渥老师、成家锡乡友等大为失望。好在进入21世纪，通讯联络方便，我们通过手机表达了歉意。

老朋友的情义令我们感动，当年的学生们的盛情更让我们难忘。一应的安排十分周到妥帖。参加筹备的几个同学已经筹划很久了。听说在织金、大方、毕节先后开过多次筹备会，希望这次聚会能够办得圆满。

这批师范生，1974年毕业，33年大聚会，不容易啊！当年十七八岁的青少年，而今都是五十多的人了，真是岁月匆匆。当然，这批人，盛世年华，绝大多数在中小学任教，不少已担当学校的领导职务，他们对国家、对民族，尤其对毕节地区的教育事业贡献很大。他们大多数默默无闻，踏踏实实艰苦奋战在边远偏僻的山区教学第一线，把一批又一批的农村孩子送到中学、送到祖国各地的大学，他们在培育着我们民族的精英啊。

说来也巧，这批师范生1974年毕业，我也正是1974年初离开耕读师范学校的，今天返校都是33年后的回归。我1941年出生，1974年离开耕读师范学校，刚好33岁的年纪。如果天假以年，再有33年的活法，那将是“白寿”(99岁）了。我希望这批优秀的师范生，大家在33年后都还健在，再有这么一次大聚会，岂不更加圆满！真是，有缘“三十三”啊！

过去的33年我一直在大学任教，教了不少学生，写了不少文章，却始终没有忘记耕读师范那几年的艰苦岁月，我们在夹皮沟似的山坡下修路建校，开荒种粮，我们始终热情饱满，面对困难毫不退缩，对美好的未来充满坚定的信念。“文革”后，恢复招生，我们自编自印教材，古文唐诗的背诵都是学生们的必修课，书法比赛、戏曲表演、球类活动，大大丰富了师生们的课外文化生活。老师认真教，同学认真学，关门山生趣盎然，别有一番蓬勃向上的景象。如果说，我在这33年中还有点成绩的话，真得感谢在耕读师范那几年的磨炼，那几年我真正懂得了应该怎样做人。

同学们毕业了，步入社会，了解社会，33年了，由一个个毛头孩子成长为国家的栋梁。而今大多数还在从教，继续为祖国培养人才。彼此交谈得知，他们自己的子女多是上了大学，读了研究生，有的还在国外深造，他们不愧是合格的优秀的人民教师。“幼吾幼以及人之幼”，如同对待自己的孩子，他们同样教授着老百姓的孩子，让人民的子弟成为社会的中坚。这就是师范生的伟大之处，他们在为提高中华民族整体素质尽职尽责，我们永远不会忘记他们的默默奉献。

七四届耕读师范的同学们，保持你们的旺盛精力，让我们共同为中华民族的复兴与强大永远地默默奉献吧。按照毕节市的规划，我们生活过的关门山将辟为“阳山公园”，用不了33年，我们就会在阳山公园再相聚。

我还想说，1993年我安装座机电话，得了一个号码，尾数是033，以后的手机、小灵通号码自然选用033。巧啊，新身份证号码尾数居然还是033。使用电脑了，博客、电邮通通用了“zwy033”。有缘“三十三”，我真希望，大家都健康地再活三十三年，上天应该是有意这样安排的吧。

2007年8月7日

# 相识三十年感言

2008年10月25日应邀参加中文系1978级同学“相识三十年”聚会，确实有很多的感触，有必要记录在案。“相识三十年”本是1978级同学聚会的主题，似与我无关。1978年我已在贵大任教，又是给1978级上第一堂课（现代汉语）的老师，与1978级同学也算是“相识三十年”，就借这个题目说说真切的感受。

上个月，9月20日，我们中文系1958级同学也有一个入校五十年聚会，叫“林城喜聚50春”。尽管相距二十年，毕竟还是校友，两相比较，却有天壤之别。

1958年秋，反右斗争已经结束，“大跃进”搞得热火朝天。正是如火如荼的岁月，我们这批年轻人走进贵大校园，很快就积极投身于“大跃进”运动。先是参加秋收，没日没夜地在稻田里收割；接着大炼钢铁，日日夜夜在小土炉前添柴加炭。我们盼望稻谷丰收，钢铁赶超英美，希望民富国强，人人过上好日子。可是好景不长，轰轰烈烈的“大跃进”却把我们带进了饥饿的年代。1962年我们怀着报效祖国的理想走出校门，却进入了一个人与人斗的险恶社会，大多数同学感到迷惘，难以适应。接着“文革”十年，有如灾难降临。

比较1978级同学，你们进入大学校门乘坐的是改革开放的“专列”，比老大哥们幸运得多。

五十年聚会，我们清点一下人数，有名有姓明确故亡者已有三十二人，还有十几个无法联系的“失踪”者，也许其中不少已经“人间蒸发”。我当然希望他们都还活着，希望他们都健康地活着。“相识三十年”的1978级一位同学告诉我，他们班里“走了三个”，他还不胜感慨。比较我们1958级“走了三十二个”，我真正的心中酸楚、感慨万端。

当年二十岁左右的青年，经历五十年，我们1958级的同学多已进入古稀之年，很多人留下或多或少的遗憾在安享晚年，当然也有“烈士暮年壮心不已”的。当年二十岁左右的青年，经历三十年，1978级的同学大多到了“知天命”之年，而今你们正值收获的黄金季节，堪称社会的精英、国家的栋梁，正是大有作为、大展宏图的美好时光。机不可失，失不再来，你们的贡献是对祖国、对人民的最好的也是最后的回报。经历了改革开放三十年的磨炼，你们尝到了人世间的酸甜苦辣，已经懂得了人生的真谛，你们以自己的努力实现了国富民强，在这个过程中你们已经走向成熟。再过十年、二十年，回首往事，希望你们“不会因为碌碌无为而羞耻，也不会因为虚度年华而悔恨”。

相识三十年，你们中很多人走上仕途，省部级有，厅局级多，看看聚会时的高档小车接送就已明了。我送你们四个字：清风送爽。当官为民，只有两袖清风才有爽爽的日子。还有早就下海经商的，已经腰缠万贯、养尊处优了，希望你们“扶危济困”，心忧天下平民百姓，记住：贫富悬殊永远不是我们的追求。在教育战线的教授、潜心学术的学者，看到你们的著作、你们的大块文章，我真是兴奋不已，那是留给后世子孙的宝贵财富。愿你们弘扬中华传统文化，不懈讴歌我们伟大的中华民族，让她生生不息、永远健康。

相识了三十年，认识了两代人，深感：长江后浪推前浪，一代更比一代强。

2008年10月25日即席发言，10月29日整理

# 六十年的回顾与前瞻

共和国风风雨雨经历了六十年。六十年前，那是经过八年抗战、三年内战已经残破不堪的一个积贫积弱的中国。在中国共产党的领导下，东亚巨人获得了新生，各族人民团结一心、艰苦奋斗，取得了一个又一个经济战线上的巨大胜利，为国民经济持续发展奠定了坚实的基础。虽然我们也有失误，比如 1957 年反右派斗争、1958 年“大跃进”、十年“文革”，但总体的发展势头并没有减弱。真正的阔步向前是在提出改革开放之后，后三十年的政治、经济、文化的发展速度令全世界瞠目结舌，一个强大的中国已经屹立在世界的东方。

改革开放后的经济发展得益于市场经济体制。经济发展了，物质财富充足，老百姓不愁吃穿，社会也就相对的稳定。经济上去了，以人为本、和谐社会才有依托，才有广泛的群众基础。物质财富增加，精神财富就不可或缺，文化教育也就必然发展。昔日的“东亚病夫”，经由 2008 年北京奥运会的洗礼，已经是名列世界前茅的体育健儿；上大学、考研、考博、留学，已经成为潮流；中华文化也冲出了国门，逐步为世界各民族所认同；孔子学院林立全球，汉语汉字也在全世界广为传播。中国人扬眉吐气，中国人抬头挺胸，一切都得益于中国经济的迅猛发展。邓小平“发展经济”的话的确有道理。

回顾六十年，贫穷消除了，中国人富裕了，这就是翻天覆地的变化，这就是伟大的成就。

有眼光的政治家都明白，政治、经济如同人的两条腿，彼此协调，才能不断前进。经济体制已经改革，政治体制改革也得同步发展。经济之腿健美结实，而民主政体万万不可忽视。这个“民主”，当然不是西方人那一套“两党政治”，西方的“民主”不能解决中国的问题。我们指的是民众的参与、监督与决策权。官僚层不受监督，权力集中，“一人说了算”，这是集权制的弊病，也是阻碍社会发展的瓶颈。苏联的解体已经是前车之鉴，我们绝不可重蹈覆辙。

自古以来，中国都是干支纪年，六十年一轮回。在共和国迈步第二个甲子始年之时，我们期盼政治体制改革，期待一个美好的明天，祝愿我们的祖国更加繁荣富强。

2009年9月4日

（应九三学社贵大支社之邀而作）

# 毕业合影之感慨

远在遵义的大学同窗贺新民托他的女儿贺云送来我们大学毕业时的合影照片，并郑重相告：用后璧归。照片一尺见方，1962 年 7 月 23 日拍摄，人像仅占 1/4 的地盘，上部空档不少，其上题字“贵州大学中文系第一届毕业生暨全体教职工合影”，题字下方从右至左有“贵州民族学院大礼堂”九个大字，很是气派。当年的贵州大学，是占着民族学院的校园，以“合并”为名撤销了民族学院的，“大礼堂”就是见证。参加合影的师生两百多人，除了教师职工，近一半是原民族学院民语系并入“中文系”的同学。两百多人的照片，经历 47 年，个个都还眉目清楚，说明照相技术还算高超。当年的贵阳市，就一个“啊嘛照相馆”，这大概还是啊嘛的杰作。

我赶快到像馆复制，为突出老师同学的影像，只保留原片下面 1/3 的版式，加印了二十多张，还施以现代科技“过塑”。照片上自然有我，但我与交好的几个老同学一样，还是第一次见到这张大学毕业合影。这让我生出很多感慨。

从小读书，小学毕业、初中毕业、高中毕业、大学毕业，就这么走了过来。学校几经变迁，从乡镇到县城，再到省城；同学几多聚散，旧时同窗分走四方，新的学友又欢聚一堂。新交旧友，唯有毕业合影给我们留下许多美好的记忆。

我的小学是在乡下读的，小学毕业在一个叫“花丛”的区镇上。那时，只有区镇才有“完小”，才有五年级、六年级的班次。花丛镇只兴赶场，不逢场照样冷冷清清，也不懂什么照相，乡下根本没有照相馆。1952 年夏天小学毕业了，与老师同桌吃一顿饭，叫“毕业会餐”，自然也就没有毕业合影。小学里极其负责的几位授课老师以及一位最受尊敬的教导主任任明科老师，我们只在心底里留有他们的影像。

1952 年夏季，百废待兴的新中国极其重视教育，巴中中学不仅扩建校园，也扩招生源，一下子招生两百人，分为四个班。在此之前，一个年级也就一个班，一年还分春季班、秋季班。1952 年秋季之后，1953 年的春季班就停招了。我们前面的初十班就是最后一个春季班。那时的教学班，大体都是 50 人一个班，只有少，不会多。我被安排在第四班，这个班差不多集中了这个年级的小男生以及全部女生。女生大体都是县城的。新中国成立前乡下还不时兴女娃子上学，县城自然开化些，女生已经有读中学的了。1955 年夏天，初中毕业了。我们初十一班丁班照了毕业合影。当时县城就一家像馆，取名“红星”，只此一家，别无分店。老板、师傅一个人，人称陈胖子。那天来照毕业相的，的确是个胖子。巴中城唯一的照相馆很小，照的相片也很小，取名“红星”，名副其实，生意火“红”，但就那“星”点儿大。毕业生43个，加校长、班主任、教导主任、政治教员、团委干部，也就48人。一张毕业合影照片只有而今的名片大小。小是小，我还是保留了珍贵的初中毕业合照。与三年的同窗分手，回到乡下，我时时想起他们，就拿出照片瞧瞧，以慰相思。后来我索性在相片背后把合影者的名字一一写了下来，避免久后遗忘。这张初中毕业合影随我高中、大学、教书，相伴几十年。20 世纪 90 年代，一位初中同学到贵阳走亲戚，见面时候，我就说起保存的毕业合影。她大感兴趣，拿着照片，上面很多人已经全无记忆了。好在背后还有名有姓，还算依稀可辨。健在而又常相往来的，自然就有说不完的往事。本来是 50 人的一个班，毕业照相只有 43 人，我记得好几个女生留级到下一年级去了。照片上有两个女生也是从上一年级留级下来的。那时，成绩考查很严格，几科不及格就留级，不讲情面。而我们三十多个男生，都是从区镇完小硬考进来的，没有差生，相对稳定，除了两三个贪玩的留级，毕业居然有 30 个男生。大体还是那些人。这张初中毕业照很珍贵，我就翻拍，加印了十多张，由那位巴中来的女同学带回去分发了。

巴中中学从建校招生算，初一班、初二班，到我们 1952 年是初十一班。后来以毕业年份算，我们就叫“巴中中学初五五秋（四）班”，照片上也这么写着的。那个“丁班”的“丁”就由“四”取代了。毕业合影的日子是 1955 年 6 月 13 日，照片上写了的。余下时间，我们得参加升学考试。六月中下旬，我们彼此分手就陆续返回乡下了。

1955 年 7 月，我参加了升学考试。过了暑假，继续在母校巴中中学上高中。那时，通（江）、南（江）、巴（中）、平（昌）四个县，只有巴中有高中。

当年招了两个班，100人。除了高中，巴中已经有师范学校了，是从达县那边分出来成立的。我的初中同学不少报考了师范，升入高中的，同班的男生也就四个：两张两杨。杨永富、杨大富，分在一班；张左陈与我分在二班。我们就是“高五八秋二班”。四个县的初中尖子生，都在巴中中学集合了。我们的高中生活，真的值得永远回忆。学校的教学与管理规范有序，老师们的教学水平与责任心可以说无可挑剔，同学们的学习热情与组织纪律堪称完美。我在这样的氛围中，一天一天地长大。事情的转折发生在1958年的新学期。1957年的暑假，学校的老师员工去了达县，参加反右派运动。最受我们尊敬的校长蒲健秋，对学校的建设发展贡献最大，居然打成了右派；还有教书最好的颜冬申老师，也成了极右；我的初中语文老师也是右派分子。我们在极为沉闷的环境中听课上自习。最后一个学期开始，“社会主义教育运动”在我们高中毕业生中开展。后来，“社会主义教育运动”告一段落，我们也毕业了。人心已散，各人找个理由，先后离开了学校。2008年初夏，我们“高五八秋二班”有一个高中毕业50年聚会，大家都记得，没有照高中毕业照。当然，谁也没有感到遗憾。高中毕业合影，成了我一生的空缺。

再来说大学毕业照吧。我们参加了照相，却没有见到过这么一张大照片。我们1958级队伍庞大，原民语系的自然都是少数民族同学，组合在一起，的确是个多民族大家庭。同学中，有参加过抗美援朝的老大哥，也有从机关保送来培养深造的“调干生”，总之，党员同学不少。班级活动都是党员同学在组织指挥。他们是中文系总支部书记在1958级的代言。书记是个姓贾的女性，除了全系集中讲话，基本上不参加学生的活动。我们这些应届生考进来的小同学，实际上是“调干生”老大哥在领头。事实上，他们是我们的上级、上层。他们的确起到了表率作用，也得到了我们应有的尊重。这些话，与毕业合照有什么关系？持有这张毕业照的贺新民同学，就是当年的“调干生”老大哥。我们很多人见都没见过这张照片，他居然就有。那时，经历三年困难时期，大家都很穷，有饭吃就不错，口袋里有那么三五毛算是好的了。那么大一张毕业合影，少说得一两元吧，我们肯定是没有经济实力加洗一张的。贺同学居然有，我们猜想，应该是党支部送他的。这是不是“调干生”的“特权”？幸好有那么一点“特权”，我们今天还能看到这张大学毕业合影，还能加印若干张分发，让当年没条件享有一张照片的穷大学生，五十年后再来回味青春少年的大学生活。得到加印的照片后，有个同学对我说，当年党支部还英明，帮我们保存了这张照片后。料想，他与我一样，也生出了几多感慨。

2009 年 9 月 9–12 日

# 再说毕业合影

贺新民同学托女儿送来的贵州大学中文系首届毕业生及全体教职工合影，令我感慨万端。快五十年了，看到这么一张当年的大照片，真有老来得子的感觉，喜不自禁。照片第二排坐着的，主要是中文系的领导与老师们，年长的师长多已故去，只有靠这张照片，回忆师长的教诲，表达对他们的无限追思。同学间的交往，靠这张照片也能勾起更多的回忆。

我与其他几个同学的感受一样，新民老哥居然还有这么一张我们见都没见过的毕业合影，真是奇了。我是有意暂不与新民兄联系，不去追问那照片的来龙去脉，我按照自己的思路写出我的感慨，似乎更为朴实。我也明知会与事实有些许出入，但主体线索不会差得太远。

“感慨”写了，也贴上了博客，才告知新民兄的女儿贺云，请新民兄审视。过不几天，新民兄电话来了。他指出我文章中若干失实的地方：①民语班同学，并不都是少数民族，汉族同学也不少；②他是“调干生”，每月有二十多元的补贴，那时也不是党员，也没有什么“特权”，照片是自己掏钱加印的。他还讲了这张照片在“文革”中遭抄家搜走，在烧毁前被一学生拣出来，最后归还贺老师的事儿。看得出，为这照片，他也生出几多感慨。

我告诉新民兄，你是老大哥，部队下来的，是不是党员并不重要，我们一样敬重你。那时，班里的活动，都是你们老大哥领头，我们都听你们的。记得刚进校两天，1958 年 9 月，新同学打扫卫生，清除宿舍前面的垃圾以及石块、砖头。老大哥王振昌口令指挥，大家排队，两人一组抬个箩筐。我个头小，排在尾巴。最后剩我一个，部队下来的王振昌就和我一组。我前他后，抬起烂砖头，我感觉肩上轻飘飘的。扭头一看，箩筐都移到他那头去了。五十年前的事，犹如昨日，还历历在目。四年大学生活，老大哥与小兄弟相处十分融洽。我那时年纪偏小，稀里糊涂，很懵懂，没有政治觉悟，也不懂靠近什么党组织，只晓得跟着这些老大哥走，他们喊干啥就干啥，不落后，不掉队，四年就这么过来了。我对老大哥给我的关爱，始终如一的充满感激，无以言表。那时校门外，阶级斗争搞得如火如荼，而我们1958级却温暖如春。领头的老大哥李钟伟、张家标、杨启云、王振昌等，都是与人为善的好党员、好干部，关爱同学，人情味十足。不容易啊！新民兄电话里还述说当年对我张某人的关照，友爱之情，沁人肺腑。大学四年，从进校抬砖头起，我不仅没有感到过什么政治压力，相反还能安安静静地认真读书。比起那些受委屈的同学，我是幸运的，真得感激包括新民兄在内的诸位老大哥。

回顾新中国成立初期的风风雨雨，看到当年的毕业合影，回味大学四年的温馨生活，你说，我能不生出诸多感慨吗？

2009年9月25日

# 回忆前妻

20世纪三四十年代出生的人，与前辈一样，结婚就意味着百年好合、白头偕老，想都不曾想过离婚。离婚，是一件不光彩的事，是一件极不光彩的事。而我，就偏偏摊上了。

说到婚姻，自然得说说初恋。青少年时期，我懵懵懂懂的，因为父母的勤劳，我无忧无愁，一门心思就是读书，别的一概不懂。总之，我是一个晚熟的人。到“文革”时期，已经二十六七，才考虑个人问题。那时我在乌蒙山下一所师范学校任教，大概是出身好、心直口快、人缘好，大家选我作为教师代表进了“革委会”，算是学校领导成员，负责全校的教学工作。学校以及上级党组织看好我“根正苗红”，有心培养我入党。我曾经作为秘书，随地区领导与军代表到一些文教单位参加“整党”，足见党组织对我的信任与期待。我对党忠心耿耿，对党支书交心交底，无比信赖。待我与女友初步明确了恋爱关系，我回学校立即向支书汇报情况，征求意见。他也正好了解女友家的情况，明确表态“不行”。“你知道不？她父亲坐过牢，死在里面了。”这就是支书坚决不赞同的理由。政治第一，必须听党的话，我还能说什么呢。所谓的“初恋”就这样告吹了。在此之后，我对婚姻真的心灰意懒了。

“九一三”林彪事件给我的震动很大，我对政治望而生畏。怎么办？不能立功、立德，就立言吧。读书，我只有埋头读书，做一个有学问的文化人。待到大学恢复招生，我比较顺利地调回母校贵州大学任教。1974年元旦过后，我写了一首诗《奉调赴贵州大学任教》：新年奉调赴花溪，雪月交辉映布衣。十有一年来而往，两番三次东复西。不识童稚如犊子，再见良师已古稀。可叹人生多辗转，愚夫自愧堕淤泥。——我毕业后在毕节教书十一年，再回贵大，感触甚多，好像迫不得已又回到臭老九这个泥坑里。那时候，读书人是臭老九，没地位啊！

工作安定了，婚姻问题也就上了台面。1974年初夏的一天，贵大教工排球队在贵阳师院与师院教工队友谊比赛，一位同中学的李姓老师找到我，要我比赛结束等他，有要事商量。打完球，他还在场边。原来他夫妇要给我介绍对象。对方是她夫人单位（水利学校）一位教务主任的女儿，也老大不小了，是主任拜托给找个像样的女婿。李姓同学夫妇选中了我。他要带我去“相亲”，我一身球衣球裤，就随他夫妇去了。主任姓宋，宋主任，就是我未来的岳母，她很有见地，很有学养，一副干部模样，一副领导口气，家里自然是她做主，说了算数。她问长问短，我都据实陈述。我对她有一种敬畏感，像是在接受一场考核、一场面试。我的诚恳与成熟给了她一个好印象。所谓成熟，也就是对“文革”的看法比较客观吧。这大概也与她的想法合拍。考核算是合格，她邀我周末一定再去，多做交流。

这就是第一次相见，是未来岳母的面试，其他人都插不上嘴。岳父是一个知识分子，在水电九局任高工，并不多言。女孩很腼腆，从不接话，端茶倒水而已。与其说是相亲，不如说是相女婿更确切。毕竟我与那女孩一句话也没有说啊。

这之后，多是我周末进城，接触就多了。她叫“纯”。名如其人，纯朴、纯厚、纯真、纯良、纯一，都可以反映她的本性。她表里如一，心无城府，心性正直，从不转弯抹角。作为一位女性，真正地中规中矩，或者说无可挑剔。1975 年秋，我们结婚了。回四川老家走一趟，拜见老父、老母，算是旅行结婚，回来分发些喜糖，那时都这样，也不时兴什么婚宴。的确省事。

其间，有两件事值得一提。

其一，一个星期天，我在城里，家里要来客，岳母安排我去买菜，一是肉，二是豆腐。肉要肉票，豆腐要豆腐票，凭票供应，还得排队。我以为请客吃饭肉是离不得的，就先到肉摊前排队。谁知摊主熟人多，好部位的都留下了，加之插队的多，到我面前三个人，肉就卖完了。叫天不应，我很无奈，只得去豆腐摊前排队。豆腐并不多，还不到我面前，豆腐也卖光了。我两手空空，回到家里，无地自容，无脸见人，岳母很生气：“连这么个小事也办不好！”岳母老人家有心血管方面的病，我无法做出任何解释，免得她气上加气。

其二，1976 年暑假，大学继续招收工农兵学员，纯的小弟一平也在供电局报了名。三个人参加考核，只有一个名额。局领导将小弟排在第三名，那当然是没有希望的啦。通过关系了解，局领导讨论时有人提出，他家是知识分子家庭，老大是清华大学毕业的，老三在读大学，不能一家人都是大学生，这个名额只能给工农兵子弟。那时，我向贵大负责招生的领导反映实情，他们同意调出三个名额到供电局，解决小弟的读书问题。小弟聪明好学，爱好羽毛球，号称“业余冠军”，学校也看中这一特长，有意选拔他。最终局里还是不松口，小弟就失去了上大学的机会。这事直接影响了他一辈子。这也是我长久都觉得对不起小弟的事，没有把事情办好啊。

1976年秋，妻子临产。产前还好好的，半夜发作，只有护士在旁，结果男孩子脐带缠颈，没有及时处理，造成闷绝不啼。待在恒温箱三天，终于没有成活。到了1978年初，我们有了教训，决计到条件好的省妇产医院生产。1月31日晨，男孩子顺利出世。姥姥取个小名叫“大力”，一家人爱如至宝。这之后，妻子的哺养与操劳，那是尽心尽力的。

那时，老岳父在南盘江水电站任总工程师，负责施工。南盘江属珠江水系，待到1979年珠江水利委员会成立，他调珠江水利委员会便是顺理成章的事。

1979年9月初，我到安徽滁州汝舟先生门下求学，计划两年。寒假回到贵阳，春节期间带着两岁的大力回四川老家，度过了一个最美好的1980年春节。巴中县城（今四川省巴中市）我姐姐一家，乡下我的老父、老母，两家人都围着宝贝儿子大力转。一个多月里，每晚上我都陪着他睡觉。半夜给他提完尿，还得给他喂果汁。提尿之后，他会说：“爸爸——冲。”我知道他这是要喝水啦，我就喂果汁。喝了果汁，他会说：“爸爸——唱。”我就轻唱儿歌“小燕子，穿花衣，……燕子说，这里的春天最美丽……”他就在儿歌声中渐渐入睡。与儿子的相依相伴就这么一个来月。至今我还记得他的“爸爸——冲”“爸爸——唱”，那美妙无比的童音，清纯而发自肺腑。

2月底，我到滁州继续求学。初夏，岳父、岳母带着我的妻儿搬家到了广州。我的无助与无奈，那是可以想到的。这么大的事，岳母高高在上，自然不会征求我这个小辈的意见，似乎也不屑一谈。妻子也不跟我商量，好像我就应该跟着他们走。我不是上门女婿，不附属于人，自尊心受到损创，与妻子的隔阂就在无形中植根了。纯虽然与我结婚，但出于工作与照顾老人的需要，她还是常住她父母家，并没有“嫁鸡随鸡”的观念，我在郊区的学校里，照样过着从前的生活，结了婚总算有了半个家，但还是照样到食堂打饭。老实说，她这一走，就已经动摇了这半个家庭的基础。

这之后，我趁寒暑假四趟到广州看妻儿，也曾希望调到某个高校，维持这摇摇欲坠的异地分居。我的经历让我明白，与广州人接触，不会广东话，就被视为外地人、外乡人，打交道就很难。在国人眼里，上海人自视甚高，动不动“阿拉－上海人”，不把别人放在眼里。在广州久住的朋友告诉我，广州人眼里根本没有上海人，更胜一筹。我这个大巴山里出来的人，对洋气的上海人、广州人确实没有亲近感，无亲无戚、无依无靠，我何必来洋场打拼？贵州毕竟是我的第二故乡。从1958年考入大学算起，我在贵州待了已经二十多年，于是我对调往广州便不做指望。我之所以到广州探亲，纯粹是一种义务，与其说妻子在那里，不如说儿子在那里。待到儿子对我也有了陌生感，我就自视多余，一到广州后就想尽快离开广州。我不责怪妻子，我理解她是孝顺父母，但我们已经没有共同语言，真正的同床异梦。我告诉她，我们的想法都闷在心里，吵不起来，走到这一步，还吵什么，连吵架的感情都没有了，余下的就只有分手。而我得顾脸面，我远在四川的父母也不赞同离婚，他们是要我劝纯回贵州，哪有女儿家一辈子跟父母过的道理？岳父、岳母是高级知识分子，更怕丢了面子。我们就这么僵持着。其间，清华毕业的她哥从山西临汾给我来信，希望我们和好如初，还说“要纯回贵州已不可能”。他是明白人，深知矛盾的起因所在，丝毫没有责备我的意思。我真的有些感动。

事情的急转直下在于他们沉不住气，妻子给我单位党支部投送了一封告状信，我猜都猜得到，说我“有外遇”，用现在的话叫“有第三者”“第三者插足”。反正不会有好话嘛。支部书记也曾是我的老师，自然是了解我的。告状信还有一条，说我当初与她结婚就心术不正，图她家的钱财。啊哟，就这一条，我们的书记可反感了。那时大家工资差不多，每月52.5元，谁想谁的呀。就算你高一点，又高到哪里去。支部书记与我一样，对告密、检举的行为十分反感。加上这两条他都知道是无中生有，就直接找到我，明确地说：“张××，你离婚算了，不要犹豫。这事已经不可挽回。”我万万没有想到，妻子糊涂到这种地步。原本想拖一拖，看能否有机会挽回，告状、检举已经让我没有退路，我只有“听党的话”，决定离婚。从内心深处说，我并不希望失去儿子。前妻在这个问题上寸步不让，坚持儿子的抚养权，还说：“像你这种人不配带儿子，儿子会让你带坏。”写出揭发检举信，她已经反目成仇了。她就是这样一个女人，自己不知反省，把过错都推得干干净净。

这些年来，我还是本着“君子交绝，不出恶声”对待她，多想她的长处：

诚恳、勤劳。但她在大是大非面前的作为，我实在不敢恭维。只能说，小事规矩，大事糊涂。她要不随父母离开贵阳，一家三口和和美美，哪里会有离婚不离婚的事。她后来要是不搞检举揭发，也许还能拖一段时间，这中间也许还有变数，因为我并不想走上离婚这条绝路，双方冷静下来，事情未必没有转机。

2002年，由我主持的中国古代史硕士点获得通过，准备招收研究生。我自然想到在广州的儿子张赫嘉，我从别人交谈无意的透露中得知，儿子是历史专业毕业的，他要是能报考这个专业，学以成才，岂不更好？真正学些本事，为民族做出贡献，也不枉这一生。我通过广东珠海的朋友找到南方日报副总编辑，他派出记者到珠委，联系单位领导找到前妻纯，告诉她，在贵州的生父希望了解儿子的具体工作单位。前妻居然说，儿子的父亲就在家里（实则继父也），他还有什么父亲呢？记者也很无奈，感到面对的是一个并不通情达理的女人。在前妻看来，阻断儿子与生身之父的联系，发泄她的怨愤，是对我的最好报复。其实，她又一次犯了糊涂。我是研究文史的人，上下五千年都看得透，更不说那短暂的人生。她伤害的是儿子，也就是她的儿子，让儿子生活在不知生父的阴影之中，一辈子也难以平静。人活一世，要做好人，好人的标准不外是孝与善。儿子要是懂得孝与善，他的心灵中一定会有永恒的伤痛，他会生活得舒坦么？儿子要是至今还不懂得孝与善，这样的儿子，有与没有，也就不重要了。

不过，我始终记得，儿子生于1978年1月31日晨，小名大力，大名张赫嘉，大学本科历史专业毕业，据说在广州某银行就职。老邻居往往见到我，偶尔问一句："你家大力在哪里？"我的回答很简洁："儿子在广州。"尽管我时时刻刻牵挂着我的骨肉，而现实情景真的让我无可奈何。

2010年3月1—4日

# 儿子从上海来

2010年我写过一篇文章《回忆前妻》，既是对前妻的回忆，更是想找寻儿子的下落。儿子两岁多，就由他妈妈带去广州。那时候是1980年，我还在安徽滁州从师学习。老岳父调珠江水利委员会，前妻就带着儿子去了，美其名曰照料父母。他们总认为我会随他们也调往广州。当时，“文革”结束不久，一个普通教师并没有什么社会地位，他们自然不会与我商议，或者征求我的意见。这就严重挫伤了我的自尊，也播下了分手的种子。事后三年，仍各在天涯，最后离婚解散了这个家庭。

儿子由前妻抚养，她认为我会把孩子带坏，我在她心目中已经是个坏男人了。我依照协议与判决，负担生活抚养费，近二十年我都提前如数汇寄，至今还保存着一大沓汇单。不但如此，儿子生日与春节，我都特汇一笔，转达作为父亲的心意。前妻是个大事糊涂的人，离婚后与我反目成仇，从此并无只言片语，我就一直不知儿子读书与生活的任何信息。我多方打探，托在广东省国土资源厅工作的乡友蒲某去过珠委，请远在天津大学任教的巴中中学老同学杜君文教授为我查访，在深圳创业的小辈——贵州大学毕业的研究生张兰也在为我尽力寻找儿子的下落，最终都没有任何具体的结果。2002年，我们申报的中国古代史硕士点开始招生，我自然希望儿子能读这个专业，做一个有学问的文化人。我去信前妻及其单位，同样的，石沉大海。又通过南方日报副总编辑安排记者去单位查访，都遭遇前妻的闭门羹，前妻甚至否认她儿子还有一个远在贵阳的父亲。

我真的失望了，对于找到儿子，也并不抱多大希望了。老邻居偶尔问道：“你家大力在哪里？”我只能敷衍应付：“儿子在广州。”其实，我什么都不知道。

今年春上，我姐家的二女子，侄女张萍从巴中来电话，说她查到先前那个舅母家的地址了，住在广州天寿路 ×× 号。我说，没有用的，她不会理睬你的。过两天，二女子又打来电话，她很兴奋地说：“舅，我查到天寿路派出所的电话啦。我给派出所通电话了，我把情况与要求都说了，他们要你直接与他们联系，或者去一趟广州。我把派出所的电话告诉你哈！”我自然就记下了这个至关重要的号码。

我很平静地对待寻找儿子这件事，因为过去已经努力了，很努力了。到四月上旬，我才意识到应该与广州那边派出所联系一下，把希望寄托到他们那里。我按照侄女给我留下的电话拨过去，说明我的要求与多年寻亲的无奈。那边是林和派出所，天寿路也在他们的辖区内。答复很明确：按照规定，不对个人提供任何信息，必须通过你地的派出所与我们公函联系，公对公。

既然指明了方向，如同黑暗中出现了一盏光亮的灯，我也就照着去做。我写了文字材料，找到学校内的松山派出所。所长不在，姓吴的教导员值班接待我，他听我了的叙述，看了我的文字申请，让我明天再去一趟。第二天，我再去派出所，吴教导员说：“我拟好了公函，你去办公室找内勤盖个章，快件发到广州那边去。你一个老教授，我理解你寻找儿子的急切心情。”

到四月中旬，我又拨通了林和派出所的电话，内勤黄警官答复我，他们有前妻家里的座机电话，还提供了廖某的手机号码，告诉我廖某1973年生。我说，儿子是1978年1月出生。黄警官说，户籍上没有，你直接与廖某联系吧，他已经结婚生子了，家里有嫩娃娃。

我寻思：前妻定是改嫁到廖家啦，儿子莫非也改姓廖？明明1978年生，怎么成1973年了呢？啊，8的一半就是3，是不是户口登记把8误写成3了？儿子在广州，儿子已经结婚生子了？

有了廖某的手机号，我得试试。20号那天，我拨通了这个号码，接电话的居然是个女性，“你找哪个？”实在出乎意料，我竟然不好搭话，只好支支吾吾：“对不起，拨错号码啦。”

怎么办？怎么进行下一步？这是唯一的通道啦，不能放弃呀。我决定用短信与那个叫廖某的沟通。

4月22日中午，我将拟好的短信发过去：“廖某小朋友，希望你帮助我找寻我的儿子张赫嘉，他小名大力，1978年1月31日在贵阳出生。我写过一篇文章《回忆前妻》发在我的博客上。点击‘张闻玉’三个字就可在博客上读到。我年已七旬，别无牵挂。知道大力的联系方式，我再与他交流。谢谢你。张。”我实在弄不懂廖某究竟是谁，暗想他该不会是儿子大力吧。

我平静地等待，也急切地希望收到廖某的回复。一天、两天，三天、四天，都毫无信息。又是一天、两天，一周就要过去了，我的期盼真的要落空了。到 4 月 28 日下午，我不得不再次给廖某发出短信：“廖某小朋友，我寻找我的亲生骨肉张赫嘉。二十多年来，各种方式，各种渠道，都被人为阻隔。父子无法联系沟通。我也算资深教授、著名学者，已出版著作十余部，带有几个入室弟子，还在给研究生开课。尽职尽责，勤奋一生。父爱如山，吾儿岂能知晓。你 1973 年出生，大他几岁，现也为人父，更能体会我的感受。希望你体谅，告知我大力的情况。谢谢你。张。”比较第一次短信，这次我表达了深沉的情感，加重了思念的分量。廖某如果是我的儿子，他应该心有触动；就算廖某不是我的儿子，也应该有所触动。人，毕竟是有感情的动物。晓之以理，动之以情，我也只能这样了。

地球照常运转，我的生活依旧。2011 年 4 月 29 日，还是那么平常的一个日子。中午时分，手机的短信铃声响起，短暂而明确。我正在午睡，迷迷糊糊，居然醒了，慵懒地拿起手机，打开一看，落款竟是“大力”，那是儿子来的短信啊。全文如下。

> 短信昨日收到，文章也已看过。您这么多年的感触，儿子深深明白。能否将您贵阳家中地址短信告诉我，有空来看您。大力。

三十年啦，八千里路云和月，来自上天的信息，把儿子的文字传给了我。我并不激动，也没有过度兴奋，只有深深的感叹，感叹人生的变化莫测，似乎都是注定的。我知道总会有这么一天，迟早而已，但没想到来得如此之快，如此之突然，就在今天，就在当下，实实在在，就是现实。

我想，应该是在广州的廖某把我的信息传给了他，才有如此迅速的回应。前妻改嫁到廖家，儿子与廖某应该是兄弟相称。我对廖某小朋友的善意助人心存感激。

信息接通，这一天，与儿子的联系不断，直至夜深。两点过，他发来他的邮箱，我自然记下了。三点半，他告诉我：现名张赫嘉，南京东南大学工科电子专业毕业，之后在上海工作至今，一直从事 IT 销售工作。六点过发来信息：我想这个五一节过来看您，不知方便否？七点、八点、九点、十点前，我们父子俩先后十一次传递信息。他已经决定与女友一起从上海来看我，女友负责订了机票，明天（30 日）晚上就到贵阳，五一节上午到我的学校见面。他发来的信息要点有：我们联系的事请不要和我的小舅提起（他有个小舅在贵阳，怕小舅告知他妈?）；暂时不想见其他人；我们自己到贵阳不需要接机；不需要做菜接待，我们都吃素食（吃素？我感到意外）；宾馆已经订好，周日上午见您。他把他的 QQ 号、博客也告诉了我。

毕竟三十年人为阻隔，父子不能相见，他的顾虑多多，他的老父是个啥样人？是好，未必真好！是坏，像他母亲说的头上生疮脚下流脓那样坏，坏透油？是君子，还是小人？他毕竟还要亲自感受，亲自体验。我想得多，他肯定想得也不少。尽管是父子关系，终究有三十年没有沟通，一切的一切，都好理解。至于儿子怎么样，不管他是平平庸庸甚至穷困潦倒，也有我做父亲的责任，不可推脱的责任。何况他已经自立，衣食无忧。

30 日早上醒来，一看手机显示的时间才四点半，与儿子通了大半天的信息，睡意全无，心想：上海应该大亮，沪上应该炊烟四起了，儿子今天就要出发从上海飞来，这不是冥冥天意在助我父子团圆？诗兴也就随之而发，很自然地就是四句：一梦醒来难入眠，沪郊应是起晨烟。父子苦分三十载，冥冥天意许团圆。五点过，我及时把我的思念发给儿子，开始了我们新的一天。

30 号这天，我们依旧不断发送信息。我与老伴赵老大商议，给儿子带什么回去。除了茅台酒和贵州茶叶，似乎没有更合适的东西。老伴提出，他们的往返机票及其他相关费用，你这当爹的要给呀。这个自然。我从来不过问家中钱粮，赵老大提出来，很顺我心意。儿子说，我是皈依的佛弟子，不喝酒，茅台酒不用了，茶叶可以笑纳，费用可以自理。老伴告诉我，这一趟的费用一定要给他，哪有他们自理的道理。我说，五千也好，一万也好，你就给吧。反正我又不管钱财。

5 月 1 日上午，我们约定在校门口相见，大老远彼此就心有灵犀一点通，不要介绍就自然地靠拢啦。已近中午，我们决定先去学校小菜馆吃素食，再回家畅叙。我拉着儿子的手，儿子女友映尘陪着我老伴，一路轻松，一路亲切，很快就无话不说，真正的其乐融融了。

我们在客厅照相，又到书房合影。我拿出三十年前与儿子在广州的一张小照片，那时他还是个幼稚的小崽，一脸迷茫地靠在我的右侧，而面前站着的已经是一个壮汉，长得比我还挺拔，正是一代更比一代强啊，多亏了这大好的时代。儿子 1978 年出生，那正是改革开放的肇始，他呱呱坠地就赶上了这趟开放的专列。我们这一代，经受过饥荒与磨难，能健康地活下来已经不错啦。儿子又哪能明白。

我们从小屋走出去，到校园走了一遭。儿子陪着我，映尘陪着她赵阿姨，绿树茵茵的校园留下了我们的足迹。我们在孔子圣像前合影留念，显示我父子对儒家大德的敬重，毕竟我们是中华民族的子孙。儿子有信仰，我是放心的。最可怕的是他没有信仰，什么都不信，那就会胡作非为。当了兵，就得执行三大纪律八项注意。一个道理，信佛，就得皈依佛法，慈悲为怀，修身养性，接受佛法的约束。我从小接受儒家教育，读的是四书五经，知书达理，君子、圣人就是我追求的目标。儒学宣传的是“仁”，佛教宣传的是“善”，二者也算殊途同归。我对佛学采取孔老夫子对鬼神的态度——敬而远之，知道它深不可测，可也无暇问津。我巴中的同乡前辈邱苔荪老先生写过一副对联：父天母地子万物，佛日道月儒五星。对佛教的尊崇也莫过于此啦。

我们在家自备晚餐，一碗鸡蛋面条。素食而又合乎健康吃法，所谓叫花子晚餐。作为三十年才见儿子一面的父亲，心里很过意不去，应该是一顿丰盛的晚宴招待他们才符合礼仪。儿子有言在先，我只能顺应，也顾及他的信仰。尔后，我的很多朋友埋怨我，没有搞一个大型宴会，让朋友们祝福你们父子团聚。在众多友朋面前，我的任何解说都显得苍白无力，只好说：“以后补上。”可这又在哪年哪月呢？

儿子带来的见面礼物是一盒那曲产的虫草，据说有如黄金珍贵；又送了我一本浙江大学出版社出版的《西藏生死书》，算是精神食粮。他在对我宣扬佛法呢。尔后我认真读过几章，知道这是一本教人思考生命、洞悉生死的经典作品。孔子说：“未知生，焉知死？”反过来，如果对生死有了更多的了解，或许有助于我们更好地生活。我让他带走了我的两本著作，又让映尘挑选了一些茶叶。我写的文字，自然是弘扬传统文化或者说儒家文化的。中国历史上儒释道三教尽管发生过激烈的争辩，甚至有过“三武之祸”，但毕竟是特例。相反，“三教合一”倒一直是发展的主流，皈依佛法的儿子能够读进去也未可知。儿子信佛，他有信仰，我自然不可能改变他，我也不想改变他。因为我知道，信仰是不能拿来讨论的，如果可以讨论，那它就不是信仰了。

晚上八点过，我请在市委工作的永健开他的车送我们进城，儿子住在市内的宾馆，在瑞金北路，距离花溪有十七千米之遥。我决定陪他们到宾馆。映尘很懂事，一到宾馆，就到前台联系足浴，让我泡泡脚。我要多陪陪儿子，弥补三十年的感情缺失，哪怕几分钟也弥足珍贵。我谢绝了足浴，与儿子在客房天南海北地聊天，拉近彼此的距离。交流、沟通、了解、亲近，比什么都重要啊！儿子告诉我，映尘是学中医的，在上海与姐妹开了个美容城，就有足浴、足疗。怪不得那么懂得医道。其实，我也是经常进足浴店足疗的，确实宜生康健。不过，今天就不必要啦。我们海聊到深夜，直到永健开车来催我回花溪。儿子的疲劳可想而知，他俩还是送我到小车旁，才依依不舍地回去。

第二天，5 月 2 日，为了让他好好休息，我决定午后进城，陪陪他，送送他。上午十点过，他短信来了：好的，爸爸。就四个字，简短而亲切。三十年了，这是久别后儿子第一次喊我爸爸。一天的交流，彼此理解，心意相通，儿子的心，终于回到身边。

午后，住在省委党校的乡友李亮开车陪我进城。我与儿子相约在富水北路的觉园相见。觉园，在贵阳很有名气，内有小庙，外有餐馆。可烧香敬佛，也可素斋素食。他们选择在这里就餐。我们先到一步，还约了纳雍县一位副书记——我以前的学生龙从刚，我们在二楼品茶，陪儿子吃饭。龙从刚书记执意下楼为儿子结账买单，我真过意不去。饭后，我又陪儿子与映尘到后面佛堂烧香，转角又进观音庵。他俩都有布施，很舍得往功德箱送钱。住持对他俩格外热情，分别赠送了供果作为答谢。信佛心诚，我看在眼里。这是我第一次到觉园，区区弹丸之地，不知道香火灵不灵验。我没有参拜的念想，自然也没有施舍。

从小读书，我就知道“堂上自有现成佛，何必灵山朝世尊”。那是说，父母就是佛，要孝顺父母，朝什么佛啊。这显然是儒家的说教。长久的耳濡目染，要我亲近佛教已不可能。中华文明五千年，民以食为天，农业立国，务农为本，这是人的本分。儒家说，修身，还要齐家，还要治国，还要平天下，是要人人为国家、为民族做贡献。和尚修行，哪有家庭、国家、民族的观念啊。儿子信佛，与我的想法可能不同。尽管如此，我始终赞同他有个信仰，他自我约束，慈悲为怀，行善布施，扶危济困，正是我要学习而又身体力行的。比照当今，当官的贪赃枉法，社会上邪恶横行，庸俗的吃喝嫖赌，人世间尔虞我诈，不能不说儿子是高尚的人，是纯粹的人。我的学生志诚说，赫嘉兄以工科毕业而能喜欢佛教，可见他已经是有文化的一个文化人啦。

儿子离开觉园，我送到路边，儿子拥抱我，“保重，爸爸”，真诚出自内心。映尘也与我拥别。他们执意不让我送到机场，我就看着他们上了出租车去了。

再见，儿子，一路走好！

2011 年 12 月 28-29 日

# 又见庞慧

2015年7月下旬，我到西安参加中国先秦史学会年会，会议由陕西师范大学承办，会务自然是历史文化学院的教职员工担当。

25日晚餐，我落座后，旁边一位女士很客气地叫我："张老师，不认识我啦？我是庞慧啊。"哎哟，眼前的中年女士，哪有小姑娘庞慧的影子？我惊讶，这二十年来的变化，真是想象不到的变化。女大十八变，二十年当然是大变啰！

在陕师大两天，与庞慧多次交流，知道她从广东韩山书院（师范学院）考取了北师大的历史学博士，读完博士又回到陕师大历史学院任教，现在已有了副教授头衔。读博期间，她对《吕氏春秋》有所研究，写有专著出版。26日下午，他们一家，庞慧、庞慧的先生刘晓东与女儿刘语辰，特意与我合影留念。茶叙期间，臧振教授风趣地说："语辰，就是与星星对话。"语辰已经读到高中二年级，像她爹更像她妈，转眼就要读大学了。

离开西安前，她的先生刘晓东执意要安排车子送我到咸阳机场，说道："于私于公，我都得送。"庞慧更是陪我到机场，早餐后换票，等我们开始安检，她才离开。

飞机上，我就想把庞慧的前前后后，凝注成一段文字，题目就是《又见庞慧》。

那是1996年10月下旬，我们参加了在洛阳召开的"夏商周断代工程"会议后，陕师大常金仓教授、臧振教授诚意相邀到陕师大一行。我正要回四川老家，也就在西安停留了一天。10月30日下午，常、臧二位安排给历史系研究生做了一场学术报告。题目是临时拟就的——《西周年代学研究中的几个问题》。是把"夏商周断代工程"会议上我的观点，简明扼要地讲一讲。后来整理成文，收在《铜器历日研究》一书中，后来又收入《西周纪年研究》中。

报告结束，研究生们自由提问，交流意见。之后，一女生走来，说她是巴中人，算是同县的老乡，小老乡。他乡认个老乡，我们自然亲近起来。听她细说，老家在花丛乡十六村棋盘村下面。我的老家在磨子乡三大队，小河对面就是棋盘村。一沟之隔，距离只有一两千米。山水相隔，不同乡，往来就不是很多。而棋盘村，我幼时就晓得的，印象也就是河那边。

庞慧与我的交往就此开始，我关心她的学业、她的研究方向。算是亲近的同乡在彼此切磋。

她毕业后与男朋友一起去了广东韩山书院，在那里任事。其间，有书信往来，我还特意给她邮寄过书籍、资料。贵州、广东，见面自然就难啰。

1996 年从西安回到贵阳后，我们巴中乡友聚会，几个棋盘村出来的巴中乡友，一起闲聊时说到庞慧。他们都晓得，庞家女子，学习优秀，十分了得，在花丛中学年年考第一。

说到花丛中学，我还想多说几句。我是 1951 年、1952 年在花丛完小读书，那时一个区只有一所完小，完小有五年级、六年级。其他乡也就一所小学，只有一年级到四年级。花丛自然也没有中学。1952 年秋，我考入巴中中学，初一年级语文老师姓朱，书教得不好，表达较差，因为姓“朱”，学生们私下里叫他“瘟猪子”，也就是极差、极无能的意思。不到一年这个“瘟猪子”先生也就换走了。你看，巴中中学的教学管理还是到位的，教书不好就走人。我们的语文教师，初中三年就换了三个，一个比一个教得好。我真是感激巴中中学。初中生率真，私下叫“瘟猪子”，就是风趣而已，并无恶意诽谤老师的意思。

建于“大跃进”运动时的花丛中学，在 20 世纪 80 年代后期居然出现了优秀的庞慧。经历了二十余年的花丛中学，早已不是我心中那个“猪圈岂生千里马”的花丛中学了。

后来我才晓得，庞慧是当年花丛中学唯一考上大学的，而且考上的是省属重点大学——四川师范大学。

庞慧之后，花丛中学就年年出大学生啦，真的应了那句话：榜样的力量是无穷的。庞慧就是花丛中学青少年学生的榜样。

四川师大毕业后，庞慧考上陕师大历史系研究生，又上了一个台阶。

棋盘村的庞慧，还是那么有名气，还是那千家万户村民子女的好榜样。家长教孩子，总是说：“学人家庞慧。”

由中学到大学，由硕士到博士，由副教授还要到教授，庞慧也算顺利，祝庞慧在传统文化的大道上一路走好！

又见庞慧，想说的我都说了。

2015 年 8 月 16 日

# 历史篇

# 漫话伏羲

旧时的习惯，除夕吃年饭之前得祭祀先父先祖、古老前人，以示不忘根本。所谓的“古老前人”，便是华夏先民的列祖列宗，数到周、商、夏，上溯到五帝（包括唐尧、虞舜），再至三皇，最终会落实到位列三皇之首的伏羲。伏羲的地位，在华夏先民中确实是至高无上的了。因为在伏羲之前，我们的历史已经是古史传说时代的上限。

伏羲氏是不是我们华夏民族的始祖？回答几乎是肯定的。

《史记》载：“禹兴于西羌。”《史记集解》引称：“禹生自西羌。”《史记正义》甚至说：“禹生于茂州汶川县，本冉、駹国，皆西羌。”汶川县在今四川茂汶羌族自治县一带。《史记》又载，周代的姬、姜二姓，互为婚姻，皆出自羌戎族。周后稷之母姜嫄，乃炎帝之后。周文王出自皇帝姬姓。《孟子》称：“文王生于岐周，卒于毕郢，西夷之人也。”西夷即西羌。贾谊《新书》说：“炎帝者，黄帝同母异父兄弟也。”《帝王世纪》载：“神农氏，姜姓也，长于姜水，有圣德，以火得王，故号炎帝。初者陈，又徙鲁。”姜水即今之渭水，是远古羌戎居地，其中一支的首领炎帝远在夏商之前已东迁于齐地。

远古的炎帝、黄帝至夏、周二代的统治集团，均出自羌戎。由于各民族的交融，千百万个部落逐渐构成了华夏民族的主体，到刘邦建立统一的汉王朝，才称为“汉”。今天我国境内的羌、藏、彝、白、土家等族，全是远古戎羌的遗裔，其特点不过是各自保留了更多的远古戎羌习俗罢了。

礼纬称“禹建寅，宗伏羲”，足见夏代以伏羲为祖宗。寅属虎，夏代及其先祖是以虎为图腾的。所以，伏羲氏也称为虎伏羲氏。以伏羲为始祖的彝人自称“罗罗”（义为虎），今天的凉山彝族“择吉日以虎为上吉”，哀牢山彝族使用以虎为首的十二兽纪日法，都证明远古羌戎是以虎为氏族标志的。

两周时代把祭祀与战争视为国家大事，且有腊祭的传统，这祭礼自然包括了伏羲在内的列祖列宗。而有文字记载的对于伏羲的恭维，始于战国。

战国的诸子百家，几乎有一个共同的嗜好，那就是托古自重，自己的学说越久远越易于受到器重，就连屈原这样的人也以“帝高阳之苗裔兮”得意。孟子号称“三王五霸”，荀子书中有“五帝三王”，庄子、吕氏已多次讲到“三皇五帝”了，秦王嬴政统一天下，自号始皇帝，实是取了三皇五帝之精华，足见对三皇五帝的敬重。汉代，已将三皇五帝纳入祭祀之列。东汉一代对三皇的崇敬更是久盛不衰。虽然三皇所指并不统一，而伏羲氏却始终名列榜首。唐代明确三皇为伏羲、神农、轩辕。到了元代，虽是蒙古族统治，祭祀三皇却搞得轰轰烈烈，“自国都至于郡县”无处不建三皇庙。元、明、清三代名为祭祀三皇，只因配享名医，或由医师主持祀典，或建庙于太医院，有普天下病民的拥护，府、州、县的三皇庙成了药王庙，伏羲、神农、黄帝竟成了医药宗祖了。

古说，神农亲尝百草，著《本草经》；黄帝有《素问》《灵枢经》，作为医药祖师还于理可通，而伏羲氏何以享用这千年香火？我想，这是因为他不仅是华夏民族的始祖，还在于他的功业为历代先民所称颂。他“教民以猎”；他“作结绳而网罟”“以佃以渔”，发明渔具；他“仰观象于天，俯察法于地，因夫妇，正五行，始定人道，画八卦以治天下”。确立法度，建制家庭，人道、五行都是他始创，就连干支、历术的创制都归功于伏羲。总之，古之制作莫先于伏羲，古之法度莫先于伏羲。

如此看来，伏羲不仅是我们华夏民族的鼻祖，也是华夏民族文明进步的化身。怪不得享用了数千年的香火。

原载《贵州日报》1992年2月2日

# 龙凤漫谈

龙，是我国古代传说中的神异动物。殷墟甲骨文的“龙”字，都是鳄鱼的形象。龙，是由图腾演化而来的一种鳄、蛇等爬行动物的综合物，赋予了神性而受人崇拜。这种融合了许多爬行动物形象的龙，正是华夏民族融合的象征。

约在四千五百年前，生活于晋南一带的夏民族已有发达的文化。据司马迁《夏本纪》所载，夏族的谱系是：黄帝—昌意—颛顼—鲧—禹，黄帝号有熊，以熊为图腾，姓公孙名轩辕。郭沫若认为轩辕就是天鼋，以天鼋为其族徽。《国语》韦昭注：“鼋或为蚖、蜥蜴，象龙。”随着夏民族在晋南的不断发展，与周边民族的交汇融合，以龙为族徽的夏民族终于形成。禹是龙族的首领，也被视为龙的化身。陶寺大型墓中出土的陶盘内有彩绘龙纹，《礼记·明堂位》亦载，夏后氏的器物多以龙为饰，这反映了夏族崇拜龙的社会信仰。

夏民族由晋南进入豫境，建立夏王朝，龙也作为族徽的标记，演化为国家的象征。它影响华夏民族数千年而经久不衰，从皇帝为真龙、皇庭为龙庭，直到清朝以龙旗为国旗。

夏民族从晋南进入河洛地区，与已在河洛地区活动的东方鸟夷族部落交汇融合，逐渐形成了华夏民族的主体。自此，有了龙与凤的结合。

据《左传·昭公十七年》载，传说中的少皞氏设置历官：“凤鸟氏，历正也；玄鸟氏，司分者也；伯赵氏，司至者也；青鸟氏，司启者也；丹鸟氏，司闭者也。”又以鸟名官，“祝鸠氏，司徒者也；雎鸠氏，司马也；鸤鸠氏，司空也；爽鸠氏，司寇也；鹘鸠氏，司事也。”这虽是史前的传说，亦见以凤（鸟）为图腾的东方鸟夷部族先进文化之一斑。东西方的交合、民族的融汇，必然推动整个社会的文明与进步，由此才有了夏、商、周三代的灿烂文化。

在夏民族首领禹之前，还有尽人皆知的尧与舜。据《史记》载，“尧作游咸阳”，尧生活于山东，与晋南的禹，相去甚远。关于舜，《孟子》说：“生于诸冯，迁于负夏，卒于鸣条，东夷之人也。”《史记》载：“舜耕历山，渔雷泽，陶河滨。”雷泽，即今山东菏泽。舜的后代封于陈，陈在今豫东，其地尚有虞城，我们不妨认为东西方沟通后，尧、舜、禹才成为华夏民族共同尊奉的具有神性的人。不过，禹后来居上，龙图腾才占有主体地位，而凤鸟只能居次了。民族的融合，龙飞凤舞，才呈现出龙凤呈祥的前景。

原载《贵州日报》1992 年 4 月 25 日

# 殷都漫谈

我们看过的电视剧《封神榜》中，纣王与妲己主要在朝歌活动，因此，一般人都把朝歌看作殷朝的都城。这就涉及殷朝的都城问题。

成汤建立商朝。1983 年考古发掘时在今天的偃师县城附近发现了成汤的商都，这就是闻名于世的偃师商城。古书载“殷人屡迁，前八而后五”，成汤建国后他的子孙还五次迁都。直到公元前 1378 年，商王盘庚从山东奄（今曲阜）迁都于殷才算稳定下来，在这里传位八代十二王，历时 273 年，“更不迁都”。这个“殷”就是今天的安阳小屯村。九十多年前，在小屯村发现大量刻字的甲骨，当代学者凭借这甲骨文字研究，已将商代的社会面貌揭示得清清楚楚。甲骨文证实司马迁《史记》所载殷商帝王世系是可信的。史学界还有争论的是，殷朝最后两个帝王是否迁都朝歌。一是因为甲骨文没有帝乙、帝辛（纣）的有关记载。二是朝歌（今河南淇县）有大量与帝辛（纣）有关的遗迹：鹿台（殷纣积财处）、巨桥（殷纣积粟处）、郊台（殷纣郊祀处）、鹰犬城（殷纣田猎处），还有酒池、朝歌邑、殷故宫、摘星楼、纣王窝、妲己墓等。

古书载，殷商后期的王畿指安阳附近一带。“纣时稍大其邑，南距朝歌，北距邯郸及沙丘（今河北平乡）”，这南北二百余里的地区，就是纣王往来、寻欢作乐的场所。史家以为，朝歌乃殷纣的离宫别馆或别都，又是保卫殷都的军事要塞，纣王于此狩猎寻欢，亦便于亲自指挥军务大事。在殷纣时代，东南方的夷人曾叛殷不贡，纣王带兵亲自征讨，后在东南夷驻有重兵。朝歌作为军事大本营，亦属情理中事。这是殷都的最后一道防线，牧野大战就发生在南郊。朝歌失守，纣王身亡，近在咫尺的殷都（安阳小屯村）也就不攻自破了。

牧野一仗，朝歌失守，宣告了殷商的结束。历史上称此为“武王克商”。它的具体年月日，史书上虽有记载，由于纪年法的不同，致众说纷纭，国内外已有三十余种说法。据贵州大学已故教授张汝舟先生考证，武王克商当在公元前1106年，具体时间是二月初五甲子日。这一结论已为中国殷商文化学会及安阳殷墟博物苑正式采用。国内史学界越来越多的人也已接受这一观点。殷墟博物苑的介绍书说："公元前1378年，盘庚迁殷，历时273年。"其依据就是张汝舟先生的结论。

原载《贵州日报》1993年12月11日

# 关于武王伐纣

电视剧《封神榜》的故事情节纯属虚构，但涉及的有关史料及主要人物却并非无稽之谈。

武王伐纣，这是事实。古籍中还记载了伐纣的年、月、日，由于纪时方式已不为今人了解，便引出了许多考证，最早的是西汉刘歆考定克商在公元前 1122 年，尔后唐代僧一行定在公元前 1111 年。近代有日本学者新城新藏考定克商在公元前 1066 年。总之，国内外至今已有几十种不同说法。20 世纪 80 年代以来，经过商文化的几次国际学术讨论，中国殷商文化学会已经接受了公元前 1106 年武王克商一说。此说是贵州大学张汝舟教授 1964 年在《西周考年》一文中首先提出的，后经他的弟子多方考证，立论更为坚实，获得了学术界的肯定。现今安阳殷墟博物苑已正式采用张氏师徒的结论，按张氏克商说，公元前 1106 年正月辛卯朔，初三癸巳，武王自周起兵伐纣，二十八戊午王师渡孟津过黄河；二月庚申朔，初五甲子，天亮时武王军队已在朝歌南郊牧野，由于纣王的前徒倒戈，当日“咸刘商王纣”，攻下了朝歌。四月乙丑朔，二十二庚戌，武王已回到周邑“燎于周庙”，算是开庆功会。文献记载，武王克商后，在位二年，于前 1105 十二月崩于镐。公元前 1104 年即成王元年夏六月，葬武王于毕。

周武王以一个“小邦周”在众多诸侯的支持下迅速灭了“大邑商”，本来就出乎意料。当时商军主力放在东夷地区，造成了都邑的空虚，所以《左传》记载“纣克东夷，而陨其身”。商自成汤开国至纣王经历了十七代三十一王，前后六百年左右，中原地区经数百年的开发，创造了灿烂辉煌的先进文化，这都是地处边邑的落后的周人所望尘莫及的。只是由于纣王暴虐，象征国家政权的青铜九鼎才迁到了周都。

原载《贵州广播电视报》1992 年 3 月 18 日

# 姜子牙其人其事

《封神榜》在电视上热闹了一阵子，姜子牙被塑造得神乎其神，史籍记载姜子牙是确有其人，但那些道行法术自然出于杜撰。

姜子牙的先祖曾助大禹治水有功，封于吕，从其封姓，又称“吕尚”。到他这一代，家世早已衰败，住在东夷海边，生活艰难，不得不到朝歌城屠牛卖肉。他本想在纣王手下做事，但目睹纣王骄奢淫逸，就一路西行去投靠周文王。到了黄河边的孟津，还停下来开饭馆以度日。一路谋生，辗转到了渭水边，寻找求职的机会。

有一天，西伯文王出猎到渭水北岸，遇到正在钓鱼的姜子牙，与他交谈，十分投机。西伯高兴地说：“我们老祖宗太公早就说过，有圣人、贤人到周地来，周才能兴旺发达。您就是到来的圣贤啦。”所以姜子牙又被叫作太公望。西伯姬昌同他乘车回到都邑周原，拜姜尚为国师，参与国家大事。这时的姜子牙已经 70 岁了。

姜子牙深通兵法，多计谋，有《太公兵法》《六韬》等书传世。为了削弱“大邑商”，使天下诸侯脱离纣王的控制而归附于周，他为文王出了不少好主意，文王都加以采纳。到了武王时代，武王对姜子牙更加器重，尊他为“师尚父”。在伐纣的前夕，出现奇异天象，暴风骤雨，卜兆又不吉利，很多大臣担心失利，主张推迟时日。只有姜子牙力主进兵，坚定了武王伐纣的信心，终于一举攻入朝歌，取代了殷商。

武王夺取天下后，将纣王的罪行普告天下，散鹿台之钱、巨桥之粟赈济贫民，又封比干墓、释箕子囚，迁九鼎，修周政，以获取民心。这些措施几乎都是姜子牙的设计。武王封姜子牙于齐，算是他衣锦还乡，也是周王朝借助他稳定东方的一项重大战略决策。尔后的事实证明，确实收到了良好的效果。

除此之外，还应该看到穷困潦倒的姜子牙从东夷到西岐谋出路，绝不是偶然的。周的远祖叫弃，是协助大禹治水的农官，史称后稷，其母为姜嫄。文王的祖母名太姜。可见姬、姜二姓早已互为婚姻了。周武王分封诸侯，除了很多姬姓的，就是姜姓诸侯居多，也充分体现了这种婚姻关系。两周时代姬姜通婚比比皆是，不过是大禹以来两姓联姻的延续罢了。

原载《贵州日报》1993 年 9 月 4 日

# 读“幸氏远祖世系”

中国第一个家族网站——幸氏家族网载有“远祖世系”，今摘录其文，加以释读，彰显谱牒文化之重要，为研究中国古史者提供依据。其文如下所示。

鼻祖偃公（1）周成王 岁在壬戌，赐姓封于雁门沧州，镇守朔北，子孙承袭其职，天下之有幸氏自此始。子仪公。

仪公（2）周康王 岁在丙寅，使袭父职。子宣公。

宣公（3）周使袭父职。子穆公。

穆公（4）避周穆王讳，更名迁。岁在癸未，袭封祖父之职。子德忠公。

…………

临政公（11）周宣王十五年戊子岁，任扬州大夫。子普和公。

普和公（12）周平王甲寅年袭父职。子绍明公。

…………

尚玑公（14）周襄王丙申年仕楚为大夫。至壬寅父卒，葬其地，因卜居焉。

…………

静公（17）周静王乙卯岁，仕吴为太宰。

…………

唏公（19）周威烈王丙子岁，仕越为邑宰。

我们就这段文字的有关纪年做一些考证，可以明白许多问题，增长不少先秦文史知识。

**问题：**“鼻祖偃公（1）周成王岁在壬戌，……天下之有幸氏自此始。”周成王岁在壬戌，指周成王哪一年，相应的公元纪年是哪一年？

**解读：**司马迁《史记》明确记载，“庚申共和元年”，即公元前 841 年岁在庚申。按干支推算可知公元前 839 年为壬戌年。

关键得明确周朝开国的年代，即武王克商之年。武王克商的具体年代已有几十种不同说法，取舍得有可靠依据。这里提供四个材料，供大家取舍印证。

甲、《史记·鲁世家》记载鲁国王公在位年数十分完整，结合《汉书》文字稍加整理，结果如下所示。

武王 2 年 + 伯禽 53 年 + 考公 4 年 + 炀公 60 年 + 幽公 14 年 + 微公 50 年 + 厉公 37 年 + 献公 32 年 + 真公 30 年 + 武公 9 年 + 懿公 9 年 + 伯御 11 年 + 孝公 25 年 = 336 年。

这就是西周一代的总年数，也是考校西周王年的标尺。西周止于周幽王十一年（公元前 771 年）。克商之年当为公元前 1106 年。

乙、考求克商年、月、日，历来都将《逸周书·世俘》所记历日列为主要依据。其记载如下所示。

惟一月丙午旁生霸，若翼日丁未，王乃步自于周，征伐商王纣。越若来二月既死霸，越五日甲子，朝至，接于商，则咸刘商王纣，执矢恶臣百人。……时四月既旁生霸，越六日庚戌，武王朝至燎于周［庙］。

可知，是年前几月的朔日当是：正月辛卯朔，二月庚申朔，× 月庚寅朔，× 月己未朔，四月己丑朔。二月至四月间必有一个闰月。这就是克商之年当年的朔闰。

丙、考查公元前 1106 年实际天象，得知：子月辛酉朔，丑月辛卯朔，寅月庚申朔，卯月庚寅朔，辰月己未朔……

丁、《文物》1977 年第 8 期载，出土铜器《利簋》铭文："武王征商，隹（唯）甲子淖（朝）。"确证克商在甲子日，与文献记载吻合。

这就是已故贵州大学张汝舟先生倡导的纸上材料（文献记载）、地下材料（出土器物）、天上材料（实际天象）彼此取证的"三证合一"研究方法，结论自是可信。

从文献记载知，武王在位二年，成王在位三十七年（包含周公摄政七年）。成王元年是公元前 1104 年，成王廿六年"岁在壬戌"，即公元前 1079 年。

**问题**：仪公（2）周康王岁在丙寅，使袭父职。

**解读**：周康王在位二十六年，从公元前1067年到公元前1042年。其间并无丙寅岁。丙寅岁在成王三十年，即公元前1075年。应该说，仪公生在成王三十年丙寅岁。周康王“使袭父职”。

**问题**：宣公（3）周使袭父职。

**解读**：指周昭王使袭父职。文献记载“成康四十余年刑错不用”，天下太平，进入盛世。到“昭王之时，王道微缺”“昭王德衰”“卒于江上，其卒不讣告。讳之也。”反正周昭王声名狼藉，死了也未向诸侯发讣告。幸氏族人耻之，不书“昭王”。显现幸氏的正气凛然。

**问题**：穆公（4）避周穆王讳，更名迁。岁在癸未，袭封祖父之职。

**解读**：周穆王九年岁在癸未，即公元前998年。穆王在位五十五年。更名当在穆王死后。周王，成、康、昭、穆，百余年，前后四代；幸氏，百余年，前后四代。幸氏家族与周王朝同消长。谱牒的意义就在这里，幸氏记载的年代可信，显示西周年代之可信。

**问题**：临政公（11）周宣王十五年戊子岁，任扬州大夫。

**解读**：戊子岁，周宣王十五年即公元前813年。至此，武王之后，周王世系经历成、康、昭、穆、共、孝、懿、夷、厉、宣、幽，共十一世；幸氏家族，从鼻祖偃公（1）到临政公（11）也正好历经十一代。还是前面的话，显示西周年代336年之可信。

**问题**：普和公（12）周平王甲寅年袭父职。

**解读**：周平王四十四年甲寅岁，即公元前727年。周幽王末年，诸侯叛周，犬戎杀幽王，这才有平王东迁。幸氏族人在宣王时就到扬州任职，避开了中原的战乱，的确是幸氏家族的一大幸事。这说明，宣王时代华夏族开始重视经营长江流域，幸氏族人实为华夏民族挺进江左的先锋部队。史书上的“宣王中兴”也可从此体现。第12代普和公袭父职在临政公任扬州大夫86年，足见临政公的高寿，享年也该在百岁以上。

**问题**：尚玑公（14）周襄王丙申年仕楚为大夫。至壬寅年父卒，葬其地，因卜居焉。

**解读**：周襄王二十七年丙寅年，即公元前625年。三十三年壬寅岁，即公元前619年。幸氏族人定居楚地。春秋时代，中原人与南方楚人已经融为一体，“南蛮”“荆蛮”之说已不复存在。

**问题：**静公（17）周静王乙卯岁，仕吴为太宰。

**解读：**当是“周敬王”，乙卯岁为周敬王三十四年，即公元前486年。即吴王夫差十年，正是吴国的全盛时期。身为太宰，幸氏对吴国的强盛自有重大贡献。时当鲁哀公九年，正是孔子生活的晚年。幸氏家族已经是第十七代传人了。

**问题：**唏公（19）周威烈王丙子岁，仕越为邑宰。

**解读：**周威烈王廿一年丙子岁，即公元前405年。这是战国时代。越已灭吴，幸氏族人在吴越之地继续繁衍，为东南沿海的开发做贡献。到楚威王（公元前339年—公元前329年在位）伐越，楚怀王（公元前328年—公元前299年在位）灭越，幸氏在吴越扎根一百七十多年。如果从周宣王时代算起，幸氏家族迁居江南已有四百余年。到秦始皇公元前221年统一中国，幸氏家族从中原南下，已有将近六百年的历史。这是任何一个华夏家族所不可比拟的。

2009年5月14日

# 长寿天子周穆王

中国古代封建帝王，从传说中的黄帝时代算起，总共559位。但能活到70岁以上的帝王，不超过20人。

一般认为，清高宗弘历即乾隆帝88岁驾崩，算是帝王中寿命最长的。弘历经过康熙、雍正、乾隆、嘉庆4个朝代，在位60年，因康熙在位61年，他不愿意超过祖上，当了60年皇帝便让位了。文字记载，乾隆喜爱运动，因此常泛舟湖上，漫步草场，登高越野，垂钓采菱，生前曾多次游江南。他兴趣广泛，喜读书练字，爱诗画印章。乾隆饮食有节，生活起居很有规律，尤其厌恶吸烟。这些良好习性，加上优越的养生条件，是他长寿的根本所在。

乾隆虽称得上长寿，但寿命最长的帝王并非乾隆，而是在他两千七百余年之前的西周天子周穆王姬满。姬满于公元前1006年即位，西周于公元前1106年取代殷商，那就是史书上说的武王伐纣。经过武王、成王、康王、昭王四代天子，正好100年。

穆王曾巡狩四方，规模很大，有以造父为首的一批驾车高手，还有精心挑选的八匹各种毛色的骏马。驭手造父，是战国时期赵国的祖先；名马八骏，更是历代画家描绘的对象。

穆王西巡，那是有史有据的。历代都有文字渲染。他曾朝黄帝庙，到瑶池会过西王母。如果研究他的出巡路线，对照现代地图，乃是从西安出发，先到洛邑，往北经山西，出雁门，到内蒙古，然后沿黄河而上，经宁夏、甘肃，转向青海，进入新疆，跨过昆仑山，翻越葱岭，直到今天的中亚细亚，到达黑海、里海间的旷野。返回路线大体相同。总计行程18000千米，是我们古代历史上最早也是最长的一次远征，称得上真正的“西游”。

晋代诗人陶渊明对穆王的西游壮举大加赞赏，有人以为他西巡是要追求长生不老之药。其实，他的大无畏的探险精神才是最值得称道的。汉代的张骞、班超等通西域就是步穆王的后尘。北魏郦道元、明代徐霞客等不能不说受穆王这个旅游癖的影响。在古代帝王中，像周穆王那样敢于离开中原，直达中亚而归，那确实是绝无仅有的。

穆王西巡花了两三年的时间，他西巡的时候朝政由世袭的周公、召公管理。在穆王后期，为了安度晚年，干脆把大权交与周、召二公，足见他并不擅权，并不迷恋帝王权势，而始终对旅游怀着浓厚的兴趣。西巡之后，他曾想三年之后重访瑶池。大概因为年迈而作罢。

穆王的巡游远行，既沟通了东西方交通，促进了各民族的交流，也增强了他自身的体魄。开朗豁达，健康而又好动，他长寿是预料中的。司马迁据古史记载，明确写出穆王在位55年，一直活到105岁，这在古代帝王中是绝无仅有的。

原载《贵州日报》1994年6月6日

# 子贡经商

中国文人下海经商，有史可参的第一位当推子贡了。子贡复姓端木，名赐，春秋时代卫国人，比孔子小 31 岁。

子贡不仅崇敬师长，而且崇敬孔子创立的儒家学说。《孟子・滕文公上》载："昔者孔子殁，三年之外，门人治任将归，入揖于子贡，相向而哭，皆失声，然后归。子贡返，筑室于场，独居三年，然后归。"不难看出，子贡对孔子的敬仰、对儒学的虔诚。子贡为孔子居丧守孝前后六年中，他在想些什么？应当说，孔子死后如何传播孔子的学说成了弟子们的当务之急。子贡走了经商赚钱的路子。几经努力，他成了大富翁，凭他的富有，子贡得到了各国国君的礼遇。这样不仅宣扬了孔子，也播扬了孔子的学说。

正是因为子贡经商致富而传扬了师道，司马迁把他写入《货殖列传》并加以赞许，这在传统的重农抑商的封建社会实在是大逆不道的举动。就此而骂司马迁的大有人在，比如班固就认为"述《货殖》，则崇势利而羞贫贱"。

事实上，司马迁作《货殖列传》是相当有眼力的，他说道："布衣匹夫之人，不害于政，不妨百姓，取与以时，而息财富，智者有采焉。"就是说不偷不抢，不危害他人，正正当当做生意，通有无，获取正分所得，对社会、对民众、对自己都有好处。司马迁将"商"与工、农、虞（林业）等列，认为"此四者，民所衣食之原也"。

自然，经商致富也要取财有道，所以司马迁又说："本富为上，末富次之，奸富最下。"以自身的劳动与智慧致富，那是最好的；如果凭着小聪明，搞投机取巧而致富，那就差劲；最糟糕的是"奸富"，他们以坑蒙拐骗而致富。很显然，民众反对、社会谴责、政府制裁的就是奸商。

原载《贵州日报》1996 年 1 月 12 日

# 历史上的庄妃

清朝三百年，从努尔哈赤的母亲宣皇后算起，计二十八位皇后。其中，最有名的有两位，一位是清季末年的慈禧太后，另一位就是满人入关前后留下不少“风流韵事”的孝庄皇后。孝庄皇后姓博尔济吉特，其父塞桑，系蒙古科尔沁部贝勒，祖父叫莽古思。为了扩张的政治需要，努尔哈赤施展满蒙联姻的伎俩，给他的儿子皇太极娶了莽古思的女儿，即孝端皇后（塞桑之妹）。后来皇太极又娶了赛桑的两个女儿，姐姐被封为元妃，妹妹就是庄妃。

清秘史记载所谓的庄妃“风流事”有两桩，其一是劝降明将洪承畴，立了大功。洪承畴被俘后，绝食相抗，面壁而泣。庄妃扮作侍婢，密携人参汤，劝洪承畴饮而后死，并以壶承其唇，亲进饮之。面对娇媚女郎，洪承畴有了生的欲念，又经庄妃多方劝慰，晓以利害，乃投降满人。皇太极因此立庄妃为皇后，立其子福临为太子。其二便是所谓太后下嫁。皇太极死后，福临即位，年仅六岁，这就是清世祖顺治皇帝。其叔多尔衮为摄政王，“叔嫂并处，有如家人”。野史载，多尔衮与范文成密议，公开娶了太后为妻。理由很简单，摄政王本来就是皇上的叔父，摄政王将皇上看作自己的儿子一般，皇上也应当将摄政王当作父亲对待。皇太后寡居无伴，岂有父母异居的道理？于是群臣上表恭贺，这就是“太后下嫁摄政王”。明末张煌言《建州宫词》云：“上寿称为合卺樽，慈宁宫里烂盈门。春宫昨进新仪注，大礼恭逢太后婚。”就是太后下嫁的写照，此中虽有微词，但那场面确实壮观，绝非一般私通。

史料记载，乾隆帝从内府看到太后下嫁摄政王的仪注，心以为耻，对掌礼部者咬牙切齿。乾隆从小受汉文化熏陶，有高深的修养，岂能让这种乱伦的事出自皇宫？史官哪敢实录前代仪注！乾隆年间纪昀编修史书，按汉人的伦理观，将这一段不合道德的史事一笔涂抹。官方正史自然就修得十分清白。

女真族风俗是“父死则妻其母，兄死则妻其嫂，叔伯死则侄亦如之”。蒙古族也有“诸父死则妻其从母，兄死则收其嫂”的习俗。由此看，清初的太后下嫁并不违逆满族习俗。皇太极本人先娶了塞桑贝勒之妹为妻，又娶了塞桑的两个女儿为妃，庄妃和她的姑母孝端皇后同皇太极都是夫妻关系，又有何伦理道德可言？

多尔衮入关前后，满族文化还不曾受汉族文化过多的影响。太后下嫁摄政王，本不值得大惊小怪，只是出自帝王之家，用汉人的纲常观，有意遮遮掩掩，欲盖弥彰，便有了“风流皇后”一说。电视剧《庄妃轶事》将庄妃置于清初复杂尖锐的权力斗争之中，增添若干激化矛盾的戏剧情节，而大体上并不违背史料，足见编剧的苦心。

原载《贵州广播电视报》1990 年 10 月 24 日

# 辛亥革命后的黄帝纪元

1911年辛亥革命成功，当选为临时大总统的孙中山先生正式决定中华民国改用按《民报》推算的黄帝纪年，并通令全国执行。中华民国元年定为黄帝4609年。在此之前，1905年孙中山建立同盟会，在东京创办《民报》，为了与清王朝划清界限，曾改用尊黄帝为始祖的黄帝纪年，把清光绪31年（1905年）定为"中国开国纪元4603年"。照此推算，黄帝纪年始于公元前2698年。这在当时也算是一桩影响很大的事。

黄帝纪元，起于黄帝，就这一点，意义就了不起。因为近代以来，疑古思潮泛滥，一些名人大家都在否定黄帝的存在。如郭沫若先生就曾断言："《尚书》开始于唐虞，《史记》开始于黄帝，都是靠不住的，商代才是中国历史的真正起头。"（《郭沫若全集》第一卷）范文澜先生的《中国通史》，把五帝、夏都列为"传说"，夏、商的年代后划上问号，把夏代遗迹视为"假设"。近代考古学崛起，其贡献甚多，但一些考古学家以考古发掘为依据，对尚无考古发现的夏代以前的历史视而不见，倡言"重建古史"，其基本出发点是否定文献的记载，欲以考古成果为标尺，重新构架中国的古史。这正好与疑古思潮的结果相吻合。"因为疑古思潮对于那些文献的东西已经否定得差不多了，所以现在主要可依据的就是考古学。"（李学勤《疑古思潮与重构古史》）由此不难看出，"重建古史"不过是疑古思潮的一个发展，正如李学勤先生所说，疑古思潮为考古学开了路，它们处在同一条战线，其本质是否定文献。

我们今天重提黄帝纪元，就是对否定炎黄的疑古派的否定。我们不能忘了黄帝的存在，要尊重历史，续写华夏五千年文明。

说到具体的黄帝纪年，《民报》以为开始于公元前2698年。这在当时影响很大，却不为史学界广泛认同。其后，江苏史学家推算出公元1911年是黄帝4402年，当时的江苏报纸就采用这一纪年。依此，黄帝纪年开始于公元前 2491 年，两者相差 207 年。当时出版的《黄帝魂》一书，则将中华民国元年定为黄帝 4622 年，黄帝纪年开始于公元前 2711 年。

民国初期的这三种版本的黄帝纪年，虽然不尽一致，它们的影响却是不可估量的。

值得一提的是唐代张守节，他作《史记正义》，承继司马迁的史学观，肯定华夏文明始于黄帝，影响至今已是一千多年。《史记正义·序》云："太史公作《史记》，起黄帝、高阳、高辛、唐尧、虞舜、夏、殷、周、秦，讫于汉武帝天汉四年，合二千四百一十三年。"他还推算出，从黄帝到西汉武帝天汉四年共 2413 年，定黄帝纪年始于公元前 2510 年。张守节"涉学三十余年"，是一位严谨的学者，唐以前的史料他自当是一览无余，其推断不可忽视。

由以上四种说法可知，黄帝纪年的始年，在公元前 2500 年至公元前 2700 年间。

要探讨黄帝纪年，应以西周纪年为起点，西周不明，遑论夏商与炎黄。

明确的西周纪年，当是共和元年，即公元前 841 年。在此之前，虽无明载，文献记录却是清楚的。

文献记载的西周年代大体上可分为两个系统：一是《鲁世家》的完整记载，二是综合《史记》《汉书》《竹书纪年》可信之说。现分述如下。

### 1. 综合系统

西周后期：厉王 37 年，共和 14 年，宣王 46 年，幽王 11 年，共 108 年。

穆王在位 55 年（《史记》《竹书纪年》）。

《史记正义》云："年表穆王元年去楚文王元年 318 年。"推知穆王元年为前 1006 年，共王元年为前 951 年。

西周中期（共—夷）：公元前 951 年至公元前 879 年，共 73 年。

西周前期：武王 2 年（《史记》《尚书》），周公摄政 7 年（《史记》），成王亲政 30 年（《汉书》），康王 26 年（《竹书纪年》），昭王 35 年（小盂鼎），共 100 年。正合《晋书·束皙传》"自周受命至穆王百年"的记载。

唯一文献依据不足的是昭王年数。所以小盂鼎"卅五年"是关键。也只有昭王 35 年才符合《史记》"穆王即位，春秋已五十矣"的记载，只有昭王 35 年才符合《晋书》"自周受命至穆王百年"的记载。即武王 2+ 摄政 7+ 成王 30+ 康王 26+ 昭主 35，正百年之数。文献中虽未直接讲明昭王年数，而《史记》《晋书·束皙传》作为内证推论，还是有说服力的。昭王十九年即公元前1023年的日食天象，更让人无可辩驳。

《竹书纪年》载，昭王“十九年，天大曀，雉兔皆震”。这符合公元前1023年贯正五月丙戌朔的日食天象。公元前1007年七月甲寅、八月甲申，合小盂鼎“隹八月既望，辰在甲申……隹卅又五祀”的记载。昭王三十五年可信。

武王年数还有六年说（《逸周书·明堂》“既克纣六年武王崩”），七年说（《汉书·律历志》“武王克殷……后七年而崩”）。但历日天象（正月辛卯朔，二月庚申朔）断定武王克商后在位二年，与《史记》《尚书》所记吻合。

以上相加，西周总年数336年。从公元前771年上溯336年，武王克商当是公元前1106年。

### 2.《鲁世家》系统

司马迁在《史记·鲁世家》中完整地记载了鲁公年数。只伯禽在位年数未载，虽未载，但不难推知。《鲁世家》中，周公“相成王，而使其子伯禽代就封于鲁”。代父治鲁在周公摄政之初，到成王亲政元年，成王正式封伯禽为鲁侯。《史记集解》云：“康王十六年卒。”知伯禽身受封至死，共46年，加代父治鲁7年，共53年。

《鲁世家》“炀公六年”，《汉书》引作“六十年”。古文上读为六十，下读为十六，省作六。这是炀公年数旧有三说的缘由。如果从鲁真公十四年（共和元年）上溯，逐一安排献公、厉公、微公年数，幽公元年即穆王二十年，炀公也必是60年无疑。否则，从伯禽、考公、炀公逐一向下安排年数，中间必有一个无法解说的空档。

《鲁世家》所记西周年数是：武王2+摄政7+伯禽46+考公4+炀公60+幽公14+微公50+厉公37+献公32+真公30+武公9+懿公9+伯御11+孝公25，总年数也是336年。

武王克商在公元前1106年。

明确武王克商在公元前1106年，以此为基础，再上推商代、夏代，才是唯一可靠的办法。

文献所载商代积年，主要有：①《左传·宣公三年》“载祀六百”。说的是整数。②《孟子•尽心下》“由汤至于文王，五百有馀岁。”这里只到文王。《史记•周本纪》云：“西伯盖即位五十年。”《尚书•无逸》云：“厥享国五十年。”武王继位又有十余年。《孟子》所指商的积年也是约六百年。③《鬻子》载：“汤之治天下……积岁五百七十六岁至纣。”这里只到纣王。纣王在位五十二年，加起来当是628年。④唯一明确记载是《汉书•律历志》所引《世经》：“自伐桀至武王伐纣，六百二十九岁。”

我们说，商代积年是629年，是古已有之的成说，是刘歆从“秘藏”中看到并记录下来的，且与其他先秦古籍记载相合，是可信的。

关于夏代的纪年，有471年与432年两说。471年包括了羿、浞代夏的“无王”阶段。《太平御览》引《竹书纪年》云“自禹至桀十七世，有王与无王，用岁四百七十一年。”《世经》说：“继世十七王，四百三十二岁。”《世经》的“十七王”，显然不包括羿、浞代夏。

综上可以明确：西周起于公元前1106年，计336年；商起于公元前1735年，计629年；夏起于公元前2206年，计471年。

在没有更多的考古学成果之前，我们不妨再翻开《史记•五帝本纪》，借助文献就五帝纪年作一些探讨。

黄帝：《史记集解》引皇甫谧曰：“在位百年而崩。”

颛顼：《史记集解》引皇甫谧曰：“在位七十八年，年九十八。”

帝喾：《史记集解》引皇甫谧曰：“在位七十年，年百五岁。”

帝挚：《史记》：“帝喾崩，而挚代立。帝挚立，不善，崩。”《史记索引》引卫宏云：“挚立九年。”《史记正义》云：“挚在位九年。”

帝尧：《史记》云：“尧立七十年得舜。二十年而老，令舜摄行天子之政，荐之于天。凡二十八年而崩。”《史记集解》引徐广曰：“尧在位凡九十八年。”《史记正义》引皇甫谧云：“尧即位九十八年，通舜摄二十八年也。”

虞舜：《史记》云：“（舜）年五十八，尧崩。年六十一，代尧践帝位。践帝位三十九年，南巡狩，崩于苍梧之野。”尧崩，三年之丧毕，舜“践天子位”。

夏禹：《史记》云：“帝舜崩。三年丧毕，禹辞，避舜之子商均于阳城。天下诸侯皆去商均而朝禹。禹于是遂即天子位。……十年，帝禹东巡狩，至于会稽而崩。”

但禹并不包含在“五帝”之内。而夏代“十七王”，是把禹列之于首。

司马迁的《夏本纪》也自禹始。《史记集解》引徐广曰："从禹至桀十七君，十四世。"夏的纪年应将禹的十年计算在内。

这样，五帝纪年（算上帝挚当是"六帝"）当是：黄帝100年，颛顼78年，帝喾70年，帝挚9年，帝尧98年，帝舜39年。其间，尧崩之后有"三年之丧"，舜崩之后有"三年之丧"。总计400年。

从夏代纪年公元前2206年上溯400年，黄帝纪年始于公元前2606年。

如果我们说，黄帝纪年始于公元前约2600年，断不致误。

# 对“断代工程”的质疑

## 一、关于“重构古史”

最近有幸读到李学勤先生的文章《疑古思潮与重构古史》，颇感兴趣。其中的“重构古史”，自然让人联想到“夏商周断代工程”，我只是担心“断代工程”变成“重构古史”的实验场。

重构古史的基础是“因为疑古思潮，对于那些文献的东西已经否定得差不多了，所以现在主要可依据的就是考古学”。关于“古史重建，它的基本思想就是用考古学来重建历史”。李先生是考古学家，尤其是对青铜器器形有精深的研究。李先生古史重建就是利用铜器金文来另写历史，主要是西周史，他的西周年代主要靠的就是他排定的“金文历谱”。

断代工程的成果已现雏形，基本上反映了李先生的古史重建，而问题在哪里？大体有三个。

1. 文献记载的西周年代（共和以前）已被一一否定，重建的西周历史便只能是疑古的产物。

2. 铜器器形与铭文并非一回事。器形是制作工艺，铭文多是叙史。金文历日不等于铸器历日。重建的历史，将二者混一，视为铸器之日，以器形确定王世，再以历日干支与月相套合年代并排定金文历谱，最后推出具体的王年。

3. 月相自古是定点的。初吉为朔，既望为十六是定点的；“既死霸，朔也；既生霸，望也”也是定点的。而据器形套合的月相不得不采用宽漫无边的所谓“二分说”（上半月既生霸，下半月既死霸）。

当然还有，比如若干个支撑点的问题，并非都那么坚实，当信不信，当疑不疑，结论便不可靠。

这只是一个提纲而已，待成果公布再一一检讨。

个人的用心很明白，上要对得起列祖列宗，下要对得起子孙后代，希望不要闹出天大的笑话。

## 二、成、康、昭、穆的年寿

“夏商周断代工程”经几年的努力，终于有了一个结果，而这一成果的出现总让人难以接受，现提出一点质疑。

翻开中国古代的历史，几千年的华夏文明让我们感到骄傲与自豪。《史记》《汉书》曾让我如痴如醉，让我熟悉了不少古代的历史事实，世界上又有哪一个民族能有这么丰富、翔实的文献记载啊！

《史记·周本纪》云：“成王少，周公摄政当国。……周公行政七年，成王长，周公反政成王，北面就群臣之位。”《汉书·律历志》云：“后三十年四月……成王崩。”也就是说武王死了，成王年幼，周公摄政七年，然后成王亲政了三十年才去世。

如果以 20 岁及冠亲政计，成王 13 岁时武王死，周公摄政 7 年，成王亲政 30 年，成王当是在位 37 年。而公布的年表显示成王在位 22 年。也就是说成王只到 35 年左右，他的儿子康王即位时也不过是 15 岁左右的孩子。谁又摄政？谁又辅政？没有交代。

史书记载，康王在位 26 年，公布的年表是 25 年，又不合了。照此一推，康王在 40 岁左右就死了，继位的昭王也只在 20 岁左右。年表说昭王在位 19 年，死时才 39 岁左右。他的儿子穆王继位不过才 19 岁样子。而司马迁《史记》载：“穆王即位，春秋已五十矣。”《尚书》载穆王“享国百年，耄，荒度作刑”。《礼记》说：“八十、九十曰耄。”穆王确实是百岁的高寿。依照公布的年表，40 岁的昭王怎么能生出一个 50 岁的穆王？

穆王在位 55 年，几种古籍记载都是一致的，而公布的年表却是 54 年，又不合了。谁相信西周前期都是娃娃天子、短命天子？谁相信做儿子的穆王比他父亲昭王还大十岁？

如果文献记载都一一否定，还有什么历史可言呢？否定文献不成了疑古的产物吗？这样的年表岂能让人信服？

当然，问题并不止这些。

正确的答案是有的。贵州大学张汝舟先生 1964 年就写有《西周考年》，1999 年第 6 期《贵州大学学报》刊发张闻玉《西周王年足徵》，言之甚详。

成王在位三十七年（含周公摄政七年），死时约 50 岁。

康王在位二十六年，死时约 56 岁。

昭王在位三十五年，有小盂鼎“卅五年”为证，享年在 70 岁以上。

司马迁《史记》说：“穆王即位，春秋已五十矣。”相互映证，这的确是信史。又《史记正义》云：“穆王元年去楚文王元年 318 年。”楚文王元年即周庄王八年（公元前 689 年），推知，穆王元年乃公元前 1006 年。

再往前推，成王元年当是 1104 年。文献记载，周武王伐纣，后二年崩。武王克商在前 1106 年，这是依据文献、出土器物与天象“三证合一”考证出来的结论。对照断代工程的结论，克商在公元前 1046 年相差了六十年。谁是谁非，这会受到历史的检验，这不是什么权威或权势可以圈定得了的。

## 三、关于“当年改元”

在公布的夏商周年表西周部分，列有穆王在位 55 年，注明“共王当年改元”；厉王在位 37 年，注明“共和当年改元”。

公布的简本云：“西周改元的方法有两种，逾年改元——即新王即位的次年改称新王元年，当年改元——即新王即位的当年改称新王元年。”

既然注明“共王当年改元”穆王在位只能是 54 年，而不是 55 年；既然注明“共和当年改元”厉王在位便只能是 36 年，而不是 37 年。

谁都知道西周一代的礼制十分讲究，祭祀被视为国家头等大事，十分严肃。小盂鼎载“禘周王……”，鲜簋载“禘于昭王”，《左传》载“禘于僖公”。对先祖先父的祭祀正是家天下的体现，自然就有特殊的地位。

西周一代重宗法，父子相继，不可能当年改元。后代的废帝或篡位才有当年改元的可能。

看一看继周而起的秦王朝，可以说明不少问题。秦昭王的儿子安国君公元前 259 年“十月己亥即位，三日辛丑薨”，只当了三天君王即秦孝文王，而纪年还得是一年。他的儿子庄襄王最有条件当年改元，而并不当年改元，因为是家天下强调父子相继。

再来看看西周吧！武王克商后二年，《逸周书 · 作雒》载：“乃岁十二月崩镐，……元年夏六月，葬武王于毕。”成王不可能当年改元。

经周公摄政七年，《世经》载：“后三十年四月庚戌朔，十五日甲子哉（既）生霸，翌日乙丑，成王崩。”成王死于四月，康王即位，并未当年改元。

《竹书纪年》载：“康王二十六年秋九月乙未，王陟。”康王死于九月，昭王即位，并未当年改元。

小盂鼎记昭王三十五年八月事，昭王死于八月之前，穆王即位。而并不当年改元。《周本纪》载：“穆王立五十五年，崩。”未言月日，凭什么确定他的儿子昭王就当年改元？

再看厉王的纪年，共和元年即公元前841年，明明白白。厉王在位37年，也有史有据。元年师兑簋历日合厉王元年公元前878年天象，十八年吴虎鼎合厉王十八年公元前861年天象，三十一年鬲攸从鼎合厉王三十一年公元前848年天象，三十三年伯父宽盨历日合厉王三十三年公元前846年天象，三十四年鲜簋历日合厉王三十四年公元前845年天象。历日清清楚楚，前后连贯，怎么能有“共和当年改元”？从厉王元年公元前878年至共和元年公元前841年，厉王在位37年并不存在什么“共和当年改元”。

主观臆度实不可取。十分严肃的“夏商周断代工程”，不应该出现这样的学术研究手段。

2001年1月15日

# 学术论文理应求实

## ——致何幼琦先生

《江汉论坛》1998年第10期刊发何幼琦先生《金文对号法述评》一文，姑不谈该文的立论与例证的诸多失误，在引述他人观点时，我们以为缺乏慎重，往往以己意之曲解强加他人，然后不遗余力进行抨击。

> 1957年，张汝舟先生在考证屈原生年时，曾经误认摄提格岁是寅年而否认太岁纪年，妄言战国初期已经有了干支纪年，曲解周正和夏正的正月都叫“陬”，武断楚历是正月建丑，给屈原推划出了一个楚国正月（建寅）无庚寅日的年份。这是由于不懂历学史而招致的四个错误。

已故张汝舟先生不可能起地下给以答辩，好在他的著述文字俱在，多收入《二毋室古代天文历法论丛》(浙江古籍出版社，1987年版)，观点不容歪曲。

1.《淮南子·天文训》载：“太阴在寅，岁名曰摄提格，其雄为岁星，舍斗、牵牛”。太阴就是太岁（《汉书》叫“太岁”，《史记》叫“岁阴”，《淮南子》叫“太阴”），摄提格岁为寅年已写得明明白白，这几乎是历史学的常识性问题，怎么能说是张氏“误认摄提格岁是寅年而否认太岁纪年”呢？何先生连“摄提格”同“太岁纪年”是什么关系都弄不清楚，竟妄言诋人，真够开拓！

2.关于干支纪年的起始，张氏《二毋室古代天文历法论丛》说得明白：“战国时代以摄提格、单阏、执徐、大荒落、敦牂、协洽、涒滩、作鄂、淹茂、大渊献、困敦、赤奋若等代替十二支，从《离骚》《吕览》一直到西汉末，一丝不乱，详见王引之《太岁考》。……《尔雅·释天》除十二支别名外，还有十干别名，焉逢、端蒙、游兆、强梧、徒维、祝犁、商横、昭阳、横艾、尚章。

《史记·历书》所保存的《历术甲子篇》正是用这种别名纪年。”于此，《历术甲子篇浅释》一文已有详尽解说。怎么能信口雌黄说张汝舟先生关于“战国初期已经有了干支纪年”竟是“妄言”?!

3.《论丛》第22页又道：“战国时代各国都是用四分法的《殷历》即假殷历、真夏历的《历术甲子篇》。……只是托古改制的思想，他们利用《古文尚书·伊训》一个历点……从而冒名称为《殷历》，实际是夏历，根据见《汉书·律历志》。”张先生《再谈屈原的生卒》所论之《殷历》，明白无误是“假殷历、真夏历”(见《二毋室古代天文历法论丛》第210页)，何幼琦先生曲解张氏的《殷历》为丑正，并强加一个“武断楚历是正月建丑”的结论。何先生倘不是有意为之，起码也是粗心大意没有把张汝舟先生的文章读懂！

4.张汝舟先生考定屈原生年是楚宣王二十七年戊寅正月二十一日庚寅(《二毋室古代天文历法论丛》第22页)，即公元前343年。查该年实际天象：冬至日己巳，冬至月（子月）朔辛丑 $09^h44^m$ ，丑月庚午 $23^h22^m$，寅月庚子 $14^h18^m$，卯月庚午 $06^h05^m$。(下略。据张培瑜先生《中国先秦史历表》，齐鲁书社，1987年版，第98页)

又，公元前343年入殷历（真夏历）戊子蔀第九年，当闰。楚历建寅，“归余于终”，闰在十二月。则正月庚午朔，二十一日庚寅。(参考《二毋室古代天文历法论丛》第614页)何氏睁眼说瞎话，竟说张先生“给屈原推划出一个楚国正月无庚寅日的年份”，这符合事实吗？

以上是仅就何幼琦先生所谓“由于不懂历学史而招致的四个错误”而言，足见何氏所罗织的而又加以指斥的种种“错误”，并不在汝舟先生而在何氏自己。

对已故学者论文的评述，理应取一个求实的态度，纵有不如人意的结论，亦不可苛求。何幼琦先生对已故前辈学者吴世昌先生的评说，也犯有同样的毛病。他说：“不幸的是，他的经学立场和唯心史观，使他盲从古人，不知是非，让错误的纪年注定了研究的命运；更不能接受现代的学术思想，找不到科学的探索途径，导致了志大才疏、劳而无功的结局。”又说：“吴世昌先生等都未曾研治历学，最多不过是学点推步术，有的还只会排比而不知推步。”又说：“他们诸位，如果哪一位懂得历学的话，无须旁征博引；《尚书》中一句‘三月惟丙午朏’就解决了。”——类似的说教，几乎通篇皆是，毫无“争鸣”之意。虽然不算礼貌，借用何先生自己的话说，我们是否可以要求何先生“从而改弦更张”，不要“一再重蹈覆辙”呢？奉劝何先生，在学术问题上谦虚、求实一点，以免贻笑大方。

# 记游篇

# 感受“南环线”

2009年10月22日星期四下午，贵阳市人大李跃南主任邀约游览“南环线”，这也正好符合我的愿望。贵阳市绕城公路全线通车是在国庆前夕，不少私家车都赶在正式通车前美美地游览了一遍。待我得知线路通畅，又已经错过了机会。只好告知市交通局刘迪华局长，希望找个适当时候到绕城公路绕上一圈。李主任也正是通过刘局长约我上路的。一行人中，还有省纪委原第二书记李钟伟同志，他是我大学同班同学，也是我们所敬重的老大哥。李主任还邀上了他的同学——市中院的领导刘鸿烈同志。刘局长还特意请来承建南环线项目的负责人刘工，请他在重要地段停车讲解。刘工的介绍有声有色，“南环线”的建设及其开发价值给我们留下了深刻印象。这其中，牛郎关立交桥与花溪大桥值得一说。

“牛郎关”是个极富诗意的名字，它的村寨与关隘，已不容我们去考查，而立交桥确实是壮观而气派的。宽阔的公路交叉错落，体现出现代化建筑的宏大之美。我们站在高处，向下俯视，公路像多条巨龙彼此缠绕，其身其尾都延伸出我们的视野。夕阳映照，远天相接，高原的气势让我们震撼。牛郎关立交桥是“南环线”的起点，直线南下过孟关立交桥，大道两边是规划的贵阳工业园区。那些拥挤在市区的轻重工业厂房，将陆续向这一带迁徙；海内外的投资者将把他们的资产投向这里，以获取更多的财富。站在牛郎关立交桥上，你似乎看得到厂房毗邻、高耸的烟囱林立，运送工业品的汽车在这个区域里进进出出，一片繁忙的场景。这不是遥远的梦幻，要不了三五年，你自会有真真切切的感受。为什么？就是因为有了这条“南环线”。我在牛郎关这个起点上，就已经有了这样的感知与体会。

花溪大桥在“南环线”西路，过了党武立交桥不远处。它坐落在花溪水库上游的花溪河上。桥梁的设计与建设体现出诸多的完美。刘工介绍说，大型拱桥有三种模式，这里没有采用拱之上，也没有采用拱之下，而是路上有拱，路下也有拱，公路从中穿透，这样建设难度更大。这样的大拱桥，一般也要两年多三年完成，而此次工程实际工期只有一年零三个月。它的特殊钢管，得到武汉钢管厂的大力支持。大型钢管的陆路运输也克服了种种困难，超长的架构普通载重汽车难以承受；钢管内的水泥、沙石浇注同样是难题，本地的人工山沙不能用，采用的是洞庭湖的水沙，一车一车从湖南运来。冬天要保证浇注施工，高高在上的大型钢管得用厚厚的棉被裹得严严实实。钢管的接缝要做到毫厘不差，否则会前功尽弃。这些工程技术难题，一一被我们的施工人员攻克，保证了大桥的顺利合拢。头上的蓝天白云，很像赞美大桥建设者们的音符；桥下的溪流、水库，如同献给胜利者的乐曲。花溪大桥的建造，值得谱写一首美妙的赞歌，因为它本身就是一篇催人奋进的报告文学作品。李主任告诉我们，“南环线”西边是规划的大学园区，今后的大学都将在这一片选址建校。莘莘学子将从全国各地来这里辛勤耕耘，以掌握建设祖国的过硬本领。作为贵州文化品牌的花溪，已经集中了贵州几所主要高等学府——贵州大学、贵州民族学院（今贵州民族大学）、贵州省委党校。近年来，两届“中国—东盟教育交流周”活动都在秀美的花溪举办，作为“教育交流周”的主体内容，“中国—东盟国家校长论坛”2009 年 8 月汇聚了来自国内 43 所高校及东盟国家 27 所高校的校长和代表参加。有关方面已经决定，2010 年第三届“中国—东盟教育交流周”仍将落户花溪。作为国际文化教育交流的平台，花溪的地位与品位将节节攀升。再过些时候，她的文化氛围将更加厚重，文化气息将更加浓烈。这都有赖于“南环线”的建设。据说，绕城高速公路起初并不包含“南环线”，花溪远在绕城路之外。是市委领导牵头，李军书记拍板建造“南环线”，将贵阳市区南向扩大，花溪这才纳入大贵阳的宏伟蓝图。随着“南环线”的建成，市委领导的前瞻性构想及开阔视野与魄力，逐渐为广大市民所认识、所接受。在游览“南环线”的车上，钟伟大哥不住地感叹：“市委的决心，处处体现党中央的科学发展观。科学发展观不是一句口号，它就落实到‘南环线’的建设上了。”

我想，市委市政府这帮人，包括今天在场的我的三个学生，参与了“南环线”的策划与建设的李跃南主任、刘鸿烈同志、刘迪华局长，属于知识型人才，年富力强，的确称得上国家的栋梁、社会主义建设的中坚，他们既有远见卓识，又有冲天干劲，大手笔、大气派，踏踏实实在共和国成立六十周年之际，给贵阳人民奉献了一份厚重的礼物——“南环线”。

我们已经进入老龄，也真切感到：长江后浪推前浪，一代更比一代强啊。

2009 年 10 月 28 日

# “畅通重庆”印象记

端午节前到重庆参加中国先秦史学会年会，再次认识重庆，颇多感触，尤其对“畅通重庆”印象特深，有必要述说述说。

第一次路过重庆是1958年9月初，那时坐不上长途客车，都是搭货车进入重庆。重庆到贵阳，还是货车带人，货箱里人坐四排，中间两排是背靠背。过轮渡到海棠溪，然后上川黔公路，晚上住松坎，第二天晚上才到贵阳。重庆到贵阳要整整两天。也有人到菜园坝坐火车到赶水，再转乘汽车，但耗时也差不多。

尔后，多次路过重庆。一般说，在菜园坝下火车，就乘缆车上两路口，再去市中心。不坐缆车，那就一步一步顺着石梯往上爬，体会山城重庆的坡坡坎坎，别是一番滋味。待到隧道贯通菜园坝，失去作用的缆车也就从此消失了。比较重庆与成都的公路建设，成都较平，重庆多山，川西的路多是劈山，重庆的路多是穿洞。我们开玩笑：“成都人乐意开山，重庆人喜欢打洞。”一点不假，重庆市区的隧道也确实多。

几年前，重庆划为直辖市，建设速度明显加快，面貌一天一个样。就是老重庆，出门也往往摸不着方向。进进出出，让人感受最深的还是道路建设。中华人民共和国成立后，四川人盼望了几十年的成渝铁路于1952年7月1日通车，当时这是国内的大新闻。坐火车，成都到重庆要十个小时以上。改革开放后，成渝间有了高速公路，成都到重庆只要四个小时。近年来，成渝间有了高铁，两个小时就到重庆。重庆向北到南充、广安，向南到贵阳，向东到达川、万州，都是高速公路，密如蛛网。铁路经涪陵、贵州铜仁连接湖南，还有铁路通万州达湖北宜昌。天上航空线联络海内外，水上航运随着三峡大坝建设，万吨级大船直接通海。重庆对外的交通，的的确确已经“畅通”了。

这次我到重庆，感慨的是市内的道路“畅通”。本月12号参加会议，上午是报到，下午没有安排。重庆会计专科学校邵荣邦校长派来小车，带我们饱览市容。我们从驻地大礼堂酒店出发顺着上清寺上了嘉陵滨江路。司机小刘问去哪里，我们本就漫无目标，看看重庆变化吧。我们走滨江路，沿着嘉陵江而上。江对岸就是江北滨江路。嘉陵江流入长江，在朝天门汇合，形成一个半岛，城区就建设在多山的半岛上。沿长江两岸，也建设了滨江路，很是气派。前两年我到过南坪，专门到南岸滨江路看过夜景。今天就特意选择到嘉陵江走一走。长江两岸的滨江路，嘉陵江两岸的滨江路，的确是交通大手笔。重庆的畅通，它们起了不可估量的作用。道路畅通，让重庆人满意，也让到重庆来小住的国内、国外人士满意。

我们在滨江路停下来，凭着护栏有意欣赏滨江路沿线的建设。江北滨江路就在正对面，也是顺江而行。眼下就是嘉陵江，江水浅浅，搁浅的货船停在江心动弹不得，江边的滩头沙石地里，已经显出杂乱的绿色。滨江路正是利用滩头荒地，用钢筋水泥大柱支撑，建造起数十里长的沿江公路。既不占用土地，又彻底治理了滩头的脏乱。对面的江北，高楼林立，显示出大都会的气派。老城区只有改建，城区的扩展，落实在江北新区。本地人说，江北变化最大。回头看，滨江公路之上，还有市内高速路，半山腰还有轻轨铁路，汇合之处都建有立交桥，车辆分道而行。处处体现立体交通的布局，顺畅、通畅、流畅，无处不畅。

滨江路起点在朝天门码头，顺江延伸到磁器口。江北滨江路也遥相对应，暂时修到磁器口对面的重庆自来水公司，按计划，还要向上游延伸。一路顺风，没有阻碍，我们就近游览磁器口古镇。与鳞次栉比的现代化高楼不同，古镇是旧时民居的遗存。狭窄的街道，拥挤的人流，木楼瓦顶，青石铺路，让你回到民国时期。

为了让我们感受重庆的畅通，司机小刘特意开车到绕城高速路上走了一圈，让我们感受不堵车的快乐。认真说，长期住贵阳，气候爽爽，但时时堵车已习以为常，实在无奈得很。相较重庆，确有天壤之别。

尔后几天，集体出游，到南滨路吃德庄火锅，观朝天门夜景，经铜梁到大足宝鼎观赏石刻，道路都是顺顺畅畅，心情自然也是美好。

重庆市政府提出“五个重庆”，解读为：宜居重庆、畅通重庆、森林重庆、平安重庆、健康重庆。短短几天，“畅通重庆”留给我的印象太深了。

改革开放初期那些年，行走在偏僻的乡镇，到处有这样“要致富，先修路”的标语。重庆的畅通，确确实实反映出：重庆富啦，重庆大富啦！

2010年6月20日—21日

# 东莞印象

在东莞住了几天，于是拟就了这么一个题目。

那是2010年12月，友人天华电话上约我到他东莞的培训基地小住几天，给他们基地的干部、班主任开几次讲座，借以提高他们的文化素质。我自然不便推辞，也正好有个机会出去走走，放松一下。

元旦过后第三天，我与在福兄一道到龙洞堡机场与天华夫妇汇合，登上南飞的南航客机。

东莞，在我心目中是一个富裕之地，报道说，那里人均收入一度居全国之冠。本来，珠江三角洲的经济起步就早，在中华大地上率先进入小康社会，而东莞在珠江三角洲更是名列前茅。比较中西部欠发达地区，东莞应该是人间天堂了。还是通过报道，我最先认知东莞并非她的富裕，而是享誉世界的龙舟。十几年前，东莞沙田镇“蛋家人”的龙舟队就代表中国参加过加拿大、新加坡、中国香港和澳门等地举办的龙舟赛，多次获得金杯、金奖。男队如此，女队更胜一筹，那是平均38岁的妈妈龙舟队，在国际赛事上居然没有对手。她们都是东江水上的渔民，往来运输，赤脚操作，练就了一身过硬本领，何人能敌？沙田镇是著名的“龙舟之乡”。我就是从这里的“蛋家人”最早认识了东莞。

当然，读小学就知道鸦片战争，知道林则徐禁烟，知道东莞的虎门，那是历史的印痕。东莞市的禁毒工作，那是继往开来，永远发扬着林则徐的流风余韵，让我们肃然起敬。

从白云机场出来，培训基地的曾女士已经开着小车到了机场出口。轿车顺着高速路出广州市区南行，指路牌上的沙河、黄埔、虎门，都是十分熟悉的地名。车子穿过东莞市区，我以为该下车啦，天华说还要南行三十多千米，又过了寮步，到大朗镇市区，再几个拐弯，终于到达了目的地。

培训基地原是一个独立的厂区，从留下的标记看，这原是一家韩国企业,“桥运”二字大招牌还在宿舍楼顶向外显示着。厂区占地约一百亩,其中的荔枝园林就有六十多亩,除了楼房、厂房,全是草坪绿地,中间还有一个不小的水塘,很像一个大型的游泳池。树上挂有提示牌:湖里水深,请勿靠近。说成“湖”,我觉得有点夸张。反正布局得体,坡地算是“山”,体现山水协调,有点国画的意境,给人的感觉总是美好。南国的气候得天独厚,尽管已是寒冬腊月,这里的园林还是春意盎然。高大的荔枝树、桂圆树依然苍翠欲滴,每天清晨起来,我就围着湖边转上两圈,散步健身,尽情享受难得的清新空气。

珠江三角洲号称“世界工厂”,到处是“中国制造”,东莞尤其突出,外资、台资企业数以百计、千计。“桥运”不过其中之一,它地处大朗镇新园二路23号,当然还有新园一路。“新园”也就是新兴工业园区之意,这一带全是20世纪80年代以后建立的厂区,规模很大,显示着商品经济的蓬勃发展。东莞市常住人口近七百万,五百多万是外来人口,打工仔、打工妹随处可见。至今,东莞市人口城镇化率超过86%,已经达到发达国家水平。

仅就公路交通而言,东莞地区有4条主干公路,13条连线公路,全都是一级路面。在内地这真是不可想象。路中间宽宽的隔离带花草繁茂,两边行道树高大浓密,郁郁葱葱。到了东莞,坐车走在路上,你就体会到什么才是真正意义上的现代化。

我每天上午给培训基地的干部、班主任开讲座,余下时间也到大朗镇走走,总的印象是繁华。大朗是“羊毛衫名镇”,所产羊毛衫销往世界市场。大润发超市以及各式各样的商场,各种物件、各样食品应有尽有。说是“镇”,依然的街道纵横交错,依然的高楼林立,红绿灯指挥着车水马龙,人流熙熙攘攘,内地的县城也难与之媲美。我到过日本,新干线沿路看不到农村,今天到东莞,同样的看不到农村,并不比日本逊色啊。像大朗这样的镇,东莞市就有28个之多。东莞的城镇化已经名副其实啦。

值得一提的是,大朗镇的体育馆、体育广场很是气派,给我的印象很深。东莞市作为“国家篮球城市”“全国体育先进市”的确是实至名归。东莞的职业篮球队已经列入全国甲级队行列,敢与国内省一级顶尖篮球队一争高下。这实际展现出东莞强大的经济实力,也体现出东莞市的城市精神:厚德务实,海纳百川。

说了东莞的强势经济,就该说说东莞人啦。东莞有五百多万外地人打工挣钱，这正是“海纳百川”的体现。我读过一篇文章，叫《中国各省人的性格分析》，很有些意思。讲到广东人，文章说，“广东人是海洋的族群，充满朝气与活力，头脑灵活，富有冒险性、开创性，敢为天下先。对空头理论不感兴趣，也没有功夫空谈哲理、人生，对政治也不感兴趣。人人都为了钱忙忙碌碌，整日东奔西跑。”这也是东莞本地人的写照。这就是“厚德务实”，注重实干苦干，不然，哪来的强势经济？

文章还说，“广东人身材多矮小，颧骨突出，目小深陷，鼻扁阔，唇厚而翻。”总之，说不上美。我在培训基地天华的办公室见过当地村委会主任，也天天看见村委会派驻基地的代表，还有大郎镇街上开商店、饭店的本地人，个头确实不高，长相与越南人无异。每天讲课完毕，天华夫妇总是开车出去请我们到街上就餐。我们几乎尝遍了大朗镇著名的潮州餐馆、湘菜馆、重庆火锅、川菜馆、东北水饺、日式餐厅，餐馆服务生多为女性，长相自然一目了然。“颧骨突出，目小深陷”不用说就是本地人。我特意问了几个面目清秀的年轻女服务生，她们不是来自湖南、重庆，就是四川、江西，甚至有从黑龙江哈尔滨而来的。土生土长的广东人，从生物学角度说，与北方人种起源是不同的。

大学的语言学课程告诉我，广东有三大方言，即白话、潮话、客家话。白话就是“粤语”，在广东、香港普遍使用。我接触过的本地人，那普通话实在不敢恭维。他们彼此交流，多用粤语，很难听得明白。

离开了东莞，我还是有难分难舍之情，那印象总体是美好的。

# 东行散记（一）

上个月有机会去了一趟日本，切身的比较，自然有诸多的感受。回来后，冷静思考，还是觉得有必要把所见所闻记下来，也许对后学还有些借鉴的作用。于是，这次东行的零零散散的故事就从已去的记忆中一一复活。

2008年11月，也就是一年之前的某天中午，住我单元顶楼（8楼）的小杨老师按响了我的门铃，开门一看，他身边还站着一位女士，杨老师对那位女士说："这就是张老师！"然后就完成任务似地径直上楼了。该女士很惊讶地说："我也住在8楼，怎么就不知道呢，还到处打听你。"

请她进来坐定后，她告诉我，她是外国语学院的，姓王，叫王晓梅，负责日语系的工作。"日本方面山口大学主动邀请张先生去日本参加学术交流，陈校长让我找到你，联系出访有关事宜。学术交流的内容是古代天文历法方面的，具体要求待山口大学的专家们来中国之后，才能明确。"原来，8楼有她的住房，与小杨老师门对门，因为她的孩子小，由她父母带着，她常住校外父母家里，8楼的住房常常空着，自然就难得打个照面，我对她也毫无印象。今天是她下班路上偶然遇到小杨老师，也就不经意问道："认得张闻玉教授不？"杨老师说："就住我们楼下啊，我带你去。"

我就知道这么一个要出访的信息，如同秋后吹拂过来的一阵风声，毕竟是风声，也并不十分在意，好像是一个遥远的梦。与山口大学的联系，都是王女士代表校方在处理，我就不必过问，也过问不了。八字没有一撇，我也就守口如瓶，相当的低调。反而是我们的陈叔平校长在年终的大会、小会上为我张扬，"我们学校有这么一位专家，日本方面主动邀请去讲学呢"。当然他也是在为学校张扬，校长是把这次邀请作为学校的一种荣誉看待的。虽然还给研究生上两门课，但我已退休几年，从不参加什么大会、小会，是与会的几个年轻朋友先先后后告诉我的。

春节之前，学校调整了中层处级单位的班子，从下发的文件上看到，王女士已经升任外国语学院副院长了。应该还是分管日语这一块吧。我确信，她是一个能干的女人。开学后，她告诉我，日本专家三月下旬来贵大与我见面，落实一些具体事宜。这期间，他们的联络似乎很频繁，好像已经敲定了出访的前期安排。因为王女士对我说："张老师呀，我做翻译，随你出去。"这就暗示，很多事情已经得到落实，与日本专家的见面不过是一种确认。

三月中旬的一天，王女士短信告诉我，"他们 23 号到。"事实上，25 日下午她才在电话上说，"明天上午 9 点，请你到外国语学院 204 办公室，与日本专家见面。"那个 23 号，应该是日本人预订了机票要出发的日子。我料定，王女士与那边随时都保持着联系。

已经知道来的是两个人，我便准备了赠送的书籍，都是涉及天文历术方面的。一本《古代天文历法讲座》，国内很叫卖，销售看好，加印两次啦。另一本是《历史年代与历术推演》，是 2002 年印刷出书的。见面时，日本客人首先赠送礼品，我回赠书籍，彼此问候，同时交换名片。我们通过翻译交流，译员是在日本留过学的陈芳女士，她在外语学院任教。后来听说她的口语很流利，在学院很有名气。王女士前两节要上课，十点过才来。旁听的还有日语专业七八个学生，他们坐在我背后靠墙的一排。两位客人在我对面就座，首席是山口大学时间学研究所所长辻正二教授，大约六十岁年纪；另一位比较年轻，名片上名字是"森野正弘"，准教授。

两个多小时的交谈，我终于明白了他们举办"东亚历法与现代化"学术交流的良好意愿。

正二教授送我一份他们的日程安排计划书，此事就算落实。"希望在日本接待您！"这是他分手时留下的一句话。

从计划书上看到，这次交流只邀请了日本、韩国、中国大陆和台湾的四位学人，各地译员的姓名、身份也已明确。这都体现出日本人做事的认真与计划的周密，没有半点含糊。

六月下旬，我按照计划书要求，准备好要提交的论文：《古代四分术的推演与应用》。还是依旧通过王女士与辻正二教授联系。

还是按照计划书的安排，九月底，邀请函及有关需要的材料由日方发出。我们这边，王女士过了国庆长假收到后就送到了我手里。余下就是办理出境手续的事情了。

2009 年 12 月 9 日

# 东行散记（二）

对于要去日本的出境手续，我一直心存依赖，希望懂得外事活动的王女士一同办理，她年轻，就不由我亲自去跑了。事实恰恰相反，心存依赖反而让事情办得很不顺利，差点影响整个行程。主要原因还是我把事情想得太简单了，几十年都生活在一元化的领导下，以为学校党委同意，就可以走了。

王女士送来日本方面邮来的函件，共四页，包括邀请函、邀请理由书、身份担保书、逗留期间的行程安排。虽是日文原件，大体还能明了。王女士说，因为学院不同，得从所在学院办理。那意思是说，她不能代劳了。

我已经退休多年，身份证件在退休处，从这里出去似乎“名不正”。此前，我长期在人文学院任教，至今还在担任研究生教学任务，出境的起点应该是人文学院。我得自己给人文学院领导写报告，申请办理出境手续。这已经是十月中旬了。下旬，还要跑学校、教育厅、省政府这几个地方。其间，学校外事办发来若干需要填写的表格，一个电话打来，要自己去取，填好还得自己去送，往返不下十次吧。老实说，心里很烦，又很无奈。这不过是行政上的手续，还有党委系统的关卡，需要办理保密担保，证明你出去不泄密。就是学术文章也不得泄露学术秘密，也要人文社科处担保、加盖公章。社科处办理此事的正是住我8楼的小杨老师，他已提升为副处级干部了。一连填写四份，他手都写酸了，感叹道：“要是先写好再复印就好了。”看来，他也不胜其烦。这样东折腾西折腾，十月份不知不觉就过去了。好在，学校设立有外事办，教育厅、省政府这些地方就由他们去跑啦。我仅仅还是在校内的往返穿梭，一千米的范围，权当走步健身。用阿Q精神自我解脱，实在是无奈又无奈。

王女士已明确是随行的译员，就应该同时办理相关手续。正常程序是，将各自的材料会合在校外事办，由校外事办再到省外事办办理护照与签证。

我的材料，11月8号星期一由省外事办受理，寄往重庆，重庆有日本领事馆，可以办签证。王女士的材料 8 号上午被退回，我催她下午亲自去办。她下午给学生开会，让小毛代为办理。小毛没有办成，王女士只好 9 号亲自去省外事办。我告诉她，这是依赖造成的被动啊。我本计划 18 号出发，只剩 9 天时间，无论如何来不及。王女士的材料，省外事办要她自己特快邮寄。

贵州省外事办是将护照等邮发重庆一个代办处，代办处再与日本领事馆交涉办理。王女士通过内线了解到，我的材料星期五到了领事馆，得等下周一办理。她决定亲自去重庆，取回签证。王女士乘坐夜班火车，星期二上午到领事馆，领事要求有省外事办的认可书，才发放签证。这可苦了我们的王女士。她在重庆打电话告诉我，她对自己的签证能否拿到毫无把握，甚至已经失去信心，但无论如何得将我的签证取回，希望我能成行。日本方面也在询问我们何时出发、何时抵达。他们经过一年的准备，海报、宣传画、资料都一一完成。要是我们因签证去不了，影响就很不好。我这时也意识到问题的严重性了。王女士在那里真是叫苦连连，签证没有到手啊！

挂掉电话后，我上午就到校外事办写“紧急办理签证申请书”，由校外办传真省外办，再由省外办传真到重庆。下午王女士得到领事馆工作人员的协助，终于拿到签证。我们都感到轻松了许多。

2009 年 12 月 15 日

# 东行散记（三）

11 月 18 日，是个出行的好日子，可已经来不及了。17 号深夜王女士才回到贵阳，还得凭签证办理出境机票，出行就只得 19 日了。

头天就约定，19 日上午 10 点，校外事办朱师傅开车送我们到机场。我们等到 10:20，才从学校出发。去上海的飞机是 11:30 起飞，常去机场接送的朱师傅都感到时间太紧了。他送我们到了机场，仅仅剩下半个小时。他本已离去，又走回我身边，不无担心地说：“登机前给我个电话！”我不解地问：“什么事？”“上了飞机我才放心啊。”

还算没有迟到，走到登机号码牌前，我回朱师傅一个电话：“马上登机啦，放心。”谁知，一直就没有登机的广播。还有十分钟起飞，播音员才说：“去上海的 MU5430 航班乘客请注意，飞机有故障，正在检修，请等待。”我们只好找个座位坐下并且耐心地等待。此前，王女士在窗前看到飞机在装载行李，还指望按时起飞，偏偏就出故障。我心里明白，今天就不会顺畅，出门已经迟到，现在又是飞机故障。更担心一路耽搁下来，上海转机的时间不够，赶不上出境的东航航班。经过几次“请等待”的广播，13:20 我们终于起飞。差不多两个小时后，我们出了虹桥机场，接着还得赶往浦东国际机场上飞机。王女士说：“搭出租车肯定赶不上，就乘坐机场班车。”我已无心看表，上了开往浦东机场的直达客车。往浦东走，一路上车水马龙，车子多排并行，慢慢悠悠，急死人。问驾驶员，他回答：“正常情况，一个小时到。”现在堵车，当然是不正常情况了。急也没有用，顺天意吧。越往前走，分流的车子越多，道路越通畅，司机就毫无顾忌地加大油门，明显提速。到浦东国际机场二号航站楼，还是只剩下半个小时，实在玄乎。验票、存行李、查签证、安检，也还井井有条。很快到了登机口，就等上飞机啦，王女士说：“提心吊胆！”我说：“有惊无险。值得好好写篇文章。”她说：“我要看咯。”

夜幕渐渐拉开，上海的夜色确实早，东航 MU1531 下午 18:10 起飞，机场内外已经灯火通明。我们开始了真正的“东行”，而且是夜航东行。一整天的担忧，现而今该把一切置于脑后，放松放松啦。下面是海，上面是天，窗外黑魆魆的，什么都看不见，那就闭目养神吧。

晚上8点多的样子，飞机已经进入福冈市上空，机身明显向下倾斜。从窗口看出去，下面万家灯火。越往下降，灯火渐次明亮起来。飞机准点降落，夜航也就两个半钟头吧，我真正体验到，日本是我们一衣带水的近邻。

下飞机，出机场，空港检验证件，在签证上打上一个印章“有效期三十天”。我怔了一下，“三十天！”想都没想过。走出大门，远处一个竖立的灯光招牌，上面写着“清香園”三个规规整整的汉字，这一下子就拉近了我的心理距离，我恍惚置身在国内某个陌生地域。除了口语交流不便，此后几天，我对日本也就并不生疏。“清”“香”“園”，踏上日本见到的这三个汉字，是异国他乡给我的第一印记，将永远刻印在我的心里，那是字迹清晰而又实实在在的方块汉字。

一切由王女士安排，门外就有出租车。

已是晚上九点多啦，我们得乘新干线到山口。福冈的博多站是新干线通往东京的起点，地处市中心，从夜市的灯火辉煌与熙攘的来往人群也可以明白。博多，古老的名字，那是一个小古国的国名。这儿靠近朝鲜半岛，早年的中日交往，都是通过朝鲜进入日本，博多就是前沿。博多湾、博多港，至今还保留旧有名字。中国的农耕技术、汉字、织布机，也都是从博多传入日本的。隋唐时代日本一批一批的遣唐使，也是经朝鲜、博多将佛经带回。日本最早的禅寺——圣福寺就在市内。在博多，曾经发掘出一块金印，上面镌刻“汉委奴国王”五个篆字，已定为日本的国宝。委奴，即倭奴，当是汉王朝对倭奴国的认同，封赠国王以金印。委奴的音变，就是博多。博多，那确实是古代一个国名。发掘金印的志贺岛上建有金印公园，显现的是日本人对文物的珍视与维护。

按照我原来的计划，18号出发经上海，当天到福冈，停留一天，领略博多文化名胜的中华元素。博多，是一个值得停留的地方。我不得不带着深深的遗憾进入博多站，上了新干线的列车直奔山口。再见了，博多！

2009年12月19日

# 东行散记（四）

新干线，就是我们说的高速铁路，时速高达两三百千米。王女士学日语，对日本历史非常熟悉。她说，新干线是日本赶在1964年东京奥运会前兴建的。

晚上9点半，我们在博多站乘上开往广岛的那趟新干线列车，中间经过几站，在新山口下车。出站就乘出租车直达山口市内的汤口温泉宾馆，那是主人早就预定的住宿地点。夜已深沉，我们拖着行李箱从宾馆大门进入，比起已经沉寂的街市，大厅内还是灯火明亮。王女士询问服务生山口大学给我们预定的房间。经查，房间预定时间是20号、21号两天，那是明天、后天，今天得我们自理。

服务生告诉我们，只有两个房间。王女士说，那就住下吧。一间房价，服务生说，一间8600日元，另一间17600日元。王女士很客气地说："张老师，你住好的吧。"她是尊重我，住豪华包间，她住标准间。我想，已经夜半，离天亮也就五六个小时，住什么豪华间？一万七、一万八，接近两万。王女士知道，我身上的日元也就两万，住一宿，就身无分文了。不行，我下了决心。王女士与我商量，换一下，她住贵的，我住标准间。我说，你也没有必要嘛。实则"己所不欲，勿施于人"。我的办法是我在大厅里看书，几个钟头，很快就过去了。

年轻的服务生见多识广，看到我们很为难的样子，明白是"住不起"。就主动给我们联系附近的宾馆。他的台面上有市内各家宾馆的电话，他不厌其烦地多处接线。有家宾馆正好有两个房间，服务生觉得距离远，夜深没有出租车，无法出门，不合适。最后联系到附近一家小旅馆，还有一间，4300日元，问行不行。当然只有我去了。还好，服务生很友善，愿意给我带路。出侧门，右行20米，再左拐20米，就到了。二楼的灯饰招牌，有汉字"多福"，就是多福旅店吧。我明白，这就是民宿，或者叫家庭旅社。在中国很多地方，民宿而今也是时兴的，陈设简单，干净舒适，价格低廉。当然，4300日元，折合人民币就三百三十多元，一个内地大学生一月的伙食费。比起宾馆的八千多，算便宜了一半。这就是高消费社会的所谓低廉。我暗自庆幸，节省日元一万多，且还有机会领略日本家庭旅馆的风情，真是一举两得啊。

沉沉深夜，换上拖鞋，踏上木地板，进入简洁的家庭旅社。这里没有桌椅板凳，空空的实木地面，空空的四壁，反而显得宽大。店家带我上楼，指明公用洗手间、盥洗室、温泉浴池的位置。睡房是一大间，纸糊的推拉门，地铺，灯下一茶几，有茶具备用。我陡然觉得口渴极了，也顾不得茶道不茶道，一气牛饮了三杯。环顾室内，茶几上一吊灯，地铺上一吊灯，吊线就是开关。角落里是饮水机，旁边有衣帽架。就这么多了，这一切给我的感觉是：空旷、简洁。

我有些兴奋，竟毫无睡意，不如下楼泡温泉？我换上主人备好的长衣短褂，系上腰带，入乡随俗，一副日本人打扮，自己也觉得好笑起来。推拉门没有锁扣，带上门，我还在疑虑安不安全。四下静极了，隐约可听到睡客轻微的呼吸。我顺着窄窄的楼梯轻轻地下到浴池，独自一人尽情享受天然温泉，身心放松，妙不可言。到此时，我才感到外出旅游的快乐。人生三大乐事，其中一说是：闭门读书，开门迎客，出门寻山水。走出家门，寻找山水之乐，看来是不能忽视的。

在干净整洁的民宿住一夜，醒来已是大天光。看表，才八点过。楼上、楼下还是静悄悄，没有丝毫声响。昨夜分手时已经约好，九点到宾馆会合。温泉的感觉实在好，我决定还是去泡温泉，权当洗浴。夜宿的客人已经无踪无影，一栋房子就剩下我一个孤客。昨夜进门，右边鞋柜里皮鞋、运动鞋几乎塞满，我走出来一看，此时鞋柜里就只有我那双黑皮鞋在静静地等候着我。我在楼下找到主人，打个要离开的手势，他马上鞠躬致意，我也向他鞠躬道别。

多福，值得记忆的一宿。走出街口，我很留恋的再次回头张望。第二天一大早，我特地到街口给多福旅馆拍摄了一张照片，权作永恒的回忆。

2009年12月28日

# 东行散记（五）

20日早上9点，我从多福旅店走到宾馆大厅，王女士已在那里等候多时了。原来，日本使用的是东京时间，比我们的北京时间提前一个小时。王女士的手表在福冈就换上了东京时间，我还是依旧用北京时间。我们虽说约定9点会合，而各自理念不同，怪不得她久等了。记住了时差，我也就懒得再拨动时针了。

汤口温泉宾馆是市内很有名气的高档宾馆，共12层，住房多是网上预定，预定还可以打折。从进进出出的宾客看得出来，入住率相当高。正门、侧门都是自动玻璃门，大厅看起来宽敞明亮。坐在大厅里还可以看到玻璃门外的街景。山口大学方面早已给我们办理了预定手续，宾馆也安排好了我们各自的房间。我将行李箱送上8楼823房间，出门算是有个“窝”，心里也踏实了。

匆匆走出宾馆，听由王女士安排。她要去山口大学会一位留学的女同事，也是我们贵州大学来的。我当然得陪同。好在那姓杨的在读博士的先生，我是很熟悉的，是贵大法学院一位副院长。就凭这一层，我也该来看看。这是私人交往，也就相当的放松。权当早上的散步，且王女士说并不远，也没有想过打的。

出宾馆大门向左不过两百米，转弯一直走下去，远山之下就是山口大学。我走在这条笔直的大道上，很注意街面上的陈设与汉字招牌。这儿没有喧闹声，四处干净、整洁。两边的民居，多是一楼一底，门前侧边的空地往往有汽车停放，周边种些花花草草，绿色透出可爱的生命气息。我们经过穿城而过的一条溪流上的大桥，秋后的溪水清澈见底，地图上标识此地叫“坂川”，这就令我惊异，工业化百余年的日本城市之内，居然溪流清清。

再往前走，骑自行车的年轻人渐渐多了起来，王女士说，这是到大学听课的。日本的大学不建学生宿舍楼，包括留学生，全是走读。学生都在附近的出租屋租借民居读书。街边上时不时就有招租的店主人的招牌。自行车就是他们的代步工具，价廉物美又没有污染。

大学没有校门，开放式的，草地的前沿，一块横卧的大石上刻着四个汉字“山口大学”，相当醒目。我这时才想起，应该拍张照片。没有出门带相机的习惯，只得留下遗憾。王女士说，明天来照啰。

我们在校园路边等到了骑自行车来的杨女士，他乡逢故知，两位女士乐不可支，格外兴奋。杨女士带我们到她的研修室，已经有另一位男士坐在电脑桌前研修，杨女士介绍了我们，他自称“山东来的，姓李”。我递上名片，自报家门。他告诉我：“有两百多名中国学生在这里留学，我也看过时间研究所张贴的宣传海报，您张先生在国内是很有名气的。”电脑如此普及，只要点击百度、谷歌，没有什么不清楚的。山东李生，肯定从电脑里获取了有关我的信息。

既然来了，我就与两位女士到时间研究所拜访，也算是报个到。时间所在校园的左后部，一座五层的楼房，在校园里就算高建筑了。前面是斜坡绿草地，樱花树在四处静静地站立着，没有接待任务，也就不展现灿烂的笑容。杨女士说，要是春后，樱花盛开，这儿就会很美。我们走下草坡，辻正二所长已经在大门口等候了。所长正带人布置会场，一位中国留学生上前与我们亲近，也是异乡会同胞吧，热情而主动地介绍他是从河北来的，是辻正二教授的学生，接着就去忙他的了。杨女士告诉我，布置会场是计报酬的，算是打工。不管怎么说，凭劳动挣几个钱，减轻负担，是值得肯定的。我们在会场门口看了看，寒暄几句，唯恐搅扰，就告辞了，因为下午还有一个正式的见面会。

回宾馆的路上就轻松多了。街道两旁还是那么清静，没有喧闹。在我们中国的城镇里，处处感受到欢声笑语，也感受到人满为患。清静，这当然与山口市偏离交通线有关，也与整个城市的布局有关。

下午，宾主双方的见面会就在宾馆的四楼会议室举行。其实，中午 2—3 点，主人已经着手准备会场时，我还在 8 楼卧室的梦乡呢。一切按预定的计划时间表执行，各司其职，主人办事就是井井有条。山口大学时间研究所有 8 位本职、兼职人士到场，算是时间所的全部人马。邀请的学者及翻译共七人，相对落座。座中，韩国学者崔吉城先生长期在日本任教或兼职，不存在语言障碍，只有我和我的台湾同胞陈瑞贵不懂日语。辻正二所长致辞后，示意我们的王女士翻译。王女士的中文的确到位，声调优美，字正腔圆。读博士学位的杨女士上午就曾赞美她日语说得很大气，适合官场应对，王女士自己也承认，已经形成了个人的日语风格，改不了。下午的会议，辻正二所长每每总是请王女士翻译，让其他的两位女译员冷落，自然是出于他的鉴赏能力。王女士的表现也让我倍感光彩，我们同是中华儿女，又来自同一所大学啊。

从主人开始，每个人都有自我介绍。接下来，主人致辞，客人有答词。我选择了简洁铿锵的汉语句子，注重两两成对，以体现汉语的文风，加上王女士完美的日语翻译，获得响亮的掌声。

自由发言、自由交流阶段，我结识了很多新朋友。帝京平成大学的中村士教授，就在我的左边入座，交流自然从他开始，交换名片后，我向他赠送了两本书：《古代天文历法讲座》《汉字解读》。山口大学人文学部坪乡教授走了过来，他是时间所兼职教授，也算主人之一。通过王女士的翻译知道，他研究中国少数民族人文风情，到过贵州，也到过贵大，他表示，明年还要到云南、贵州走一趟。我真诚欢迎他到贵州与他再次见面。来过贵大的森野，他是大学院东亚科的副教授，原来也是兼职。坐我正对面的是年轻的教授明石真，是时间所仅次于所长的二号学者，我们彼此示意，算是心领神会。交换名片，就成了朋友。

五点半，准时“终了”。有人提议合影。以辻正二所长为中心，大家散漫地靠拢，合影留作纪念。

六点钟准时就餐，由宾馆餐厅将分餐式的饭盒、小火锅、小菜碟摆在会议桌上，边吃边聊，彼此已毫无生疏的感觉了。

2009 年 12 月 31 日

# 东行散记（六）

正式的见面会及内部交流之后，就只等明天的对外报告会了。我们得按主办方要求充分准备。报告会的主题明确是“东亚历法与现代化”，我上半年提交的论文《中国古代四分术的推演与应用》就是配合这个主题写的。“东亚历法”当然指的是中国古代阴阳合历（即农历），它的早期就是战国初期行用的四分术殷历，经秦汉到三国的蜀汉，使用近七百年。它的基本数据是回归年长度 365.25 日。这就构成了两千多年中国古历的基础。不明白四分术，就说不清“东亚历法”。历法是“数”，是年、月、日的有规律的安排。没有找到年、月、日周期之前，人们只能“观星象、授人时”，那是人类早期一个漫长的时代。找到日月星辰的运行周期，有“法”可依，历术就从室外观象进入室内推算了，这是一大飞跃。说得明确些，历法，就是推演之法。不掌握历术的推算，永远是个门外汉。所以，一开始我就将四分术推演放在核心位置。四分术的天象依据 365.25 日与实际数据 365.2422 日还有误差，只要解决并纠正这个误差，古代四分术到今天还有使用价值。我在论文中列举了几个实例，显示四分术的无穷生命力。

文章发往日本山口，正二所长后来发函说，经高木教授审读，认为学术性很强，在日本也没有几个人能读懂，听报告会的听众都是广大市民，希望通俗浅近些。还要求缩短文字，减少一半甚至三分之二，因为翻译成日文、韩文，篇幅就太长了。不得已，我保留了四分术推演方法，删掉了“应用”那个部分。山口大学将五位报告人的论文用日文、中文、韩文三种文本汇总成册，参与的听众人手一册。我的论文标题还依旧是“推演与应用”，而读者只能看到推算方法，这也算符合我介绍古代中国历术的初衷。

主办方要求“通俗浅近”，这让我作难。我确实有曲高和寡之叹。老实说，要大众化，就会是大空话，大废话，没有实质性的内容，就谈不上学术交流。好在行前我收到珠海刘明武先生发来的他的两篇论文，内中就有古代观象授时的许多文献记载，我当然对此也不陌生。如果要“通俗浅近”，这些材料正可利用。再说，推算方法也不便在报告会上展示。我决定放弃照本宣科，不宣读已经印好的论文，而是重组文字，现场发挥。晚上，我拟好提纲，由王女士译成日文输入电脑，便于屏幕上显示。

21日星期六上午，学校派来面包车到宾馆接我们去报告会现场。王女士着装朴素，上衣是杏色小西装，回云纹路，与深色下装反差极大，对比鲜明。各位嘉宾都是西装革履，唯有我身着黑色唐装，刺绣花纹清晰可见。20世纪80年代后期，我外出参加国际学术讨论会，也曾准备过一套西装，到会上一看，学者们穿着都非常朴素，我也不便显露，从此再也没有想过穿什么西装。这次是休闲服出来，走之前一朋友建议我着唐装布履，凸显中华传统文化，言之成理，我就照办了。我是一个很随和很随便的人，穿着也并不讲究。唐装是早些年就有的，只在春节期间外出作客穿过一两次，并非是要到日本专门去的唐装。王女士好眼力，说“质料还不错”。时兴唐装的时候，我的一位亲戚买料给她先生自做一件唐装，结果不合身，给我一试，巧得很，我就留下了。

车子开到研究所大楼前，我们在进门的厅里稍事休息，主办方给各位嘉宾佩戴一枚红色的花朵，飘带上标有各自的姓名。步入二楼会议室坐定，有山口大学校长（日本称学长）丸本卓哉、副学长西田辉夫到场与大家见面，主办方只有辻正二所长一人。译员还是我们的王女士。这就是校领导的接见。时间不算长，主人就招呼合影。下楼来，一位叫黄鸿坚的先生主动上来搭话，他是台湾人，兽医学科教授，在山口大学负责国际交流，算是中层干部了。他也陪同主宾方一起合照。学长、副学长、辻所长佩戴白花，算是东道主标志，在前排落座。两边是四位嘉宾，三位译员与黄教授在后排。我身边是韩国崔吉城先生，他年纪比我还大，我自觉地就靠边了。

中餐就在二楼会议室，学长、副学长与大家共进午餐。食用的饭盒很精美，吃了些什么似乎并不重要了。

报告会场就在楼下，有三百来个座位。十二点半开始进场。一点要准时开会。我们的女博士杨女士也来了，我们三个干脆就到第一排左边落座，王女士要操作电脑，我要上台，前排自然方便些。我把相机也给了杨女士，希望她拍些照片作纪念。

进场的听众稀稀拉拉，并不踊跃，看来人不会多。我对杨女士说：“人这么少？”她说：“全凭自愿，不兴动员。”在国内，学术交流，会议厅总是满满的，甚至走道里、厅堂外面都是听众。辛辛苦苦筹备一年，怎么如此冷场？我大惑不解。到报告会开始，听众也就五十人上下吧。

不管人多人少，一点整准时开始。校长首先致辞，就十分钟吧。接着过正二所长讲演。所长的报告，肯定过去“在东亚，中国制定的传统历法得以普及”，明治维新后全盘西化，明治六年采用了格里历，公开否定中国太阴历、太阳历。而今，“仅以美国文化做准绳的全球化不可能完全支配世界”，因此，不可忽视自古以来就交流不断且形成的东亚文化圈，应该加强东亚文化交流。我们肯定过正二先生的思考，这也是筹备一年的“东亚历法与现代化”的主旨所在。

帝京平成大学中村士教授就日本明治维新之前时针与时刻制度作了介绍，内容有从中国传入的漏刻仿制而成的日本水时钟，西洋机械时钟的传入与日式时钟。虽无新意，也还是属于时间学研究的范畴。

给我的时间就四十分钟，我只能举其大要，介绍古代观天象的种种方法，着重讲述“立杆测影”的意义所在。历法在观测天象之后产生，在这个基础上升华出许多哲理，如阴阳的道理、天人合一的道理、五行的道理。着重就五行学说在儒家经典的诠释、中医的辨证施治、命相术的理论依归三个方面作了阐述。王女士操作电脑，日文摘要现于屏幕。听众未必能听懂多少，反正我中气饱满，用铿锵有力的汉语短句表达，自我感觉良好。走下台来，杨女士第一句话便是“讲得好极了”，我想，不懂中文的人也许不会有这样的感受。

休息十分钟后，还有其余两位学者的讲演，每人也只给 40 分钟，只能少，不能多。韩国崔教授讲的是“韩国神圣时间的世俗化”，介绍韩国的节日文化。来自台湾的陈教授的意思，工艺科技因素在改变时间观，今天的历法将成为历史遗产，未来或许是一个没有今天所认知的“历法”的社会图像，未来时间的价值取决于个人的感觉以及运用时间的态度，只有个人的时间观（历法），没有某一个特定族群、社会、国家或全球共同认知的历法。陈教授的观点我实在不敢苟同。他是研究未来学的，未来的社会究竟怎么样，只有随他说了。

学术讲演结束，还有一个小时的讨论会。实际是就过正二教授的“东亚文化圈”各抒己见。过正二教授首先致辞，表达观点，希望听取大家的高论。我明确回应，中华传统文化的回归是大势所趋，它将影响东方，也将影响世界。事实证明，两百年来的西方工业革命有得有失，最大的过失在于破坏了人与自然的协调，破坏了人类的生存环境。中华传统文化的核心是人与自然和谐，人与人和谐。

不管怎么说，过正二教授提出了一个十分严肃的问题，也本是未来学应该提出的问题。

2010 年 1 月 10 日

# 东行散记（七）

此次东行，我认识并结识了一些学术界的朋友，值得回味。辻正二所长就不说了，他自始至终都热情友善，也深谋远虑，思考着人世的前程，思考着未来社会的走向，他是一个有远见、有责任的文化人。他发起的这次“东亚历法与现代化”国际学术讨论会就足以说明问题。他理所当然地受到尊重，受到会里会外人的尊重。

先说校长丸本卓哉吧。他彬彬有礼，谦和慈祥，小会见面、大会致辞，都体现一位长者、一位尊者所具备的宽厚的风度。没有一丝官僚派头，更像一位涵养深厚的学究。从丸本校长的致辞看出，他是真诚支持时间学的研究，支持辻正二所长回归东亚文化圈的构想。这与当今日本首相鸠山由纪夫提出的“东北亚共同体”的主张合拍，这也符合日本社会主张中日友好的大潮流。丸本校长与辻正二所长，都是很明智的文化人啊。

就在我的讲演结束之后，休息十分钟，我到了会场后庭。一位日本学者到了我的面前，递上名片，用熟练的中文与我交谈。他就是文学部教授高木智见。他在山口大学中国哲学研究室任职。他说，已经有了我的几本书，比如《逸周书全译》《铜器历日研究》，5 月份在上海又买到《古代天文历法讲座》，有的地方还没有读懂，希望交流云云。中文交谈，自然地亲近起来。我忽然想起，他就是辻正二先生早在邮件中提到的“高木教授”。我的论文就是请他审读的，他从事中国哲学研究，中文功底自然很好。我暗自高兴，今后与高木交往就没有任何障碍了。回国后，我们已经通过电子邮件联系了几次，今后还会继续学术交流，增进中日友好。

讲演与讨论会结束，校方有一个丰盛的晚宴。地点在学生食堂饭厅，明确每位参加者收费 4000 日元。4000 日元，相当于人民币三百多元。我们是佩戴红花的宾客，自然享受免费。我看到一些从外地赶来与会的学者一个一个缴费就餐。自助餐，各取所需，各取所爱。宾主举起葡萄酒杯，一位副校长简短致辞后，我们走向餐桌取菜。边吃边聊，一位三十岁左右的年轻人走过来，递上名片，我一看，“康在悟”。他是针灸医生，在大阪开了个治疗所。自报是韩国人，到日本多年，对中国“五行学说”很感兴趣，希望交流学习。看来，又是一位对中国文化有兴致的年轻人。他是特意从大阪来的。

宴会快结束时，一位身材修长、四十岁左右的学者找到王女士走到我身边，希望请教一个问题。名片上的名字是“细井浩志”，他是活水女子大学文学部历史学研究室教授。他想弄明白什么是“破章法”。他还指出所发讲演论文集41页翻译中一个重要数据的错误。一年365.25日，日文译成“362.5日”。这说明他并不马虎，但也说明他不谙中文，后面中文49页“一年：365.25日”写得清清楚楚。章蔀是四分术很专门的术语，76年一蔀，19年一章，各有周期性规律。不按章法的运算，就是“破章法”，本来简单。至于怎么运算，那就不是三言两语说得清的。每一种历法，为追求准确，都在变动运算公式，各有不同。我只能尽力给他解释。

晚宴之后，就地交流，大家合影留念，我也乘机照了几张。时间所的主人们始终陪伴大家，直到曲终尽兴。

车子送我们回到酒店，一同上到八楼的是台湾同胞陈先生，他就住我隔壁821房间。我们相约到顶层露天池子泡温泉。他们明天上午离开山口，经博多原路返回。

2010年1月16日、17日

# 东行散记（八）

去过日本的几位朋友告诉我，到日本一定要去京都看看。我在最初的行程中就把京都作为第二站，经由京都到东京，算是一次由西到东的旅游。计划只是计划，没有译员的陪同，去哪儿都不行。王女士还有另外的任务，她本是要先去广岛大学然后再去东京农工学院的。我们只得折中一下，在山口停留一日，王女士可以利用在温泉宾馆的两个晚上处理事务。我放弃京都，她放弃广岛，而后一同到东京，她送我到成田机场先期回国。

忙了两天，也需要放松放松，山口也确实值得停留。22日一早，杨女士骑自行车从山口大学方向来到宾馆。她要带我们去山口超市购物。来一趟日本，总得买点什么吧。我并无具体目标，而两位女士是有备而来，女人到超市总是舍得花钱的。我们先走出市区，然后坐出租车到一个叫“Youme”的超市。这里可热闹啦。杨女士告诉我，商业区都设置在城外，怪不得市区那么安静、那么休闲。女同胞的首选当然是化妆品，她们带我直奔化妆品柜台。她们极力夸赞日本化妆品的物美价廉，我说“只晓得安利还不错”，她们直说“差远啦”。反正我一头雾水。这些年，韩国、日本的化妆品在中国畅销，孰优孰劣，我并不在意。我没有购物的任务，也没有消费意识，纯粹是“陪公子读书”。王女士大买特买，推车里装得不少。她有个小女儿，当母亲的自然操心，很多吃的用的都是那个千金宝贝的。杨女士顺便在超市给我拍照，打发时间。

事先杨女士就考虑好了，中午就在超市对面的中餐馆吃午餐，她要做东。那怎么行？作为男子汉，我是决意要买单的。出大门不远，就见大招牌“四川王将”四个汉字，虽是平房，但字很显眼。店面不大，生意兴隆，还得稍事等待才有座位。我们按照日本习惯，分餐制，各要一份。王女士要的是四川手拉面，我本无目标，也跟进一份手拉面。待到端过来，才发现清汤寡水，不麻不辣，毫无川味，“手拉”也是假的。我索性再要一份麻婆豆腐，就是想欣赏四川王将的四川味，结果还是失望。就这么简单一餐，结账居然是3000日元。怪不得杨女士见面当天就对王女士说，生活又贵又不习惯，油水少，剐得很。我今天也深有体会，花钱不少，也是“剐得很”。

在四川王将由杨女士与辻正二所长约定，他下午陪我们游山口名胜。我们还是到Youme超市等待。超市有五六层楼，顶楼两层都是停车场。我很感意外，我们那儿多是地下停车场，没有停在顶层的。小车由顶层下来，路还是显得陡峭了点。

辻正二所长的白色轿车差不多穿过了整个山口市区，开到城北的五重塔。山口是座古城，1360年仿照京都建造的，有“小京都”之称，与东京对应，又称“西京”，街道规规整整，清爽洁净，名胜古迹众多，是日本很出名的旅游城市。下榻汤田温泉宾馆的诸多旅游团体证实，山口的确具备小城风光的独特魅力。市区仅有十三万人，是日本43个县政府中市区最小、人口最少的一个。虽然幽静休闲，还是透露出昔日的繁华。五重塔是日本的国宝，高三十多米，虽是日式建筑，也兼有禅塔特色，1442年建成，至今已有五百多年的历史了。池塘清澈，水里的红色、黄色大个头金鱼成群地戏游，与五重塔一样傲视它久远的存在。池塘前路边有“画圣雪舟”的塑像。我们在池塘前留影，塔身左右四季常绿的林木郁郁葱葱，其间夹杂秋后泛红的枫叶，别是一番风景，虽不鲜艳，却更显秋末的厚重。到过日本的王女士说，日本十一月是最美的。天公作美，我们这两天的确过得很惬意。

顺着塔前小道走，不远就是琉璃光寺，正门横匾题字“保宁山”很是气派。寺庙香火还盛，到山口一游总得来寺庙敬香。日本和尚也会敛财，一座寺庙里居然有四处生财之地。进门左手有一眼泉水，洗手许个愿，得投币表示诚意。日币有100元、200元、500元大币，也有10元、20元、50元小币。水池里堆叠的多是100元、50元硬币，也有500元的。正前方庙里面跪拜的信众，自然少不得捐钱。右边上下还有两处收钱的，有一处是手拉大佛珠，考查你的臂力，算是游戏吧，但也要捐钱显诚意。

琉璃光寺就在山下，风水宝地。门前有大内弘世公的跨马塑像，高大威严。据说山口就是大内力主建造的。周边还有日本贵族墓地，还有明治之后日本重臣的画像、纪念堂屋。其中有伊藤博文等维新派人物的挂像供奉在堂屋的二楼。伊藤博文就是山口人。从伊藤博文首任首相至今，山口共孕育了九个首相，最近的一位就是1954年出生于山口的安倍晋三。所以称山口是“日本首相的故乡”。

天色渐渐暗淡下来，我以为该原路返回了。辻正二所长却将车开到一个叫“龙福寺”的地方停下来。日本寺庙真多，市内、市外有不少的寺庙。龙福寺就在市内，周边都是街道。寺前一条不长的笔直大道，正对一座馆舍。据说这就是大内氏的馆迹。龙福寺正在维修，已经裹得严严实实，无法进去参拜。寺内的布局有点像苏州的园林。我告诉两位女士，佛家香火一般都依山而建，显示佛义的博大高深。有了琉璃光寺，市内寺庙就自然显得冷清，节假日供市民团聚、休闲而已，有如我们的市内小公园。

辻正二所长送我们回到宾馆，还答应明天送我们到新山口乘新干线去东京。两位女士有些累了，杨女士提出去泡足汤。汤田温泉已有六百年历史，应该说是建成山口后就开发了温泉。据说，一只有腿伤的狐狸来到这儿，泡了温泉，腿伤就好啦。市民受到启发，利用温泉泡足，增进健康。街边上设有十多处免费足汤，建汤池、设凉亭，市民可尽情享受。在足汤亭子旁有动物塑像，以示区别。最早，狐狸曾经泡足的地方，塑一只狐狸，意即“狐狸足汤”。温泉宾馆后面的足汤，塑像是一只猫，温顺可爱。我们泡了二十多分钟，足下热流涌动，全身通透，妙不可言。其间不断有过路男女加入。有说有笑，其乐融融。山口的温泉，山口的足汤，会让我永生难忘。

山口四周都是浅山，市区就在盆地里。盆地不大，有如我们云贵高原上的坝子。民居都是一楼一底的日式建筑。日本是个地震多发岛国，其建筑也得适应这个事实。木式结构，木板间隔，轻巧简便，安全无虞。多楼层的新式建筑，自然得有抗震措施，这在当今已经不是一个问题。尽管如此，山口的高层建筑还是少之又少，还是保持着古城镇的风貌。此行不到京都，游览了有“小京都”之称的山口，也就并不觉得遗憾。

2010年1月22日

# 东行散记（九）

今天的目标是直奔东京，住一宿，然后回国。住宿地是王女士两天前就联系好的，在东京市区中心饭田桥附近的后乐宾馆，据说是中国人开的一家旅店，进进出出多是中国人，可以直接使用汉语交流。我对“饭田桥”这个典型的日本名字产生了兴趣。“饭田”，就是田野、田园，出产粮食的地方。日本人的姓氏中往往用“饭”“饭田”，表明先祖是农耕的好手、务农的行家。“饭田”，的确很有东方文化意味。

杨女士来宾馆送行，我本想趁这个等待时间下去泡足汤，杨女士说：“十点钟才开放。”那就来不及了。王女士的行李箱装得满满的，她说：“出门还嫌箱子大，回来就嫌箱子小啦。”她经常出门，又喜欢购物，才有这样的感慨吧。

过正二所长的轿车开来，我们装上行李，与杨女士道别，就往新山口方向行驶。我们得在新山口上新干线东行。王女士办理车票，过正二所长特意在站内购物中心买了两份盒饭，送我们进站。那是给我们备好的午餐啊。感谢过正二先生的周到与深情，我不知怎么说好，“挥手自兹去”，高谊似海深。

不坐一次新干线就不能算到过日本。新干线就是电气化高速铁路，时速达三百千米。列车头设计成流线型，如子弹出壳，俗称“子弹头”，特点就是一个字——快。来时从博多到新山口是夜行，对新干线没有多少感受。今天正好中午上车，得好好体验一下。山口到东京有一千多千米，王女士说，坐新干线也就四个小时吧。沿途城镇连着城镇，看不见农村与田园。其实，日本的农村早已城镇化，政府有若干惠农的措施，农民的收入自20世纪70年代就已经超过城市居民，根本不存在农民问题。没有低收入的弱势群体，没有城乡差别，没有贫富悬殊，社会稳定就自不待言。在经济发展的同时，教育优先，国民素质只会走高。新干线在大城市设站，停留也就一两分钟，但秩序井然，没有插队，没有拥挤，反倒显得时间充裕。不能不说，国人的高素质起着决定作用。

到终点站东京时已经四点过了。王女士安排得当，我们先存放行李箱，再轻松出站。皇宫就在前面不远，自然是首选观光地。二三十层楼的高楼大厦在我们的右侧矗立，一座毗连一座，体现现代大都会的雄壮气派；前面就是绿瓦粉墙的低矮皇居，对照鲜明。这是现代化与古文明的完美结合，这就是东京。在德川幕府时期，它就是日本的政治中心，那时还叫“江户”。明治维新后，天皇从京都迁居这里，改江户为东京。皇宫附近还有“江户遗址”的石碑保存。皇居外苑有护城河，池子里一对大鹅，红头白羽，悠闲戏水，全然不顾周边众多游人的指点评说。它们毕竟给游人带来诸多乐趣，好像在说，这儿平静如水，这儿舒适悠闲。的确，远离闹市的繁华，没有都市的喧嚣，宽阔的绿草坪，长青的古树林木，我们在宫墙之外遐想，天皇夫妇在下棋、在欣赏中国书画，或是在聆听古典乐曲……天皇是日本国家的象征。我们走到了东京市中心，在皇宫前面逗留，留下行踪足迹，这就已经足够了。

我们折回东京站时，天色已晚，王女士带我乘坐地铁到了浅草。她的意思是浅草值得一游。浅草寺是东京最古老的寺院，终年游人如织。有的参拜观音，有的逛街购物，热闹非凡。我们夜游浅草，只见灯火辉煌，行人熙熙攘攘，比肩接踵，连拍照片也找不到空地。从大门雷门直达寺庙，是一条笔直的商业步行街，两边店铺林立，店面小巧，没有宽阔空间，也没有超市的货物堆积，多是玲珑剔透的纪念摆设，大有“浅草一游权作纪念”的意思。据说，浅草一年四季都要举行盛大的传统节日活动，对本地及外地游客更具吸引力，可惜，我们没有这个福分赶上节日。除了这条笔直的商业街，两边都还有街道。

东京地铁密如蛛网，从浅草返回东京站，连王女士也得问路。各路地铁各有站口，出出进进，我早已不知东南西北，唯有随她而去。取了行李箱，我们搭乘出租车到住宿地后乐宾馆。并不远，只转过两条小街，收费就是最低的起价 710 元。王女士的朋友电话告诉她，出站走路也就几分钟。路在何方？地面交通也是纵横交错，最明智的选择就是打的。所谓“后乐”，是取范仲淹“先天下之忧而忧，后天下之乐而乐”的意思，其中蕴含丰富的哲理，这又是中日文化交流的见证。

登记处的服务生日文、中文都很熟练，起初用日语问候，看了我们的护照后马上换讲中文。因为是王女士的朋友提前预订的房间，房费也就从八千多日元打折下调，收取金额写得明明白白：7045元。我的“部屋番号”是2807，电梯上去是8楼。从发放的主要景点指南看，后乐宾馆的财团法人是日中友好会馆，会馆除了宾馆，还有后乐国际大厦、日中学院、后乐寮。会馆右前方是享誉全球的丰田汽车本部，左前方是小石川后乐园，背后是小石川运动场。前面这一大片总名应该叫“后乐园”，或者叫“小石川后乐园”，包括游园地、游艺场、黄大楼等，在东京家喻户晓。我在这儿的8楼房间只住了一夜，夜里来，天不亮出门，全然品不出什么滋味。

我们决定早上六点走出后乐宾馆，路线由王女士掌控，打的到饭田桥站，转乘电车，再换车，最后登上去成田机场的新干线。怎么个走法，王女士早已经打听得明明白白，而且写成路线图给我一份。她的所作所为，体现一个女士的细心与周到，可见她绝不是那种稀里糊涂不会当家理事的女人。

海外游客到日本都是空中来、空中去，日本的空运业就相当发达，小小日本空港就有38个，东京附近的成田、羽田机场更是空运业的中心。东京到成田，乘坐新干线就要一个多小时，我们不得不起早摸黑，唯恐误点。成田在千叶县境的北部，新干线经过之处，总算看到一些收割后的农田，地上的谷桩还完好保留着，周边农舍都像别墅一般，没有杂乱、没有污秽，浅浅的青山与天上淡淡的云彩彼此映照，十分协调，显得那么恬静，一派田园风光。虽是列车上短暂的观赏，日本的农田、农舍还是给我留下了美好的记忆。

王女士带我办好一切手续，送我至进站口，她才放心离去，她还得赶回去参加东京农工学院的一个学术会议，还有几天的停留。我从心底里感谢她几天的辛苦陪伴。这几天，我毫不费神地游览、观光，从西京到东京，享受着东行日本的快乐。

我从87号登机口上了东方航空的飞机，从机舱里望蓝天白云，心里默念：再见了，辻正二教授！再见了，日本！

2010年1月28日

# 西昌纪行（一）

2008年，是我们高中毕业50年，同班的陈绪随、刘盛林热心地组织了一次聚会，地点就在母校巴中中学所在的巴中城内。那是4月底，我们十多个同学相聚三天，其乐融融。参与聚会的来自西昌的几位同学提出，两年后聚会西昌。这正是我们这次西昌之行的缘起。

春上，家在西昌的张左陈同学就开始张罗了。确定的时间是4月11日到15日，四天时间。在贵阳的同学，只有省建筑设计院的高级工程师喻以伟和我两个，与上次巴中聚会一样，我们决定结伴而行。他至今还兼职几个设计单位的顾问，退而不休，还特忙。他十号走不了，我就只得预定11号经成都转乘去西昌的飞机票，力争当天到达西昌与同学们相聚。

贵阳飞成都就一个小时，九点钟就到成都双流机场了。喻工忙着在机场内外拍照，寻找设计的灵感。等了两个钟头才登机，11点半准时起飞。成都飞西昌班次很多，八点以后几乎半个钟头就有一个航班，可见空运的繁忙。我们乘坐的是国航班机，还有南航、川航在跑这条线。就机票价格看，也说明问题。贵阳到成都，总共也就510元，而成都到西昌，距离更近，票价却是700元。这条线路是不打折或者折扣甚少，足见它的火热。

西昌在成都之南，是凉山彝族州的首府。飞机下降过程，凉山的山山水水真让人感到"凉"，荒凉、悲凉、凄凉，都一个意思吧。山是荒山，树木很少，有的坡地完全裸露，黄土尽显。河沟、河谷，难得见水，正是旱季，河床已经见底。喻工感慨："大自然破坏严重，不像样子啦。"唉，我们这一代确有需要反省的地方。

飞机顺着山势南飞，下降过程中，真让人提心吊胆，除了山，还是山，好像随时有撞山的危险。过不久，忽然眼前开阔起来，河道南下，大坝子在河谷两侧展现出来，这就是安宁河河谷平原。西昌就在这个坝子上。青山机场到了，张左陈同学在出口招手，他儿子开车直接送我们到达驻地——二月楼宾馆。早上从成都乘夜班火车先到的十多个同学在餐厅等待，这已经是中午一点过了。

旅途疲劳，我们自然要补个午觉。下午三点，按照主人安排，我们到西昌城内有名的索玛酒楼开座谈会，晚餐也定在那儿。上次参加巴中聚会的，多数都来了西昌，这次又出现很多新面孔，五十二年不见面，翩翩少年都已白发苍苍。岁月不饶人啊。

我们是 1955 年秋季进入巴中中学的。那时，通江、南江、巴中、平昌四个县，只有巴中中学办有高中部，近一千六百名初中毕业生报考，计划招生仅仅一百名，真是千挑百选。我们初中那个班，毕业三十多人，考上高中的男生也就四个，就是张左陈和我，还有两个姓杨的同学（杨大富、杨永富）分在甲班。可以说，一百学子里没有一个差生，毕竟都是各县选拔出来的精英。巴中中学本来就是全省的重点中学，教师也是百里挑一。教学管理、教学质量，在教育家蒲健秋校长的领导下，堪称一流。在这样的教育环境中，不出人才就没有道理。

我今天来到凉山，亲身感受，我为我的高中同学一生的奋斗感到骄傲，我们不愧是大巴山培养出来的精英。作为高中生，个个优秀，五十多年后，还是那么优秀。

下午的座谈会就围绕高中毕业后同学们的奋斗历程各自陈述，有唏嘘，有激扬，有喟叹，有欢笑，其中也穿插了大家关于母校很多的回忆，甚至 1958 年夏天在南充参加高考的情景也引出了许多话题。唉，真是时光匆匆啊！

# 西昌纪行（二）

凉山彝族自治州的首府本在昭觉，那里才是真正的彝乡、彝族同胞聚居地。只是山高林密，交通不便而已。1978年，州府迁至西昌，从此西昌也就日新月异了。这里是成昆铁路的中间站点，处在安宁河河谷平原上，视野开阔，有发展的空间。南北走向的铁路、公路连接着川西的许多县城，西昌以北有冕宁、石棉、汉源，直通雅安，铁路沿线有喜德、越西、甘洛、峨边，直达乐山上成都；西昌以南有德昌、米易、会理、盐边，下攀枝花，抵昆明。首府迁西昌，对凉山州的经济发展起着不可估量的作用。20世纪50年代后期成昆铁路的建设，让凉山州从封闭、贫困走向了开放、富强，西昌新城的面貌也见证了这一历史性的变化。

主人介绍，西昌号称“月城”，这儿的月亮最明、最亮。市内有许多的厅堂馆所都以“月”为名，如：二月楼餐厅、西海月酒店、月城酒楼、花月酒店、古榕月韵、月色风情、掬月台、皓月楼、月亮湾、月明楼、金月亮、月都、月华……最具影响的是月城广场，它地处市中心的繁华地段，尽人皆知。著名诗人高樱到过西昌，写出了《西昌月》的文字，很多西昌人都是记得的，并引以为豪。我的同学张左陈也乐于欣赏。

其实，远在战国之前，长江以南广大地区就称“越”，乃百越之地。越、粤通用，文献有明证。《周书·武成》记“粤若来……粤五日……”，《尚书·召诰》记“越若来……越三日……”。广东至今简称还叫“粤”。川南、凉山一带处百越之西，所以有越西县。西昌本为越城，月、越、粤同音，“月”可亲可近，更容易为人们接受，给月亮唱赞歌，也是给西昌唱赞歌，称西昌为月城，就顺理成章了。

从机场出来的路上，左陈同学看着窗外一簇一簇鲜红的花朵给我介绍，那是三角梅，是西昌的市花。起初我并不在意，只是觉得樱花是日本的国粹，牡丹是洛阳的国宝，茶花是昆明的市花，紫荆花是香港的象征，三角梅未必有什么特色。这之后，在疑惑中我渐渐对三角梅有了兴趣，感到西昌人对三角梅有特殊的感情，住家户的庭院、阳台，都以三角梅为主体；机关、学校门前长长的护栏上，缀满了鲜艳的三角梅，组成花的墙垣，十分耀眼。就是山间坡地、田间道路，随处都是三角梅。在西昌的陈联家同学告诉我，三角梅最喜阳光，西昌日照充足，最适合三角梅的生长，它一年四季都开花。三角梅色彩多样，大红的最艳丽，还有浅红的，还有紫色的，在市内外几个公园里，这三种色彩的三角梅相映成趣，高大的像乔木，低矮的像盆景，花枝爬护栏、攀高墙，花朵繁复，枝叶稀疏，高高低低，错落成花的海洋。在邛海宾馆内，三角梅花枝爬上了葡萄架的顶棚，棚顶上鲜花密布，鲜艳无比。我特意请刘文海同学给我拍照，留作纪念。有同学说，三角梅还有黄色的，我特别留意，只是没有见到罢了。一位来自成都的同学说，他曾经从西昌带回几株三角梅回去栽插，成活了，但总是没有西昌的开得好。看来，三角梅真的属于西昌，要不然怎么就成了西昌的市花呢？我也很想带几株回去栽插，同学们说，现在不是季节，要在立春前后扦插才会成活，只好作罢。

西昌地势高，海拔在两千米以上，自然日照充足，万里无云，月夜自是皓月当空，月色朗朗。这地方，紫外线也就格外强烈。我的西昌同学，当年都是白白净净，现而今脸色都变得黝黑黝黑的。有日光充足的优势，西昌的太阳能利用也给我留下深刻的印象。高楼的房顶上，都安置有太阳能设备，宾馆、酒店多是用太阳能供应热水，既环保又省电。冬天利用它取暖，原理也一样。不要说卫星发射基地，就凭太阳能利用这一点，西昌也算是一座科技新城市。

# 西昌纪行（三）

走在西昌的街头，几乎所有店铺招牌，除了醒目的方块汉字，还配有相应的彝文，这就体现彝族自治州的文化特色。政府机关的招牌，自然也是彝文、汉字一体的。根据当今学者研究，古彝文可以和甲骨文、苏美尔文、埃及文、玛雅文、哈拉般文相并列，是世界六大古文字之一，而且代表着世界文字一个重要起源。彝族文字具有图画之美、象形之美、厚实之美、灵便之美、多彩之美，是世界上其他文字难以企及的。

中华民族讲祖先，离不得三皇五帝。列三皇之首的伏羲，生于成纪（今甘肃秦安县），是虎图腾部落的首领，他进入中原，选为共主，作都于陈（今河南淮阳县），教民佃渔畜牧。他画八卦，做书契，做甲历，定四时，制嫁娶，造琴瑟，以龙纪官。礼纬称："禹建寅，宗伏羲。"足见夏代以伏羲为祖宗。寅属虎，夏代先祖是以虎为图腾的。彝人以伏羲为始祖，自称"罗罗"，其义为虎。今天的凉山彝族还"择吉日以虎为上吉"，哀牢山彝族行用以虎为首的十二兽纪日法，证明远古羌戎是以虎为氏族标志的。宗伏羲的大禹，姒姓，生于西羌（一说即今北川），治水有功，代舜做了部落联盟领袖。夏王朝开始建立。今人研究，彝族就是夏代的统治者。夏亡后，东夷的商民族进入中原，彝族退入西南大山。虽远离中原，而彝族文字、文化代代相传，至今还保有它的特色。彝族文献记载，洛书表达的是十月太阳历，河图表达的是十二月历，彝族文字将河图、洛书解释得清清楚楚。中华文化的源头在十月太阳历，这正是彝族文化的重大贡献。因为从汉文化里已经找不到这个源头了。

凉山彝族从云南昭通迁徙而来，送魂路线就是迁徙路线，这是有明确记载的。红军北上经过凉山，走的就是安宁河河谷，红军首长刘伯承与彝族首领小叶丹彝海结盟的事，在凉山已是家喻户晓。我们参观了凉山彝族奴隶社会博物馆，对彝族文化便有了深切的了解。

我们的第一顿晚餐就安排在索玛酒楼，领略彝族的饮食文化。凉山彝族多聚居山地，农作物以荞麦、燕麦、土豆、玉米为主。我们的晚餐，自然就是荞粑、玉米饼、连渣捞、土豆之类的家常菜，还有凉山特产马湖莼菜，清香可口，彝族的肉食坨坨肉也上了餐桌。按老规矩，坨坨肉是三两左右一块，煮熟捞起拌佐料而食。酒楼的老板很精明，舍不得三两一坨，象征性的端上一盘坨坨肉，类似红烧肉。好在我们并不计较，毕竟也吃不下三两一坨。席间，几个彝族姑娘还来敬酒，唱起了敬酒歌，以歌助兴，就是平常不喝酒的也不得不举杯痛饮。彝族食物没有炒、蒸、煎的习惯，肉食全部清煮，食其肉、喝其汤。餐具也别有特色，饭钵、汤钵、肉盘、木碗、木勺，都是木制品，用圆木车制而成。里外都以红、黄、黑三色髹漆彩绘，耀眼而别致，体现彝族独特的三色漆器文化。我们告别西昌前，主人就以三色彩绘的木碗、茶杯作为礼品相赠，留着做永久的纪念，可见漆木制品在凉山州人家餐桌上的重要地位。

晚饭后，主人邀请所有就餐的客人到楼下的场地上欣赏彝族的篝火晚会。客人点燃篝火后，六位彝族姑娘围着火堆载歌载舞。舞曲节奏明快，显示青春的活力。尔后就是彝族婚礼的场面，她们瞄准就餐的男青年，扮求婚的新郎，到女方家“抢亲”，女方姑娘们护卫新娘，不准小伙子们靠近，姑娘们泼水、抹黑，用篾条痛打，小伙子勇敢冲锋，直到摸到新娘的头罩，然后背着新娘上路。表演逼真，那个求婚的小伙子，脸上、额头上都被抹黑，帮助抢亲的小伙遭泼水，衣服还是湿淋淋的。大家都鼓掌欢笑。我的同学张洪一、刘文海、喻以伟带有摄像机、照相机，不停地摄像、拍照，要把彝族的欢歌笑语带回自己家。晚会结束前，彝族姑娘邀请所有客人跳圆圈舞，围着火堆，手拉手，向右踏步行进。节奏就体现在脚步的一踏一踢中。这就是彝族人的踢踏舞，也称为达达舞。我们住地附近就有达达超市，达达广场的名字就源于彝族人的踢踏舞。

# 西昌纪行（四）

到西昌，不参观卫星发射基地是说不过去的，西昌毕竟是享誉世界的中国航天城。我们到西昌第二天的行程就是去航天城。

发射基地距城区有 68 千米，坐车两个小时就能到。我们乘坐租用的旅游车，沿着市区的航天大道向西北方向行驶。航天大道是西昌城区的主干道之一，宽阔笔直，很是气派。出城后，顺着安宁河在雅安一攀枝花高速公路上向北行进。一个小时后，车子在漫水湾分路左行，进入一条老公路，路边有稀疏的民居。土坡之上，一条专用铁路与公路平行向西延伸。看得出，铁路、公路走向一致，目标一致，目的地都是发射基地。我们已经离开坝子，在山间道上前进，两边都是大山。这是事先没有想到的，印象中酒泉发射基地在广袤的沙漠里，原以为西昌发射基地至少应该是个宽阔的大坝，居然就在大山之间。路边有个叫“泽远”的乡政府，还有一所泽远小学，挂牌上明确是“冕宁县”。这就让我明白，发射基地的确切地址，应该是凉山州冕宁县泽远乡，小地名叫沙坝。旅游指南上就明确写着“沙坝卫星发射基地”。只不过，航天指挥部在西昌城区办公，发射是遥控指挥，西昌就堂而皇之地“窃取”了航天城的美名。

旅游车司机主动担当义工，帮助办理游览手续。一切都还顺畅，火箭厂房、长征三号实体火箭、火箭发射塔架、指挥控制大厅、航天科技公园、航天展馆，我们都一一游览。我们在长征三号实体前拍集体照，以记到此一游。

高高的发射塔架是航天城的主题标识。三号塔架高 75 米，有 180 度旋转平台；二号塔架高 97 米，重 4500 吨，可发射 8.8 吨重的卫星。两个发射塔架，在报纸、杂志上早就看过，而今身临其境，那种巍峨，那种霸气，还是让我们慨叹，做一个中国人真的很自豪。

航天科技公园里的两尊塑像，也引起了我们的注意。我们的祖先，四千多年前，就已经向往太空探索了，这才有嫦娥奔月的神话。明朝万户的塑像，让我们感到人类对太空的向往是实实在在的。万户的实践也给我许多的启迪。我又想到飞机，那也是航天器啊。虽然欧洲人制成了飞机，而两千多年的战国时代，我们的祖先仿效鸟类，就制作了木鸢。《韩非子》载：“墨子为木鸢，三年而成，蜚（飞）一日而败。”制作人就是墨家学派创始人墨子，一位身体力行的大师。他们是五千年华夏民族向往太空、飞向太空的先驱者，值得我们永远歌颂。

《西游记》里的孙悟空上天入地，也承载着中国人升天的梦想。作者吴承恩与万户身处同一时代，吴承恩是个理想主义者，万户则是躬行实践要亲身体验升空的伟大的科学家。从这个意义上说，万户更值得我们肯定。

航天事业，最早是着眼于军备竞赛，凸显军事实力，作为重要军事工程启动的。这里曾经是军事禁区，外人是禁绝进入的，就是军工家属也不得入内。一位朋友告诉我，有的军工家属在西昌生活了一二十年，也不知道基地在哪儿。如今航天城的开放游览，这充分显示了我们的自信与自豪。参观卫星发射基地的每个人，应该与我有同样的感受。

# 西昌纪行（五）

邛海是西昌的骄傲，不到邛海等于没到过西昌。按主人安排，我们在西昌四天，就有两天是在邛海周边度过的。西昌旅游景区很多，泸沽湖虽美，路途较远；螺髻山虽近，山高路险，都不适合老同志来往。主人考虑周全，首选当然还是邛海。

邛海南北长 11.5 千米，东西宽 5.5 千米，水域面积 31 平方千米，比杭州西湖大了若干倍，可是地处边远，“养在深宫人未识”，随着西昌的发展，世人才渐有所知。

我们在二月楼宾馆前面不远处乘坐 22 路公交车，穿过市区，在月色风情小镇下车。顺着大路下行，就到了海边。所谓的“海”，就是一个大湖，在乌蒙山区、云贵高原人们习惯将大湖叫“海”或“海子”。我们沿海三三两两自由步行，在邛海公园尽情欣赏邛海的美景。我十分欣赏古榕月韵牌楼后面的戏楼，特意登上台阶，细细品味。戏楼背靠大山，戏台延伸出来，两个马门与一排房舍齐平，融合得非常自然，古朴而典雅。戏楼左右对联也富含哲理：“千年史迹几出戏，谁能品个中滋味；百里江山一回头，我不言梦里乾坤。”我家乡的大街上就有一座戏楼，儿时，外地的戏班子来场上唱戏，我们总是要到戏楼坝凑热闹。这里的戏楼坝应该叫广场，容得下数百人。现在没有演出，显得清冷。牌楼前面，靠近海子边正在搭建临时舞台，据说“青歌赛”西昌片区近日将在这儿海选。

眼前的邛海气派非凡，水中有一滑板设置，横亘水上。左陈同学告诉我，这儿是四川水上运动学校，奥运冠军殷剑就是从西昌走出去的，是西昌的骄傲。水天一色，的确是一流的水上训练基地。国家队的队员多是从基层体校逐层选拔上去，最终走上冠军领奖台的。可惜，我们今天等不到参观运动员们的训练，无法一睹那些未来冠军的少年英姿。

主人联系好了游船，我们先后登船游海。要是通游一遍，起码得两个小时，我们选择绕半圈，只需一个小时游程。马达轰鸣，船嘟嘟嘟地就启动了。沿海走一段还不觉得，进入海心，风浪大起来，有了浪打浪的实地感受。海，毕竟是海，宽阔大气，风浪与一般水库、湖泊、江河就是不同。水浪从船头打来，算是乘风破浪；船一转弯，浪冲船帮，整个船体就摇摆起来，有人已经发出尖叫。船家见惯不惊，稳稳驾驶。看四周那些人工操作的小木船在水面上忽起忽落，的确让人胆战心惊。我是坐过海船的，知道摆动必不可免，上船已经有了心理准备。两位女同学李继莲、陈淑芳有点晕船，欲呕难呕，两位女士的先生也手忙脚乱。我们只好让船家往回走，匆匆结束游玩。整个过程也就四十多分钟吧。

沿着海边，宾馆、酒楼鳞次栉比，乘着饭前的闲暇，我们进了西昌最有名气、档次最高的邛海宾馆。主人说，中央领导来西昌，都在这儿落脚。邛海宾馆就在邛海边上，圈地一大片，四周围墙，内中花草树木，错落有致；草地花架，红绿相映；人工渠道，流水潺潺。皓月楼、烟波楼、迎宾楼……各样楼、台、馆、所数十栋。温泉馆舍自然是豪华的，露天的小池、大池白净如玉，不得不让人想到杨贵妃的华清池。这温泉之水何处来，实在叫人捉摸不透。如此天堂，邛海宾馆自然是国内，甚至四川省内各种会议的理想场所。就在近期，标语横幅显示会议不断。我看到的就有中国名酒店组织第20次理事会、中石油2010年新闻摄影工作会议、全省公安交警系统现场会。

下午，我们乘兴登上海边的泸山，她与邛海组成AAAA级风景名胜区。庙宇依山而建，很有特色，千年古柏，苍劲挺拔。凉山彝族奴隶社会博物馆就在庙宇的下面。其实，称之为“奴隶社会”是牵强的，叫“凉山彝族文化博物馆”更加贴切。

邛海公园仅仅是邛海一小部分，显然是精华所在。要看邛海的全貌，还得环绕邛海走一遭。第二天，主人安排车辆，我们就环海畅游了一番。我们先到邛海公园对面的小渔村，据说那里的烤鱼很鲜美，是一大特色，很多人就是为吃烤鱼，专程从对面的邛海公园横渡过来的。接着车到月亮湾，我们上了伸入海中的渡船码头，大海在前，我们心旷神怡。月亮湾其实就是一个傍海的公园，靠在东面，偏远一点，就无法与人流如潮的邛海公园相比。下一站到青龙寺景区，沿海公路从景区山腰穿过，景区一半在海边，一半在山上。寺庙自然居高临下。路在山腰，逛寺庙就毫不费力。青龙寺下的海湾，司机说是邛海最深的地方，深达七十米，海水就从这海湾里奔涌而出。传说海底还有城镇，似乎是下陷淹没的。那是听前一辈人说的，并无实证。我们经过观海湾，到烈士陵园，这里有年轻的丁佑君烈士的塑像。丁佑君的故事选在中学课本里，我们20世纪50年代的中学生对她并不陌生。走马观花又去了花卉博物馆、凉山民族文化中心、火把广场，主人巴不得让我们这些外地人把西昌看个够。

真正认识西昌、认识邛海，还得像不少外地人一样，在邛海边上租一套别墅，住上一两个月。这里的住房出租业兴旺发达，就是瞄准了很多外地人这样的心态。短短的西昌几天，我心底里也确实闪现过租别墅度假的念头。

2010年5月20日—21日

# 千里南昌行（一）

今年4月份，在南昌停留整整一个月。住在南昌大学，也去了周边一些地方，有不少的感慨，便想记录下来，算是留下的文字记忆，过些年还可以翻出来晒晒，回味回味。题目应该就是《南昌行》，似乎简单了点，便在前面加上“千里”二字。当然也不是“南昌千里行”，那得写出赴南昌的千里路途所见所闻。“千里南昌行”是说，到千里之外的南昌走了一遭，有些感受。仅此而已。汉语的首要特点就是重词序，词语的次序不一样，意思也就大不相同。为叙述方便，分几个题目一一写出，给未到过南昌的朋友做个导游。

2011年11月25日下午4点过，手机响起，对方说自己是南昌大学“小Ye”，什么“Ye”自然不便问个明白。意思很清楚，南昌大学国学院要给国学班高年级学生开一门课，要请我担任主讲，他们院长下个月要来贵阳，到时可以面对面交流。我只能说明白、到时候见，除此之外，真的找不到合适的话要说。电话里自然也不能啰唆，简单几句也就挂了，一切见面再议吧。此前，文学院黄海女博士问过我的手机号码，说是南昌大学方面要与我联系去讲课的事宜。我没有当回事儿，也许说说而已，就并不在意。今天果真就电话接头啦，看来黄博士真的成了此行的牵线人。尔后知道，黄女士他们在贵大人文学院读硕士的几位同学，后来多数又考上名校攻读博士学位，有两位博士毕业后已经应聘在南昌大学文学院任教几年了。他们之间少不了常有交流。至于怎么提到我，甚至推荐我，我就不便多问了。

12月中旬，星期四，我接到电话，还是“小Ye”打来的，说明天上午与国学院陈院长坐飞机到贵阳。哎呀，不巧，星期五我们同学在贵阳有个聚会，又是我在主持，不好缺席，于是我们约定星期六上午在贵大会面。

星期五晚上回来，我从网上查看南昌大学国学院的相关信息，才明白院长是程水金教授，不是“陈”；副院长姓叶，就是电话中的小叶吧。自称“小叶”，就太客气了，真是彬彬有礼。

如果三个人会面，就显得冷清，我想到贵大这边有个文献学硕士点，不如大家在一起会一会，有个交流平台，岂不更好！

星期六早上我把想法电话告知闫平凡博士，请他确定地点，还邀约中文系主任谭德兴教授，他也是文献学硕士点的领头人。我又联系了黄海博士，她正参加改卷，走不了，推荐赵永刚博士到场，她说赵也是古代文献学的教师。那就正好，一切就由平凡博士张罗了。

九点多，与程、叶两位院长通了电话，确定十点钟在文化书院会面。十点前，我与两位客人在礼堂前面的喷水池相见，一起去书院。平凡已经安排得井井有条，仁文厅座椅干干净净，茶水也准备好了。平凡在门口迎接，向程院长鞠躬，自报“在武汉大学读硕士时，听过程老师的课”。巧啊，原来有这层师生关系，那就不陌生了。都是从中文系出来的，大家无拘无束，相谈甚欢。程水金院长介绍了南昌大学国学院的创办经过以及今后的发展规划，我们感受到了昌大振兴国学的魄力。其实，贵大的文献学专业也是朝着这个方向在努力进取，目标是一致的。院长的来意明确，邀请我去昌大给国学班开课，主讲古代天文历法。我想，仅仅去上课，电话联系也就够了。千里迢迢，两位院长亲自出马，确实体现了诚意与敬意。人生七十古来稀，我毕竟七十过了，自然得实地考察主讲人的身体健康与否、思维敏捷与否，能不能承担这门课程的全部进程到结课。从这个角度讲，面对面交流还是需要的，也是必须的。

有清三百年辉煌的传统学术，由皖南肇始，传播至江浙，民国时期的南京、苏州是国学中心。抗战爆发后，武汉、杭州、长沙，是承继传统学术做得最好的几个省会城市。程水金教授在武汉度过大学本科四年，又在武汉大学中文系攻读文学硕士，北京大学文学博士毕业后回到武大任教，担任博士生导师，他的学术根基在武汉大学。这就让我们亲近起来。因为武大中文系老一辈学者，如刘博平、程千帆、黄耀先几位，都是我的师辈，他们都是中央大学黄季刚先生的弟子，章太炎、黄季刚是传统学术的传人；武大中文系的夏录先生、王庆元教授，考古系的方酉生教授，都是我的朋友，多次在国内大型学术会议上见面，亲切交流，我对武大并不陌生啊。我与程院长十分投缘，大有相见恨晚的感觉。

程院告诉我，他和叶院负责国学院，分工明确，配合默契。他只管学术，其余事务由叶院长全权处理。

交谈很热络，大家都赞许国学班的创意。

我私下对平凡说，今天由我做东，给南昌客人接风。平凡说，早就安排啦。其间，他已经叫研究生小陆去双馨园预定了餐饭。客人只有两天的停留，平凡都做了周密规划：游花溪公园、漫步十里河滩；去青岩古镇，游天河潭景区。上午、下午，谁来陪同都落到实处，我反而插不上手。只要两位院长玩得愉快，我就放心，千万不能怠慢客人，我们要尽地主之谊。平凡与我，想的都一样。

行前，有一次晚宴，黄海女博士改卷完毕，也终于到场。我有意做东，准备了两瓶茅台。平凡电话告诉我，叶院长他们执意要答谢。还是轮不到我，咋办？饭后，我提出由我安排一台车，明天亲自送两位客人去机场。晚上，我联系了贵州民族大学中文系赵宏教授，请他明天上午十点钟直接把私车开到双馨园宾馆——程院、叶院的住地，到时我在那里等候。

我们在龙洞堡机场分手，约定明年三月底我到南昌，四月份第一周就开课。按照国学院的教学计划，总计16次课，讲授一个月。其余电话联系。

飞机升空了。再见，程教授！再见，小叶院长！

2012年5月16日

# 千里南昌行（二）

## 小 序

2012年的初春，春寒料峭，阴冷而多雨，到3月下旬也很少有个好天气。按原定计划，小陆提前预订了火车票。我也想过，乘飞机省时间，可机票昂贵，两张卧铺票才抵一张飞机票，无形中省去了一半的钱，况且我们也不急着赶路。

30 号晚上出发，31 号下午就到南昌了。叶院已经在出站口等候。小车带着我们穿过城区，过赣江往西，一直到昌大前湖新校区。我们的住地是服务大楼招待所 4 楼，4011 房间。附近是学生宿舍楼，从 19 栋一直排过去，几百米远的 30 栋，已经延伸到西面的 5 号校门口了。

4 月 1 号是星期天，叶院住在市内，早先就安排好去滕王阁，整天的市内游。陪同我们的小王是程院长的研究生，正在读研二，也是国学院的助理管理，简称“助管”。小王稳重大方，和善可亲，给我留下很好的印象。

小车在市内周旋一圈，左拐右拐就到达名胜——滕王阁。进门手续都是小王办理，她真是尽职尽责。

## 走近滕王阁

滕王阁，读中学就知道的，与黄鹤楼、岳阳楼并称“江南三大名楼”。一篇《岳阳楼记》把岳阳楼捧得天高，一篇《滕王阁序》也让滕王阁天下驰名。当年的中学生，这些古文名篇，哪个不会背诵？少年的梦想就是走遍大江南北，畅游三大名楼。现在滕王阁真的就在眼前，我已经没有了幼时的激情，心绪也淡然了许多，能够细腻地审视一番，领略江南的风土人情，就是我今天的愿望。

进门的路边，竖着一个绘有阴阳鱼的指示牌，是右旋的太极图；楼阁前面的广场，由石面铺就一个几十米大的太极图，那是左旋的。左旋、右旋，一般人并不在意，事实上那是两种不同文化的象征。左旋、右旋，代表不同的生命科学意义。而今，商潮涌涌，哪个去进行文化深究呢？

抬头望去，楼基宽大高厚，阁楼矗立其上，雄伟壮观，气派非凡。六层楼阁，明暗有致，外檐飞张、内檐内敛，清晰可辨。

我们拾级而上，不愿走马观花，就请了一位导游。导游说，滕王阁经历朝兵火，几兴几废，眼前的滕王阁是1989年重建的，“瑰玮绝特”是当之无愧。走进主阁一楼大厅，高近三米、宽五米多的汉白玉大型浮雕映入眼帘，这就是明代冯梦龙写在《醒世恒言》中的“马当神风送滕王阁”的传说。浮雕左下角王勃作序的场景将我带入一千多年前的唐代，我很自然地把千古文章与阁楼糅合起来。抱厦正门，巨幅楹联是潇洒秀丽的行书：“落霞与孤鹜齐飞，秋水共长天一色”，这两句正是王勃的得意之笔，当年令四座惊叹，都督阎公为此而对这个年轻人另眼相看。其实，落霞二句是化用庾信《马射赋》：“落花与芝盖同飞，杨柳共春旗一色。”化用确实比原句高妙，令人叫绝。如果说《岳阳楼记》的名句是“先天下之忧而忧，后天下之乐而乐”的话，《滕王阁序》当然就是“落霞与孤鹜齐飞，秋水共长天一色”啦。文章千古，名楼万方。浓郁的文化氛围，把我引入一个迷离深幽的意境，尽情分享阎公的盛宴。

不屑于电梯的诱惑，我们步上层楼，欣赏二楼的画卷。大厅内绘制了一幅《人杰图》的长卷，大体也是一楼浮雕高三长五的格式，带我走进江西古代名人的圈子。王勃赞美南昌“物华天宝”“人杰地灵”，画卷借此立意，描绘了八十位江西籍的各界名人，他们在历史的长河中，为中华民族的繁荣昌盛呕心沥血，也为故乡江西增光添彩。田园诗人陶渊明，唐宋八大家中的欧阳修、王安石、曾巩，书法家黄庭坚，词曲家晏殊，抗元将领文天祥，铁路工程师詹天佑，都是我们从小就熟知的。宋代朱熹自然榜上有名，他是婺源人，理学之集大成者。同样是婺源人，我没有看到江永的名字，他是戴震的老师，清代汉学的开山祖师，所谓“江戴辉光”是也。清代的婺源属“徽州六县”，难道是这个原因？

带着不解上了三楼。明层的三楼阳光明媚，显得格外明亮。凭栏远眺，赣江的水波层次分明，江上烟云依稀可辨。外厅里一幅《临川梦》十分醒目，也是物尽其用的高三长五的布局。明代江西剧作家汤显祖有“临川四梦”，这是借用他的创作进行再创造，表现对理想社会的追求。

三楼的大厅，六百年前朱元璋曾在这里摆设庆功酒宴，犒赏三军。可以想象，朱元璋是何等威风，一副踌躇满志的帝王气派。那时应该是张灯结彩、鼓乐喧天，阁楼左右的亭子里，宽敞的地坪上，酒席一桌挨着一桌，将士们开怀畅饮，划拳行令，恨不得一醉方休。历史已成过去，而今，游人如织，帝王将帅早已灰飞烟灭，陈酒的馨香似乎还存留未散。

四楼的壁画《地灵图》与二楼《人杰图》相映，是描绘江西名山大川的。大庾岭梅关、弋阳圭峰、上饶三清山、鹰潭龙虎山、革命圣地井冈山、著名的庐山、中国第一大的淡水湖——鄱阳湖都跃然画上。

导游带我们上到五楼，稍加解说就上指六楼，又心不在焉地说些六楼歌舞演出的事，到此为止，她就与我们拜拜啦。没有导游的牵引，我们反而自在，随意观赏。五楼是明层，高高在上，是登临远眺的佳境。西山苍翠，逶迤厚重，是南昌的屏障；南浦烟云，屋舍相连，有万家城郭。回味“层峦叠翠，上出重霄；飞阁流丹，下临无地。鹤汀凫渚，穷岛屿之萦回。桂殿兰宫，列冈峦之体势。”王勃也应该上到这个高度，才有这样的感受。身临其境，我想，这里应该有《滕王阁序》原文朗诵的播放，韵味悠长，才更有文化品位呢。游人多停留于此，指指点点，念念叨叨，或相依，或拍照，都想留下美好的记忆。五楼南厅设有翰墨室，文人雅士可以提笔挥毫，写下现场感受，也许会留下与王勃媲美的名篇也说不定呢。环墙，自然是书画名家的作品，有的就出自这五楼翰墨室。

六楼是滕王阁的歌舞楼台，也是游览最高层。正中玉栏天井，四方形，缕缕阳光射入，格外明亮。西边有一古戏台，可供演出，游人尽可观赏。还不到演出时间，我们也不想等待。六楼歌舞楼台的创意，正符合滕王阁主人的嗜好。滕王李元婴是高祖李渊的儿子，贬居洪州，建滕王阁自娱。他爱绘画，爱冶游，更爱歌舞。江南歌舞艺术的发展繁荣，不能说与滕王李元婴的推动没有关系。要是在此欣赏一场歌舞演出，应该也是赏心乐事。

步出阁楼，在周边的亭台水榭中漫步，回味回味所见所闻，算是咀嚼慢咽，细细品味滕王阁留给我们的美好的文化因子。

出口处一幅滕王阁全景图标示，阁楼周边有扩展的规划，不出几年，比现有面积要增大两倍，培植花木景区，增添游乐服务设施。这是执政为民的举措，也是承继中华文化的良善之心。

滕王阁已经留在记忆里，她总是在说：今宵离别后，何日君再来？同样的，我对她也有一种不舍的依恋。

2012年5月28日

# 千里南昌行（三）

从贵阳出发前就想过，到南昌后，星期天休息一天，周一就上课。一到才知道，周三是清明节，国家法定假日，包括周末有三天假期，周四才能开课。这是先前疏忽，没有考虑到的。当然也不用我们担心，国学院领导已经安排，周一叶院长要亲自陪我们上庐山，有两天的行程。我在1968年初夏，与住校一位工宣队年轻人小殷，从湖北下九江，曾经上过庐山。毕竟四十多年过去了，除了个别景点，只留有一些淡淡的印象，有机会再去一次，何乐而不为？

## 再上庐山（上）

按约定时间，周一早上八点叶院就开着车子到招待所门口了。我和同去的小陆坐在后排，叶院的女儿叫小豫，读小学三年级，正逢假日，也高高兴兴上庐山玩一趟。

车子顺着昌（南昌）九（九江）高速公路北去，不到两个小时就到山下了。叶院说，我们走的是南路，比较平缓，这是当年林彪上山爱走的路，毛主席喜欢走险峻的北坡，那里陡峭，更具挑战。这就如同登珠穆朗玛峰，南坡从尼泊尔上，平缓；北坡从西藏上，险要。他们两人性格迥异，选择的道路自然不同。

在山下办好进山的手续，才能持票证登山。金师傅开车平稳，虽是上坡，但不知不觉中就到了含鄱口附近了。车子停得远远的，得走相当一段路程。这是要游客交费坐景区的专用车才好进去。国内景区无处不想方设法拦路收费，这似乎是中国特色。

“千里鄱湖一岭含”，岭南一石坊，四柱三门，坊中央镌刻“含鄱口”三字。过石坊，拾级而上，山脊有一伞顶圆亭，叫含鄱亭，再后是雕梁画栋的方形的望鄱亭。这是游人必去之处，向上，可北望五老峰，南眺汉阳峰；向下，可东瞰鄱阳湖，西观庐山植物园。登上含鄱亭，湖光山色，尽收眼底。远近高低，令人心旷神怡。的确是个好去处。今天的鄱阳湖，多已干涸，并非一望无涯，在眺台上只能看到水塘似的闪闪亮光。

含鄱口建有缆车索道，可下到山底，观大口瀑布，亲临鄱阳湖。索道悬在半空，徐徐而下，那真是令人胆战心惊。叶院力主坐缆车而下，让我们一饱眼福，而我却忐忑不安。正好碰上索道检修，叶院失望，而我则暗自庆幸。我疑心自己有恐高症啊。

毕竟是假日，游人也多了起来。结队登山的一拨又一拨。年轻人尤其兴奋，蹦跳呼叫，欢乐嬉笑，内心的感受需要宣泄，含鄱口也热闹起来。闹中求静，避开喧哗，叶院带我们下到庐山植物园。初春天气，新芽才开始露头，各样的杜鹃花尚未绽放，我们径直到陈寅恪先生的墓地拜谒，表达我们的敬意。

午后一点多，车子开到牯岭街上，叶院带我们走进一家他熟悉的饭店，午餐兼有歇息意思。下午的去向他是成竹在胸的。

小车一路下行。庐山植被真好，路边林木高耸，低矮的灌木让人倍感亲近，地面也是绿草茵茵，处处显得错落有致。来到湖边，金师傅停车去了。这显然是人工湖，筑坝拦水而成。因湖面如一把提琴，名曰“如琴湖”。湖中有湖心岛，有九曲桥与湖岸相连。水势开阔，东西两端有亭台水榭，供游人凭眺。路边有标示：锦绣谷出入口。我们顺道而下，大坝壁陡，有些许湖水泻出，水溅石上，铿锵有声。叶院带着我们下到谷底，有一摄影处，名曰“天桥”。一天然条石伸出，从下方取径，条石竟然与遥遥相对的远处另一条石拼接，组合成“桥”，人在其上，下面空空，自然是“天桥”啰。

当年我来时，没有这风情万种的锦绣谷。景点稀稀落落，没有串成一线。我们沿左侧石阶前行，一路风光、一路锦绣：芙蓉、玉兰、杜鹃、瑞香，奇花异草，遍布谷中，馨香漫漫；奇峰拔地而起，巨石累累，如老翁，如美妇，如野马，如雄鹰，姿态各异；谷底有溪流，山间有清泉，终年终日，潺潺欢歌；小道盘旋，沿绝壁而上，站在天池山顶，四海云天，美不胜收；道旁峭壁上，遍布历代石刻，烟霞深处、白云天际、天池之类有40余处，文化人可尽饱眼福。这段山谷之路，足有一千多米，是1980年新辟的景点。

再往前，有观妙亭，对面远处是千仞削壁，峥嵘陡峭，回首可见锦绣谷全景，高下曲折，奇岩从山体伸出，猪头形状，天池山顶的游人只拇指大小，红衣绿裙，依稀可辨。蒋介石夫妇在此流连，连连赞叹："妙！妙！"观庙亭从此改名"观妙亭"了。

往南，一巨石突兀，旁边一劲松挺立，是名副其实的"石松"。巨石上"纵览云飞"四个大字映入眼帘。当年给我留下深刻印象的就这四个字。巨石下万丈深渊，有人居然敢在上面留影。现今已经修有护栏，难以去形如蟾蜍的巨石上冒险。记忆中，这应该是"仙人洞"的地方。前去，有石砌的圆形月亮门，上书"仙人洞"。"文革"中，"天生一个仙人洞，无限风光在险峰"哪个不知？那时的仙人洞空空如也，香火全无，阴暗潮湿，看不出有什么值得讴歌的仙气，心里非常失落。眼前的仙人洞，还是那么高敞、那么深幽，却热闹非凡，香烟缭绕。洞内有一石制殿阁"纯阳殿"，立有吕洞宾身背宝剑的雕像。洞穴深处两道泉水从石上降落，叮咚有声，清脆悦耳，千年不歇，便是《后汉书》记载的"一滴泉"。洞顶如佛手，又叫佛手岩，早年应该也有佛教的寺庙。洞旁的山岩下，有一老君殿，几个道士进进出出，平添几许道家仙味。

再上行就是御碑亭，石瓦、石墙、石柱、石门，其内是朱元璋当年修建的大理石御碑。

绕过来，大道边有白居易草堂，那也是该去的地方。白居易谪贬江州司马，居然在庐山建草堂闲居，也是颇有雅兴。我们记得李白的"飞流直下三千尺，疑是银河落九天"，也应该记得白居易咏大林寺桃花的诗句："人间四月芳菲尽，山寺桃花始盛开。长恨春归无觅处，不知转入此中来。"身临其境，才感到咏叹之妙。宋代诗人孔武仲到锦绣谷的咏诵："江城三月芳菲尽，浅紫深绯到谷中。最是庐山佳丽处，我来萧飒已秋风。"那明明白白是化用白居易的原创。山下芳菲尽，山上花盛开。同样的意境啊。

草堂旁边是花径，是庐山三大名寺（东林寺、西林寺、大林寺）之一的大林寺所在地，正是白居易歌咏桃花之处。石板上"花径"二字相传是白居易手书，石刻曾经遗失一千多年，1929年被游人在大林寺发现，于是建"花径亭"，又补种桃花五百多棵，再现昔日桃花美景。其间的埋没、发现，经历坎坷，那是让人体味历史的印痕。

我们回到如琴湖边休憩，以湖中曲桥及亭榭为背景留影，与小豫、叶院都有合照。十岁的小豫，那天真的笑容，始终是灿烂的。

2012 年 6 月 6 日—7 日

# 千里南昌行（四）

从庐山回来已有几日，心中总感觉有未尽之言，前些天写过一篇《再上庐山》，不妨将之前的文章改为《再上庐山（上）》，今日且再叙几句，作《再上庐山（下）》。

## 再上庐山（下）

晚上住在东谷宾馆。这一带是别墅群，民国之前就有的，民国不少要员在这里有别墅，有些外国人在此也有洋房，从建筑风格就看得出。我们住的东谷宾馆也是别墅，收归国有后，改叫疗养所，庐山会议期间邓小平等重要领导人就下榻这里，大厅里还有当年的照片与文字说明。去含鄱口的左边路下就有个"科学院疗养所"，那算简陋的，而今还是冷冷清清。东谷的别墅群就豪华多了。改革开放后，机关要创收，一切向"钱"看，这一带宾馆自然就出奇得多。

东谷宾馆趁着冬闲粉饰装修，刚刚完毕，我们算春后第一批入住。破损无用的材料随处可见，潮湿气味四处弥漫。女服务员似乎还没有理出个头绪。我们劳累一天就要个梦里八小时，洗浴上床，也并不介意。

清明节三天假期第二天，山上游人已经不少，有些还是团进团出。牯岭的早餐店空位太少，还要稍事等候，老板忙得不亦乐乎。早餐后折回东谷，叶院带我们进入美庐。蒋介石1927年与宋美龄在上海的法式花园洋房结婚，那别墅叫"爱庐"；他的杭州西湖别墅叫"澄庐"，眼前就是牯岭英式别墅"美庐"啦。楼的设计者是英国人，他与宋美龄交好，就送给宋氏。别墅环境优美，又暗含宋美龄之名，蒋介石亲笔题写"美庐"二字，端庄大方，也算名实相符。“美庐”二字虽经红油漆勾画，确有明显的铲凿毁损痕迹。我和小陆、叶院父女都在此合影。

我们从山北公路下山，过牯岭，金师傅说，剪刀峡值得一去。时间不多，只在路边停留一阵，远看剪刀峡的深幽，无法看个究竟，深感遗憾。对面的牯岭民居，层层叠叠，依山而建，错落有致。依然红顶白墙，十分耀眼。我想，庐山的平民百姓凭着自己的双手，劳动致富，发展服务产业，利国利民，享受一下别墅生活，那是天经地义的。

庐山拔地而起，“一山飞峙大江边”，那是就北坡说的。北山公路建在陡峭的山间，盘旋曲折，急转直下，坐在小车里那感觉还是明显的。作为文化人，叶院安排我们去领略一下白鹿洞书院的文化氛围，确实是一番美意。

中唐时代，有人隐居庐山之下，养白鹿自娱，后官至江州刺史，于隐居处建台，号白鹿洞。其间三山环和，其状如洞而已。后人不明原委，硬是穿石凿洞，以附会那个“洞”字。看到人工手凿的洞，还有粗糙石雕的白鹿，叫人哭笑不得。愚人之愚，何其蠢也哉。

这样优美的环境，青山环抱，一水中流，远离市井，优雅安静，当然是读书讲学的理想场所。唐代开其讲读之先河，宋初扩建为书院，已有一定规模。南宋时期，朱熹主持书院，建房舍、征图书、聘名师、招生徒，达到鼎盛时期，誉为“天下第一书院”。朱熹亲自主讲，制定教规“博学之、审问之、慎思之、明辨之、笃行之”，《中庸》里的这句话，成为后代办学的普遍宗旨，影响后世七八百年。自朱熹起，白鹿洞书院一直是宋明理学的中心学府，著名学者陆象山、王阳明等都曾在此讲学，传播理学、心学。从书院出来的历代进士，不计其数，石碑上都刻有尊姓大名，给江西的文化事业增光添彩。书院的殿堂，自成五个院落，各有门楼院墙，又彼此连接，出入方便。礼圣殿、明伦堂、文会堂、御书阁、朱子阁、思贤台、状元桥，还有门楼、牌坊、碑廊几百通石刻，无一不体现江州厚重的文化气息。殿堂前的溪流，蜿蜒而下，水中巨石，多有刻字，于求学的学子给予激励。溪边古木森森，风光迤逦，学子游乐其间，可以舒展肢体，解其乏困。很多年轻人由父母陪着在状元桥前留影，我也鼓动陪同来的小陆照个相。青年学子对自己的前程寄予厚望，那是无可非议的。

叶院的女儿小豫，虽是三年级小学生，走了一圈之后，似乎明白许多，她并不活蹦乱跳，而是学着沉思，对比古人的读书环境，也在思考自己应该如何读书求学了。我们品尝了一顿文化大餐，虽然时间已经过午，却毫无饥饿的感觉，我反而感到沉静。

于旅游中感受传统文化，是高尚的旅游。那么，白鹿洞书院文化旅游就应该是读书人的首选。登庐山，确实应该下到白鹿洞书院走一趟啊。

2012 年 6 月 11 日

# 千里南昌行（五）

我在南昌大学的讲课安排在每周一至周五的下午，周末两天闲下来，就想外出走走。问助管小王去哪里好，助管推荐，不妨到安义古村看看。

与在南昌的朋友小李联系，他答应周六一早来接我们去安义。4 月 21 日，天气晴好，万物舒展，人也精神许多。从前湖校区到安义的路，小李也没有走过，他借助导航仪，顺着图标的线路，箭头指引，左转右拐，很快就上了去安义的正道。我坐在他旁边的副驾驶座，注视导航仪，真实感受到高科技带来的乐趣。这在十多年前是想也不敢想的。想到《三字经》的话——“天生物，人最灵”，真是一点不假。

安义在梅岭西山之北，小车得翻越梅岭，虽是进山的路，倒也算不得崎岖。我们在山里的路边停车，观赏对面山上重重叠叠的侏罗纪巨石，光滑圆匀，号称“世界地质公园”是恰如其分。想不到，远古这里还是海底世界。小陆不停地拍照，要记下这壮观的景象。看山下，田园村落，道路交错，湖光波影，一派生机盎然。

下到山底，车子右行进入石鼻镇，辖下就是古村群。所谓“群”，指三个古村毗邻，呈品字形排列，互为鼎足之势。安义县城还在万米之外的北边，自然不用去。古村就在梅岭北麓，大山就是它的依托。远望梅岭，郁郁葱葱，小溪流水，就在眼前。古村的右手边，偌大一片逍遥湖。梅岭西山上，古代建有万寿宫，此地是远近香客进山朝拜许真君的必经之地。当时的顺口溜有这样几句：“前街绸缎布匹，后街仓库栈房，上街油盐百货，下街烟酒磨坊，街上粮店猪市，当铺东西成行。”古村昔日的繁华，也就可想而知了。

罗田、水南、京台三个古村，相距 500 米，步行穿通。我们先去罗田村，它规模最大，最具古村特色。民谣所谓“小小安义县，大大罗田黄”，足见黄氏家族名声之盛。走进古村门楼，就是罗田古街，麻石板铺路，古代车辙印迹清晰。可以想见，那是满载货物的独轮车碾过这青石板留下的辛酸。五里长的石板路穿街串巷，街道商铺林立、商贾云集，弯弯曲曲让你领略它当年的繁华。石板街道之下，至今还保留着完整的排水系统，这在国内也属罕见。花岗岩条石约一米长，一块一块横摆，拼合成街道，下面的水道还听得出潺潺水声。导游说，地下水道养的乌龟、黄鳝，是排水系统的清洁工，水道无杂草、无淤塞，保持着千年畅通。

村民均为黄姓，传为帝祝融的后裔，为躲避战乱，晚唐广明年间由湖北蕲州迁徙至此。广明是唐僖宗一个年号，就使用了一年，指880年，至今已近1200年。看到罗田店铺的格局，货柜台面高到人头，导游解说是便于骑马的人不必下马，就在马背上交易，真是与人方便。这应该是湖北蕲州的习俗。这就让我想到我的老家，街道店铺也是一样，货柜台面高到人头。我祖籍是湖北麻城，与蕲州为邻，清初“湖广填四川”移民川北。罗田镇这样的石板街道，这样的货柜店铺，这样的几进深院落，这样的院落中采光的天井，在我们川北一带随处可见。我仿佛回到了祖居地，觉得分外亲切。罗田民居，与我们川北民居一样，多是木结构，木雕构建，古朴而精美。大户人家自然有砖雕石刻，体现他的身份。

占地八亩、拥有48个天井的士大夫第，可见当时家势显赫，非同一般。这是古建筑的代表之作。进门一个大的厅堂，前面正中是一个天井，天井四周有四个厢房；厅后面又有小厅堂，旁边又有两个房间，天井右侧有小过道向内延伸，后面又有许多小偏房。房间的窗户有的雕刻着三国人物故事：桃园结义、刘备招亲、火烧赤壁，也有雕刻花木、鸟兽的，工艺精湛、线条流畅。卧室内摆放着凉床、暖炉、木箱、童车，甚至有难得见到的裹脚器具。如此豪奢，当然不是一般民居了。

院落后面空地叫“古樟园”，有一株6人合抱不下的唐代黄樟树，枝丫繁茂，遮天蔽日，距今有1100余年的历史，应该是第一批移民亲手所植，它是罗田村兴衰的见证。正是周六假日，南昌来游乐的青年学生尤其多，他们有的在古黄樟下席地野餐，有的在黄樟前合影，欢声笑语，平添许多热闹。古樟园不远处有口寿康井，水质清澈，供生活饮用。罗田是有名的长寿村，自然与优质的井水有关。

转至水南村，这里居住的是古罗田村黄氏分支后裔。明初，开新基、建新村，与罗田成掎角之势。水南民俗馆陈列不少生产、生活物件，借此可以了解先民的生活情境。黄氏宗祠建在水南，院里丹桂飘香，寓意黄氏人才辈出。每年的聚会、祭祀，应该是最为闹热的。

紧靠黄氏宗祠的闺秀楼应该看一看。那是商贾名媛起居室，有抛绣球选郎君一说。小姐十四五岁就不下楼，吃喝拉撒由丫鬟伺候，两年后成人，绣楼招亲。绣楼下是个天井，光线充足，绣楼上有回廊，向下看清清楚楚，哪个是白马王子，小姐一目了然。天井内的后生仰头观望，无奈楼上光线暗淡，要看清小姐面目则难上加难。我总算明白绣楼招亲是怎么回事了。

走访了罗田、水南两个古村，你会感觉到，中华民族确实是由若干个血缘集团凝聚而成的大家庭，血缘的纽带让我们永不分离。

罗田、水南的黄姓是一分为二的话，前去不远的京台村应该是“合二为一”。该村刘、李两姓，刘姓住户在左，李姓住户在右，有石门牌坊为中界。虽是分别左右，颇能和睦相处，其中多有姻亲关系。这里的古戏台也值得一看。戏台距今有250余年的历史，装饰精美。戏台中间顶部的藻井，由层层叠叠的一百多个小斗拱收缩而成，具有很好的消音效果，足显建筑的档次。院内原是一所小学，现已空荒清净，戏楼坝平整开阔，杂草丛生，看来久无演出了。

京台刘姓为汉代学者刘向的后裔，初唐武德元年（618年）迁居于此，比罗田村黄氏还早来两百多年。李姓的先祖则是明初洪武由朝廷授封落户在此。来龙去脉，各自家谱、族谱都应该记载得明明白白。

游安义古村群，对古代移民史实应该有个大体了解。战乱、灾荒、封授、开发，都是迁移的缘由。中国最早的移民，有文字依据的，应该追溯到舜帝的时代。舜孝父母，天下有闻，其异母弟象恶行多端。舜统领天下，他将象“封于有痹”，有痹就是今天的道县，古代是零陵郡的营浦县，零陵郡唐代以后叫永州，治下有道州。《孟子》记载，“天子使吏治其国”，就是说，舜派一帮人帮助象治理有痹。这是封授移民的肇始。清代疑古大师崔述不这样看，他说：“说者谓今道州、鼻亭为古之有痺国。孟子谓‘欲常常而见之，故源源而来’，道州在九州之极南，北去帝都三四千里，安得源源而来！然则有痺当去帝畿不远；好事者因鼻与痺同音故附会之耳。”崔述的意思，“有痹当去帝畿不远”，明确怀疑、否认中原与南岭的最早交流。文字记载，舜南巡狩、舜葬九嶷，有根有据。舜葬九嶷与禹墓会稽，其文化内涵是一致的。这足以说明，尧、舜、禹时代中原与江南的交流早已开始。舜执政，“窜三苗于三危”“流四凶族”，用武力驱逐那些桀骜不驯的部族。这就有苗民的南迁，迁移到湖南、贵州、云南，甚至到东南亚。中国幸氏网站显示，幸氏第 11 代临政公“周宣王十五年戊子岁任扬州太守”，举族迁江南。这也是封授移民。其后，周民族在岐山农耕，大王的两个儿子太伯、仲雍，主动结伴到江南开发，建立吴国。实际还是移民，主动移民求发展。“五胡乱华”时南迁的客家人，清初郑成功带闽粤人入台，尔后的闯关东都是载入史册的移民潮。“湖广填四川”，那是清朝有组织的开发移民。黄河水患，几乎年年有逃灾的移民。今天因建设需要，各地都有移民安置局，只不过三峡移民规模更大罢了。

返回南昌的车上，我还在想，安义古村的开发是不是应该在文化品位上多做些文章呢。

2012 年 6 月 22 日

# 千里南昌行（六）

## 小序

在南昌大学住了整整一个月，回来后应该写的第一篇文章就是“昌大印象”，因为涉及当代教育若干问题，难于下笔，待“南昌行”系列该收尾了，还是有一种非写不可的意识，逼得写出如下的“印象”。

## 昌大新校区印象

3 月 31 日下午，走出南昌火车站，国学院叶院的小车已经在站外等候，小车载着我们直奔昌大前湖新校区。出城向西，宽敞笔直的公路，两边高楼林立，给人一种现代化气息，无不体现一个“新”意，新城区、新公路、新大楼，车过学府大道，前面就是前湖新校区了。

小车特意从一号大校门进入校区。叶院介绍，这是亚洲最大的校门，网友称为“亚洲第一门”。坐在车上，并无多少体验。待住下来之后，我与小陆总是喜欢到大校门一游。门前广场半径超过百米，半圆形，花岗岩铺地，与绿地组合，色彩绚丽。门朝向正南，符合中国建筑坐北朝南的大规矩。十几颗大铁树十分耐看，据说从非洲运来，价格不菲。门前广场中心，矗立着高高的和平女神像，不锈钢材料制作，始终洁白光鲜。她飘逸灵动，像月里嫦娥，又有敦煌飞天的神韵。远看，像中国的“中”字，寓意中和、中庸、中正；近看，又像和平的“平”字，寓意和谐、和睦、和平。设计者真是独具匠心。听人说，这是遥远先生设计的，遥远真名文元衍，是文天祥第 24 代孙。

31日晚，国学院程水金院长特意在留学生公寓餐厅宴请，算是接风洗尘。席间，赠送我介绍南昌大学的一些资料。这对我认识南昌大学自然、历史大有帮助。

南昌大学有前湖、青山湖、东湖、鄱阳湖、抚州五个校区，占地8千多亩，全日制在校生8万余人，是省部共建的“211工程”重点大学。如果追溯到1921年创办的江西公立医学专门学校，也有超过90年的办学历史了。我在昌大校区就看到去年校庆90周年的若干标语招牌。南昌大学由江西大学、江西工业大学合并而成，后来又合并了江西医学院，规模更大。江西大学前身是1940年创建的中正大学，那也是很有名气的。

南昌大学新校区位于南昌市新区红角洲，红角洲在赣江西边，南昌大学面向前湖，也就是隔着前湖，面向赣江。新校区以正门为中心，基本是一个扇形。校园的主干道是五四大道，也就是一条弧线。扇形的一侧以润溪湖为中心，依次排列游泳馆、体育馆，以及文法楼、外经楼、艺术楼等教学楼。中间是教学主楼，是个灯笼形建筑，这栋楼建筑设计还得过鲁班奖。沿着五四大道继续走，就是理科教学楼群和研究生院，以及理科生、研究生宿舍。

新校区最具特色的莫过于她的湖面水域了。校门的两边就是水景区，左边是双枫湖，水面开阔；右边是龙腾湖，延伸得很远，沿着办公大楼，作为校区边界进入正气广场，广场之下水中有中华正气龙的雕塑，金色长龙，气宇轩昂，刚猛威武，傲视天穹，基座刻有文天祥的《正气歌》，设计者还是遥远先生。中华正气龙展示当代大学生的凛然正气，读正气书、做正气人，是昌大新校区的标志性建筑。校内最大、最美的湖是润溪湖，她在校园中心区域，湖面周边建有步道，我们顺着步道行进，一个多小时都没有走完一圈。步道旁边设有木制靠椅、坐凳，大学生可在湖边读书，三三两两交流切磋。润溪湖湖水清澈，微波荡漾。培育昌大学生博大宽厚的胸襟，她起着不可估量的作用。我不知湖名的究竟，后来在小车导航仪上看到毗邻湖区有个润溪村，才明白润溪湖因润溪村而得名。当然，也寓意爱心如溪水般润物细无声。

所谓前湖新校区，前湖在哪里？曾经在贵大读过硕士的徐文新博士带着我们找到了前湖。那是一片更大的湖，依临校区，在大校门之南，省级国宾馆就在其中。外人不得进入，我们也只能在湖边眺望眺望那豪华高档的贵宾游乐别墅了。

新校区2002年年底动工，不到三年时间就陆续投入使用，占地4000余亩，耗资二十多亿，体现了江西的雄厚财力。

晚餐后我们习惯在校园散步，几乎走遍了新校区的各个角落。繁华的商业街，小吃应有尽有；艺术大楼的音乐声、歌声，响彻内外；润溪湖边的教学主楼，那是最具人气的教学楼，昌大学生，没有不在此上过公共课，没有不在此上过晚自习的。

进大校门正面，是一山坡，叫来龙山，有原生态山林。“格物致新 厚德泽人”的校训矗立山前，十分醒目。左边 21 层楼的图书馆是学校的最高建筑，由范曾题字。2 号门内的体育馆、游泳馆也独具特色，足球场的设计达到了国家一级标准。校内道路以文化人命名，宽窄适度，有电瓶车供师生代步。道路两侧，花草之外，多是樟树。最早一批，已近十年，看那外经楼旁的香樟枝繁叶茂，有的主干直径已有半米之粗，真是十年树木啊。新近移栽的小樟树，高度也在 2 米以上。初春的樟树，新叶嫩绿，陈叶浅红，远看如红花绿叶，格外惹眼。我多次在樟树下逗留，欣赏她的红绿韵味。园林绿化始终不停，我驻地不远的五号门水沟坡地，每天都有工人在栽种树木，早出晚归。我相信明天的昌大校园会更加美丽。

驻地在服务大楼 4 楼，附近是学生公寓，从 19 栋延续到 30 栋，都是十二楼层的电梯楼房，沿着边界一直到 5 号校门。28、29、30 栋注明是研究生公寓。那前面还有一块空地，徐文新博士说，计划是盖几栋博士楼，编号当然是 31、32、33 啰。

前湖校区远离市区，空气新鲜，车辆少，污染少，有山有水，绿地蓝天，有花园一般的感觉。少有喧嚣，少有干扰，当然是读书的好环境。

我给国学院实验班学生上课。国学研究院成立两年，已有三个年级的学生。他们是本硕连读 6 年制。敢于搞国学班实验，虽然佩服昌大领导的勇气，我心里实在打鼓。因为国内已经有过多家实验，多以不了了之收场。程院、叶院冲锋在前，的确需要百倍的胆量。昌大朱友林副校长 4 月 27 日宴请我们的时候，一席话让我感动。我们谈到国学实验班，他说：“实验，实验，就得允许失败嘛。”这是朱副校长肺腑之言，我从内心里折服。我当然希望国学实验班成功，也愿意为弘扬国学出力。这一个月的授课，我是在切切实实努力啊。

再见，昌大！再见，前湖新校区！

2012 年 7 月 22 日

# 书评序跋篇

# 文化之源在天文

## ——读王长久《寻根“中国”》

“中国人最尊崇的是祖宗，寻根问祖，修续家谱，是中国人生活中的头等大事。”作为一个中国人，有责任有义务为“中国”寻根。王长久先生经过二十年的不懈努力，终于破解了“中国”的密码。原来，“中国”所有秘密的答案都写在天上，“中国”的根在天！

日月星辰的运转，那是天道，天行之道；人世间的林林总总，那是人道。人道无不遵循天道。有记载的中华五千年文化，其源头在天文，是不争的事实。人文合于天文，文化之源在天文，这是王长久先生在书里反复阐述的道理。

寻根“中国”，自然得先认识“中”字。“中”是“中国”的灵魂，是“中国”的标签，是“中国”的国策。总之，“中”是“中国”立国之本。中国人崇尚“中”，中国最大的学问就是“中”。有人说：“天地之道，帝王之治，圣贤之学，皆不外乎‘中’。”

中，是个象形字，“口”代表的是四方，“丨”就是竖起的竿子。中，就是测日影的表，最初测“日中”，告知人们一天的时间变化，尤其是日中时刻。尔后发展为测日影长短，确知一年四季二分（春分、秋分）二至（冬至、夏至）。这是先民的天文仪器啊。经王长久先生的解说，我们恍然大悟，“中”与天文有关。不观测天象，就没有“中”，就没有“中”的文化，也就没有中国。

作者进一步告诉我们“中国”的根在天。华夏先民“仰则观象于天”，看到什么？看到一个被众星拱卫、相对稳定的天体，它居北天之中，那就是北极星啦。先民认为，北极星是天的中心，是天的枢纽，所有星体都围绕北极星旋转。由此形成华夏民族神圣的北极星崇拜。孔子说：“为政以德，譬如北辰，居其所而众星共之。”从政要以德为本，北极星就是最高道德的化身，因为有德，日月星辰都臣服于它，拱卫在它的周围，围绕它旋转。

北极星居天空中央，所有星体在它的四周，天的结构就是“中”+四方，天的秩序是“中”领导四方，主宰四方。地上的社会也遵循天道，中心主宰四方，这就是中国啊。中央之国，领导四方万国，就构成人世人间。天上日月星辰构建天上社会一统。遵循天道，地上四方万国构建也得一统，这就形成了先民思维中的大一统印记。华夏民族崇尚权威、崇尚大一统的思维，其根其源都在天文。

王长久先生的《寻根“中国”》，本着他对天文学的深刻认知，处处体现了人文之源本于天文的理念。细说天文，给“中国”寻根正名，应该是这本著作的首要特点。

解读历史，是《寻根“中国”》的第二个特点。作者是东北师范大学历史系先秦史专业研究生出身，凭着他对中国先秦历史的熟知，要寻根“中国”，寻根中国历史，自然是驾轻就熟，如数家珍，信手拈来，游刃有余。书中有许多精妙文字，述说中国古代历朝历代那些事儿，不经意间，导引读者步入先秦史的课堂，聆听他解读中国的故事，丰富而精彩。

司马迁《史记》，从黄帝写起，忽略了前面一大截。王长久先生梳理文献记载，三皇、五帝、夏、商、周、秦，一一说道，认定华夏民族的人文始祖是伏羲氏，说出了史学界很多史学家想说而不敢说的史实。谨慎的以为，司马迁无记载，不能说；中庸的以为，那是传说时代，无凭无据，不必说。要寻根“中国”，就必须说，还不得戏说、胡说。王长久秉持信史之笔，在第八章中有根有据，肯定七千年前的伏羲是中华第一王，是中华民族人文始祖。除了文献记载，考古发掘的“伏羲台”也支持这一见解。继伏羲之后，神龙氏对中华民族也颇多贡献。应该说，其中的女娲，那是母系时代，证实人类社会发展史。结论很清楚：三皇时代是不可否认的。这之后，才有黄帝、颛顼、帝喾、帝尧、帝舜的五帝时代，才有夏、商，才有周、秦。寻根中国历史，伏羲时代“仰则观象于天，俯则观法于地”，一部七千年中国历史，起始点还是在天象观测。天文，是中国的根，是中国人的根，也是中国历史的根。这是王长久先生给我们的启示。

《寻根“中国”》这部书的第三个特点当然是品味文化。七千年历史，折射七千年中华文化。寻根“中国”，必然触及中国文化。文化，才是立国之本。

远古时代，伏羲“仰观天象”，创立了原始信仰，创立了中央领导四方的天下太平理论，建立了中央之国，就是“中国”。这个一统之国以维持和谐的天下秩序为目的，它的一切典章制度都在维护“中”“中道”“中庸”。说明白些，就是对天神的崇拜，那仍然是北极星崇拜的延续。天下万国维护中央，形成中央统领四方的格局。所谓“万国”，不过是若干血缘集团组成的家族、宗族、部族、部落、部落联盟，血浓于水，其凝聚力来源于家族的祭祀。祭祀文化是维系家族、部族、民族的纽带。可以说，祭祀文化从伏羲时代开始就在广袤的华夏大地上生根开花。秦以郡县制统一中国之前，中国社会就一直是个族邦社会。

中华文化的根又在哪里？哲学家任继愈先生说：“文化起源于宗教。”王长久先生说得更好——中华民族文化的根在天文。

《寻根“中国”》这本书由华龄出版社2010年出版，实在值得一读。因为不懂天文，就读不懂中华文化，王长久先生正是从天文知识切入，解读了中国七千年历史，解读了中华民族悠久而浑厚的文化。

2013年5月23日

# 《〈史记 · 历术甲子篇〉解读》[1] 序

古代天文历法，人们常称之为“绝学”。这的确显示了古天文历法的艰深，也体现了它的珍贵。因为艰深，一般学人自然就难于入门，不免望而却步。久而久之，便无人敢于问津了。即使是有心探寻的学者，面对荒野荆棘，也不得其门而入。而古代天文历法，又是我国的文化精华，华夏民族的智慧尽在其中，看似简单的干支纪年、纪月、纪日，几千年来起到了凝聚华夏民族的纽带作用。所以，被视为国宝是理所当然的。

这门学问应当研究，而且应当好好研究。从何入手呢？当然不可能用现代天文学家的高等数学去进行推演，只能掌握古已有之的成法最终步入它的殿堂。就是说，不用另辟现代化的高速公路，只要找到前人走出的荒山小径，就可直入“绝学”的庙门。

我们所说的“成法”，就是古已有之的四分术。应当说，在春秋后期我们的祖先就大体掌握了四分术，并借以推演历朔。鲁文公“四不视朔”，说明当时已能把握朔日了。“子贡欲去告朔之饩羊”，明示朔日已可推演，告朔之礼已无必要。四分术的基本数据是岁实 365.25 日，它的整个推演方法就以此为基础。这也是“四分术”得名的缘由。

中国古代历术的名目繁多，古六历（黄帝历、颛顼历、夏历、殷历、周历、鲁历）之说甚嚣尘上，其实“古之六术并同四分”，都是四分术。

正因为如此，掌握了四分术的推演，就会明白古代历术的大要。学会四分术，便是我们入门的起步。

张立楷同志的祖父贵州大学教授张汝舟先生于 1957 年开始潜心历术，揭示司马迁的《史记 · 历术甲子篇》正是保存完好的古代四分术。经汝舟先生的解说，号称“天书”的历术甲子就一一展示在世人面前。

---

[1] 本书为张立楷所著，由中国档案出版社 1999 年出版。

立楷同志发挥家学，写出了这部《〈史记·历术甲子篇〉解读》，给初学历术的朋友引路，是很有意义的。我想，只有读懂了《史记·历术甲子篇》，历术才算有了基础，再深入下去，古天文历法这门学问就不难把握了。

20世纪60年代初，我受教于张汝舟先生，20世纪70年代末我负笈滁州，又得先师天文历术之传。二十余年的治史考古，深感游刃有余。先师的古天文之学，已深得海内外学人的信从。1980年底，我在写《古代天文历法浅释》时就说过："汝舟先生的天文历法观点是科学的，可信的，是独树一帜的，必须发扬光大。"这部《〈史记·历术甲子篇〉解读》正在于发扬光大汝舟先师之学。

在从师学习中，我领悟到：凡是科学的东西，当是放之四海而皆准，当是简明而实用。汝舟先生的古天文学说足以说明这一点。我相信，读者们在阅读这本小书的过程中会与我有同样的体会。

1999年8月22日

# 《金石与唐代历日》[1]序

中华民族有史以来就注重农耕，全力解决民生问题。炎帝神农氏带领部族民众上山烧荒种粟，从此有了可口的小米。人类毕竟还在童年时代，还得顺应大自然的风云变化，以求有个好年成。农事活动始终受着季节气候的制约，顺天而生，逆天而亡，道理是明摆着的。我们的祖先顺应天时，高度重视天文、天气的观测与记录，力求掌握时令变化的规律，用来指导农事指导生活。《尚书·尧典》载："乃命羲和，钦若昊天，历象日月星辰，敬授民时。"这就是"观象授时"，观测日月星辰的变化，掌握其运行规律，以审知时令而授民，便于农事。又载："期三百有六旬有六日，以闰月定四时成岁。"帝尧时期，已知一年有366日，又用置闰月的办法调配月与岁。这就是帝尧时期的历法，有了回归年长度，又会设置闰月，显然是阴阳合历体制。不难明白，历法的依据还是天象，主要是日月的运行时间与规律，历法不过是调配年、月、日使之大体一致，显示出一种周期性变化，以此管理、记录人事、农事活动。有了历法，一年又一年，一月又一月，人们的各种活动记录就有了时间的脉络，再也不会杂乱无章。中华民族的历史之所以悠久，历史材料之所以丰富，历法的作用实在不可低估。有了历法，才有历史的记录，这就是史记。《春秋》就是鲁国的史记，孔子编写出来给他的弟子做教材用，所以流传下来。其实，周天子有史记，各诸侯国都有史记。《孟子·离娄》载："晋之《乘》，楚之《梼杌》，鲁之《春秋》，一也。"《穆天子传》就是现存最早的周穆王十三年西游的史实记录，就是一部史记。《逸周书》载史记第六十一，今本《竹书纪年》云："穆王二十四年，王命左史戎夫作《纪》。"指的就是这一篇。穆王还要戎夫辑录历史上重要又可鉴戒的史事，每月朔日、望日讲给他听。这又说明，穆王之前是有史记的。以年、月、日时间脉

[1] 本书为王化昆所著，由国家图书馆出版社2012年出版。

络记录史料，的确是我们中华民族的文化传统。

这种编年体史书，《竹书纪年》发其端，其后有《春秋》《左传》；东汉荀悦简化《汉书》编著《汉纪》，实为编年体西汉史；东晋袁宏仿《汉纪》，成编年体东汉史《后汉纪》；编年体通史巨著则是宋代司马光所主编的《资治通鉴》，它记录了战国周威烈王二十三年至五代后周世宗显德六年（公元前403—公元959年）共1362年的史实。列为编年体史书的还有历代的起居注、各朝的实录。司马迁的《史记》以人物传记为主轴，开断代史之先河。仿其体例，各朝都有号称“正史”的断代史出现，这就是“二十四史”“二十五史”的来源。在浩瀚的史籍中，能与正史比肩的就只有编年体史书了。编年体的特点是以年月为经，以史实为纬。涉及年、月、日，当然就是历法的范畴了。历法在编年体史书中的重要地位，那是不言而喻了。

史书的纪年，最早采用的是帝王纪年法。商代、周代依商王、周王在位年数来纪年。鲁国国史《春秋》以鲁国国公在位年次纪年。汉武帝元鼎元年（公元前116年）正式建立年号，这是中国帝王年号纪年的开始。皇帝一般在即位时就确立年号，中间根据需要可随时更换。年号换得最多的是武则天。她在位20年，先后使用过18个年号。明清两朝，大体一个皇帝一个年号，比较省事。不用年号的帝王实在太少。至于干支纪年，东汉时才普遍使用。干支纪年起了一个延续久长的纪年作用，民间的应用确有超越帝王纪年法的永无更换的突出优点。史学家在官方的帝王纪年之外，往往注明干支年代，自在情理之中。

几千年的文明史证明，史书的纪月，主要采用数序从一月、二月至十二月，闰月也称“后 × 月”。史书的纪日，甲骨文显示就是干支纪日，一直沿用，时至今日，干支还是清清楚楚。这在世界上也绝无仅有。不过朔日干支的记录尤其重要。古代帝王要“告朔”“颁朔”，就是公布一年十二个月（闰年十三个月）的月朔干支。月朔干支明，每月的初几、十几、二十几的干支也明，全年的日干支也就自不待言了。

不难明白，编年体史书有两个问题至关重要：一是史料的真实可靠，一是年、月、日的准确无误。这里主要讨论涉及年、月、日的历法，这也是面前这部三百多页的《金石与唐代历日》希望解决的主要问题。

洛阳考古研究所青年学者王化昆，花了十余年时间，广泛收集唐代墓志石刻数千方（包括拓本），以墓志所记年、月、日（含月朔、日干支），比较唐代帝王年号纪年及其文献所载的月朔、日干支，借以探讨整个唐王朝近三百年的实际用历。这是一个很有意义的研究课题。就体例说，我把它视为墓志石刻编年，就内容说，这本书旨在弄明白历法的历与民间墓志所反映的实际使用之历彼此的差异，肯定实际用历。

我们知道，上古是观象授时，强调室外观象，随时观察、调整闰月，以求年、月、日的调配大体吻合。待到掌握回归年长度365.25日及朔望月长度29.5日的规律，连大月的设置有了规律，有了十九年七闰的基本认知，历法就从室外进入到室内演算的阶段。从《左传》历朔考知，这当在春秋后期，“鲁文公四不视朔”可以为证。敢于多次不视朔，只能说明朔日已经能够推算。战国时候的孟子很自豪地说：“千岁之日至，可坐而致也。”战国初期，四分历的创制与使用是可以肯定的。张汝舟先生考定四方术殷历行用在周考王十二年（公元前427年）。《汉书 • 次度》记录的天象，冬至点在牛宿初度，也证实了这一点。可以说，整个战国时期，各国普遍行用四分历。四分历的基本数据是回归年365.25日，与实际回归年长度365.2422日毕竟还有差距，“三百年辄差一日”。所以到汉初，“日食在晦”多次出现。实际用历与实际天象不相吻合，乃是历术不精造成的。为追求与天象一致，古代频频改历就可以理解了。就以唐朝来说，新出的历法也在十种以上。如下所示。

唐高祖武德初，傅仁均造《戊寅元历》。

高宗时，诏李淳风造《麟德甲子元历》。

武则天时，太史瞿昙罗造《光宅历》。

中宗时，南宫说造《景龙历》。

玄宗开元九年，一行受诏改治新历《开元大衍历》。

肃宗时，韩颖造《至德历》。

代宗时，郭献之造《五纪历》。

宪宗时，徐昂造《元和观象历》。

德宗时，徐承嗣与杨景风造《正元历》。

穆宗时，诏日官改撰《宣明历》。

昭宗时，诏改治新历《景福崇玄历》。

其中影响大者，当是《戊寅元历》《麟德甲子元历》《开元大衍历》。而行用时间长的也只在五十年上下。频繁诏改历法，必然造成旧历、新历交错使用的混乱。新历、旧历自有月大月小的不同，记录在墓志上，朔干支相差一日就比较容易理解。如仪凤四年己卯（679年），墓志有“正月癸未朔”，又有“正月壬午朔”“二月壬子朔”。不难明白，上年十二月大，三十晦壬午；则正月小，必癸未朔，二月壬子朔；上年十二月小，二十九晦辛巳，正月大壬午朔，二月壬子朔。此前，从唐高祖始，使用《戊寅元历》，至仪凤已有六十余年，这是老皇历。高宗时的《麟德甲子元历》才行用十余年，未必就完全取而代之。就使用者来说，似乎就各取所需、各行其便了。探讨唐代的实际用历，这其中的是非，也就未必说得清楚。

1972年临沂银雀山二号墓出土了一批竹简，其中载有“汉武帝元光元年历谱”，这就是汉初的实际用历。如果与室内推演的实际天象比较，那实在只有余分大小的不同，但其具体表象却是干支相差一日。

天象与实际使用的皇历有差距，这个疙瘩怎样解开？后人编撰的《二十史朔闰表》之类也不会管用，因为这些《表》只列出了朔干支。干支记日只有整数，干支就不是理想的标尺。用现代科技手段编制的反映准确的实际天象的朔闰表，注明了合朔的时（h）与分（m），才可资比照。就古代历术来说，就是朔日的余分。利用余分的大小，确定朔日干支。余分大，算一个干支日，余分小则不记。只有这样，利用实际天象判断实际用历的是非，才令人心安。余分的取舍，还得对照诸多文献，当然需要择善而从。

唐代的历法虽有十来种，运算中余分的大小也会有所差异，但数据的差别不会有多大，不同主要还是在大月小月的配置、闰月的安插。如果注意到这些，实际用历就不难把握。

化昆等同志的研究是深入的，严谨的，细读前言，令人感动。没有踏踏实实的科学态度，这样的题目会让人乏味。几千方墓志，数以千计的朔干支、日干支，就是整理出来也不是一件容易的事，何况还要从中发现唐代用历的真实本相。化昆同志对历术有深厚的研究，运用历术也得心应手，在年轻一代的学人中是难能可贵的。取得这样的成绩绝非偶然，由此也可见他的功底与功力。这样的课题，不是每个人都能做且都能做好的，我乐意看到他们在编年体史书方面有更多的著述，取得更好的成绩。

2007年12月26日

# 《〈黔记·星野志〉考释》序

杨庭硕教授的文稿《〈黔记·星野志〉考释》已经送来半年了，缠于杂事且又自身慵懒，到了秋后才认真过读一遍，感到有必要写上几句，以答谢庭硕教授嘱托的序文。

古史记载，《禹贡》分天下九州，那是就中原地域而言，大体在黄河中下游，并不涉及荆楚南蛮之地。秦始皇大一统，分天下三十六郡，也不涉及今天的贵州。贵州何以迟至明代建省？有必要做个交代。

秦统一前后，南北交通大动脉，大体有三条。①北起燕国，经齐鲁，再下吴越。这是东线。②北起洛阳，南下荆州过长江，至粤桂，直达交趾。这是中线。③北起咸阳，过秦巴，经蜀中，直达滇境。这是西线。横向通道，自然是水路。贵州的位置在蜀之南、滇之东，中线交通之西。夹缝之中，安全无虞，不管不问也丢不了。汉武帝时代，先后设立犍为郡、牂牁郡。犍为郡领十二县，其中汉阳县指赫章、威宁一带，今贵州西部；牂牁郡，今贵州北部，有夜郎国、且兰国，含贵州大部。夜郎指安顺、遵义一带，且兰中心在黄平旧州。后至蜀汉、西晋、东晋，至唐，至宋，均无建省之议。到朱元璋建立明朝，定都南京，要控制西部、经营滇蜀，必须有横向的陆路通道。这才有起南京，经江西、湖南，过贵州，直抵云南的大通道。贵州作为枢纽之地，北至蜀中，西抵滇池，其重要性就不言而喻了。贵州建省，朱元璋确实是有战略眼光的。

有了省区，自然得有省志。这就是明代《黔记》的由来。依据历代地方史志编修的体制安排，又少不得“星野志”一目。建省最晚，地域最窄，人口最少，记载最缺，星野志的编写必然是难之又难。好个郭子章，生于明末，既有国学功力，又接受西方文化，精数学，通天文，居然完成了《黔记·星野志》的撰述。

星在天，野在地。星辰与州国对应，构成中国独特的“天人合一”理念。上古有北斗九星，于是地上有九州之分。天上有，人世间也得有。人间有，天界自然有。基于这一理念，分野说大行其道。《史记·天官书》说：“天则有列宿，地则有州域。”列宿配州国，就是所谓“分野”。占星术以星宿的运动及其变异现象来预卜州国的吉凶祸福。不能不说，占星术推动了中国古代天文学的进步。

由于占星家各自所采取的系统不同，对于州国的分配也就各说各话。或按五星分配，如《史记·天官书》：“秦之疆也，候在太白，占于狼、弧。吴楚之疆，候在荧惑，占于鸟、衡。燕、齐之疆，候在辰星，占于虚、危。宋、郑之疆，候在岁星，占于房、心。晋之疆，亦候在辰星，占于参伐。”有按北斗七星分配的，如《春秋纬》称：“雍州属魁星，冀州属枢星，兖州、青州属机星，徐州、扬州属权星，荆州属衡星，梁州属开星，豫州属摇星。”《月令辑要》卷一所载，按斗九星叙说。有按十二次分配的，如《周礼·春官》；也有按二十八宿分配的，如《史记·天官书》；《吕氏春秋·有始览》与《淮南子·天文训》以“天有九野”分配九州；《汉书·地理志》则又是一套。林林总总，五花八门，叫人无所适从。

郭子章要给《黔记》写“星野志”，该有多难。好在他能以锐利的眼光审视前代之说，暗含质疑与批判，“星野之说，予甚惑焉”。他这一基本观点，给读者更多的启发，让你也带着疑惑阅读这些材料，走出误区，不致盲从。

《星野志》说：“贵州弹丸之地耳。地既有野，象当有星。黔地邻楚、蜀，总之不出鹑首、鹑火、鹑尾之次。”这只能说是一个大体指向，泛泛之言。他接着说：“若必云：某郡属某星，某卫属某星，则凿矣。”要某郡某卫具体对应某星，就穿凿附会了。这应该是《黔记·星野志》最要害的几句话。虽然后面引用《大明一统志》“宣慰司，参、井分野；普安州，井、鬼分野；铜仁府，星分野；黎平府，翼、轸之余。”尽管后面《贵州旧志》《贵州新志》有更详细的府卫分野，那你也只能看作穿凿附会之说。

杨庭硕教授对《黔记·星野志》的研究，充分肯定了郭子章的基本观点，将有关贵州地域的分野解说得一清二楚。读者从中能够学到很多天文星象知识，明白古代占星术分野的来龙去脉。人文源于天文，懂得古人“天人合一”之说，对年轻学子而言，有百利而无一害。

杨教授的文笔流畅，语字功底深厚，句法娴熟，白话译文真正做到了信、达、雅。这是我拜读之后的感受，诉诸笔砚，权当一篇序文吧。

2013年10月22日

# 从《楚辞讲座》[1]出版想到的

一流的大学出版社未必办在一流大学，这是指广西师范大学出版社。该社多年来陆续推出深受读者青睐的好书。新近出版的《楚辞讲座》又是一部力作，贵阳的书市上发行量也很看好。

梁启超说："吾以为凡为中国人者，须获有欣赏《楚辞》之能力，乃为不虚生此国。"由此可以看出，《楚辞》在中国文学史上的崇高地位。汤炳正先生的楚辞课早在20世纪40年代就蜚声学林，至今还有人津津乐道当年听讲之盛况。《楚辞讲座》就是汤先生的课堂讲录，由其嫡孙汤序波同志整理编撰。该书着重讲楚辞研究中比较重大的问题兼及为学入门之道，深刻而又通俗，理应受到古代文学爱好者的欢迎。

汤炳正先生（1910—1998年），字景麟，山东荣成石岛人。他是国学大师章太炎先生的入室弟子，语言文字学功底极好。他的楚辞研究最早就从语言文字上起步，然后得中肯綮，精益求精，对屈赋中许多千秋难解之谜，均提出了新的见解，成了著名楚辞学专家，深受中外学术界重视。他担任了中国屈原学会第一任会长，尔后又一再连任，权威刊物《楚辞研究》就办在他所在的四川师范大学。

汤先生在北京攻读新闻专业，大学毕业后南下苏州，进了太炎先生任主讲的国学讲习会研究班，成了太炎先生的得意门生，被太炎先生嘉许为"承继绝学唯一有望之人"。1936年6月先生病故，汤炳正作为章门弟子的代表在追悼会上致辞，决心发扬先师的学术传统。在学术研究上，汤炳正受太炎先生影响巨大，作为"章氏学派"的传人，与此同时也逐渐形成了自己完整的学术思想体系。

[1] 本书由汤炳正讲述，汤序波整理而来，由广西师范大学出版社2006年出版。

日寇入侵，抗战爆发，汤先生从此转徙流寓西部各省。先在西安，1944年几经曲折，他到了四川南充，在西山书院任教。1946年2月到贵阳师院任教，9月贵州大学聘他为兼职副教授，由于教学科研成绩突出，1947年8月提升为正教授，他不过38岁，是当时贵州大学最年轻的专任教授，“专任讲师”等于副教授，“专任教授”的待遇自然要比一般教授高。他确实受到校方的器重。汤先生在贵大讲授声韵学、训诂学、文字学、史通、楚辞等课程，语言文字学当然是他的专长。很多贵州学子以能成为汤先生的学生而自豪。

汤先生在贵州任教三年，花溪公园、南明河畔，都给他留下了美好的印象。多年过去，他的诗文中还常常流露出有关的文字。1949年8月，川北文学院礼聘他为中文系主任，他又重返南充。从此，他就在四川师范大学（前身为川北大学）度过了近五十个春秋，直至辞世。

汤先生离开了贵州，他的儿孙却留在了贵阳，至今还在黔中开花结果，贡献于这片沃土，足见他们对贵阳的眷恋。

有在花溪的这么一段经历，同在贵大中文系任教，同是“章黄学派”的弟子，汤先生与先师张汝舟先生自然有很好的交往。汝舟先生受业于太炎先生的传人黄季刚。黄季刚即黄侃，他与章太炎齐名，世称“章黄”。有这么一层关系，我很早便知道了汤炳正先生，也很关注他在国内学术界的活动。早在20世纪80年代，我就结识了他的儿子汤世洪同志，与他的嫡孙序波交往就更多了。汝舟先生仙逝，贵州大学于1982年成立了遗著整理小组，礼聘汤炳正教授做顾问，我在具体操办期间，多次与汤先生联系，征求整理出书事宜的意见及建议。汤先生每信必复，且有中肯的意见。汝舟先生《论学杂著选》出版，汤先生《序》道：“工作之暇，我常与张公析疑论难，以学术相砥砺。颇有“以文会友”之乐！……公早年曾受业于蕲春黄先生之门，并常以“不失黄门家法”自勉。……公对经学、史学、文学、哲学以及文字、声韵、训诂学等，皆有独到之见。……命笔之际，往事历历在目。聊缀数语，以抒积愫，并代序言。”这些文字，显现老一辈学问家之间的交谊，朴实无华，是内心真情的流露。

1986年春，我途经成都，专程去郊外的四川师大拜望汤先生，表达后学对前辈的景仰，他热情接待，询问学业，并相约给他们的研究生开天文历术讲座。后来，四川师大编印《中国儒学辞典》，又有专函约我撰写有关“易学”的词目，那时我正在吉林大学随金景芳老先生学《易》，编写词条还算得心应手；此之前，素无交往的重庆师院学报编辑部曾老师突然来函请我审阅稿件，又向我索求文章，都声明是汤炳正先生的推荐。我真切地感到，汤先生作为学界前辈对后学的提携与鼓励。

1989 年 12 月 30 日，四川师大为汤先生八秩华诞召开纪念大会，此前还来函知会贵州大学校方。祝开成校长向我咨询，让我代学校拟一寿联，表达贵州大学对汤先生的祝贺。我拟就的贺电全文如下所示。

融通华夏文明五千年传统

赓续乾嘉学术三百载辉光

这是贵州大学师生对他的高度评价，汤炳正先生的确也是当之无愧的。

此外，我代表贵州的晚辈学人也去电祝贺，寿联如下所示。

立德立言，桃李满天下

寿人寿世，文辞冠中华

1990 年 5 月，春暖花开，中国屈原学会第四届年会在贵阳召开，会场设在省人大招待所，汤先生作为会长与会，他以高龄请辞，结果还是连选连任。

有这么一个机会，我们一批钟情“章黄”学术的晚辈学子，先后宴请了汤先生。会议结束，贵大祝开成校长在校园设宴招待汤先生及赴会的汝舟先生长子张叶芦教授，我也应邀作陪。祝校长言辞恳切：“我们不会忘记老一辈专家教授。没有你们，就没有贵大的今天。”汤先生与张叶芦教授，对贵大的发展变化做了充分肯定，希望贵大越办越好。只是可惜，两位教授年事已高，加上几天会议的劳顿，没能在贵大讲堂作两场精彩的学术报告，真是憾事。

汤炳正教授去世八年了，我们已不可能亲聆他的教诲。有心问学的青年学人，你就读一读汤先生的《楚辞讲座》吧！相信你会有所收获。你读到讲录，会感到汤先生不仅授人以鱼，更是授人以渔，通篇贯穿着循循善诱、金针度人的育人理念，绝不是一般讲学者的泛泛而谈。也许，你在欣赏《楚辞》时遇到的种种疑难，会在《楚辞讲座》中找到绝妙的答案。

2006 年 11 月 19 日

# 史学的困惑与出路

我也算是一位对中国古代文史颇有研究的人，细一想，不过是写了一些考据文章而已，对真正的史学理论依旧知之甚少。最近有幸读到陕西师大常金仓教授的大作《穷变通久》，才感到眼界大开，对史学的认识又大大前进了一步。

书中，作者以为，在孔子以前，史学就是政治学，史学家本人也是一个典型的政治家。孔子以后，经学与史学出现裂痕，《春秋》用历史形式阐说政治学说的局限便是显而易见的。在古代史学家眼里，历史学只有从属于政治才是有意义、有价值的，经世致用应是历史学的最高宗旨。而 21 世纪后半期的实践表明，历史研究为现实政治服务的能力已走到了尽头。“史学危机”要归因于为政治服务太多，而从来不注意自身学科的规范建设。就是说，为自己服务太少。历史学重整旗鼓的唯一出路在于走出政治，走出考据，走向科学。

梁启超说：“旧史皆详于政事而略于文化。”而政治史学既没有科学价值，也缺乏哲理启示，它只是一种实用的东西。这就注定了旧史学的必然冷落与没有出路，这也是新时期历史学出现困惑与尴尬的缘由。

“穷则变”，历史学于今日走入困境，由一个在人文社会科学大家族中享有累世尊严的学科，变成了备受冷遇的门类，“史学危机”已成事实。怎么办？有人主张将史学抛入市场，“历史学的学术成果也要以商品形式与社会进行交换”。作者以为，历史学下海不过是由政治服务改为为经济服务罢了。历史学应该不断严格自身的科学规范而给人类生活带来实际效用，才能受到社会的倚重。

近世有眼光的历史学家努力为史学寻找科学之路，他们发现，文化史学乃是历史学的一种研究策略。这就很自然地提出了建立文化史学这一新的学科，以彻底改造、取代旧的历史学。

文化史学不再满足于叙述一个个历史事件，也不再满足于描述一个个历史人物，文化史学把全部注意力集中在由事件人物表现出来的各种文化现象上，这些现象既有极大的稳定性，又有相当的齐一性。而具有稳定性、齐一性的事物才是科学方法便于处理的对象。因此，文化史学家的第一件事情就是从大量的事实中捕捉、发现、确定文化现象，再就这些文化现象做出正确的解释。

作者还以为，自然环境、心理状态都不是解释文化现象的理想方法，文化只有靠它自身才能得到令人满意的解释。用文化解释文化，就是把一种文化现象分解为若干相对单纯的文化要素。对文化要素进行分析实际上是将历史事实做还原的处理，这就在层次上深化了历史研究。很明显，文化史学不同于旧式叙事史，它旨在做出理论的概括。旧有的历史学受着哲学的束缚，建立了一种长久的主仆关系。因而作者说，告别哲学是历史学成为科学的关键一环。历史学可能是社会科学中最后摆脱哲学困扰的一个学科。

文化史学当以文化的单体观作为研究的出发点，既要把整个人类创造的文化看成一个整体，也要把相对独立的文化体系看成一个整体。作者批评了历史文化研究中的人为分割，一是按地域或按专题叙述文化，这就是所谓的“专门史”。因为一般人看来，分域式便于文化的比较，而专题式易于问题的深化。其结果势必切断文化因素之间的联系，肢解了文化，从而也就破坏了规律（即探索）。二是不少历史学家二十年前热衷于参与的历史文化分期，令人担心。这种历史分期的种种非科学的弊端很快又会殃及文化史学。总之，人为的分割有碍于文化的整体研究。

这里，作者谋求历史学的整体改造，所以他并不满足于对文化史学的理论探讨，他又用了大量篇幅以自己独到的“文化史学观”对中国古代文化做了切合实际的令人耳目一新的阐释与分析。无疑，这就是与旧史学所不同的对古代史实的新的理解。从这个意义上说，我们应该深深感激常金仓教授，他毕竟是文化史学的开山领头人。他的《穷变通久》既有文化史学的理论，又有文化史学的实践。全书虽只有 24 万字，我却实在地感到了它的厚重。

原载《贵州日报》1998 年 11 月 20 日

# 花甲之后又十年

2001年我年届花甲，编辑了一本文集，取名“辛巳文存”，收录那些零散的单篇文章。

记得当年三角院楼房落成，我们搬入新居，朋友来贺，品茗饮酒，顺真居士口占四言八句，语曰：“爰自巴蜀，托命黔庐。明师指点，早入正途。究心坟典，堪透天书。正性正命，非有非无。乔迁之喜，紫气桃符。高朋满座，不亦乐乎？修身养性，吃斋念佛。学通天地，西南硕儒。”顺真居士在说“法”，希望我们也像他那样“修身养性，吃斋念佛”，后面一句自是过奖过誉。走过六十年，也没有想到过生日，只是借搬家做个题目，大家聚一聚。尔后《辛巳文存》也印了出来。四言八句多不记得，而“修身养性”的道理却渐渐明白。

一晃又过十年，居然又发现若干不入正编的单篇文章，汇总起来也有八九十篇，还是老办法，编辑一本文集以兹留念。

人生百年，有人这样解读：0岁哇哇出场，10岁快乐成长，20岁为情彷徨，30岁基本定向，40岁拼命打闯，50岁事业兴旺，60岁告老还乡，70岁搓搓麻将，80岁晒晒太阳，90岁躺在床上，100岁高挂在墙。最后说：生的伟大，死得凄凉。凄凉，似乎太感伤了。生的伟大，何来凄凉？应该说，生的伟大，死也正常。

我走过不少地方，几乎所有小学校，都以“好好学习，天天向上”这八个字作为校训。当初，我总以为是专门为小学生做的题词，未必还有深意。到过了六十岁，真正返老还童，对这八个字的理解却大不一样。我们生活在这个世界上，就算你多么高明，你永远都是一名小学生，真得“好好学习”。进入21世纪，我们这些老人，包括我的很多老同学、老朋友不会用电脑，不会处理手机信息，不会的东西太多，真正地赶不上一个小学生。人老啦，不少人已经从心理上开始衰退，觉得干什么都没有意义。能写文章的，不写啦；能讲课的，不讲啦；能干点什么的，也不干啦。壮年时代的斗志，全没有了。要是承认我是一名小学生，为什么不“天天向上”呢？这些年，“天天向上”就成了我的座右铭。不进则退，不斗志昂扬就会衰退。大道至简，毛主席这八个字包含着丰富的哲理，给我的启迪实在太多。甘当小学生，向上，天天向上，永不言退，自己也感到年轻了许多。人活得是一种精神，精神垮了，自然觉得生活没有意义。

进入 70 岁，是“搓搓麻将”的年龄。医生告诫：少吃盐，多吃醋，少打麻将多散步。养生健身显得重要。身体养好，该干什么还得干什么，还是要“天天向上”。

文章汇集于辛卯年初，这本集子就叫“辛卯文汇”啰，泽渡说“用文粹好些”。文粹，自然是精华，那就再过十年，还出一本文集的话，就取名“辛丑文粹”吧。

这其中，“汉字解读”有十余篇，那是凤凰出版社2009年4月正式出版《汉字解读》之后陆续写出的，贵州日报也先后在《张先生说汉字》栏目刊发过。

文章的分类、编辑、电子文本，都由我的两个弟子张金宝、黄志强完成，远在承德的金宝出力尤多，在此深表谢意。

2011 年正月二十五日

# 《现代汉语语法入门》[1] 评介

廖定文同志编著的《现代汉语语法入门》(以下简称《入门》),不仅具有一般教学语法的特点——科学性、稳定性、简明性、实用性,而且内容充实而系统,观点稳定而有新意,叙述详尽而深入浅出,可以说是语法教学的指南。

下面简要介绍一下《入门》的上述几个特点。

第一,内容充实而系统。此书虽名为《入门》,但所写的内容并不简单。虽说是以"提要"的体系为依据,但范围并没有局限于中学课本中的语法内容。它不仅包括了中学课本中语法知识的全部内容,而且包括了大学文科基础课所讲授语法知识的全部内容。现代汉语各级语法单位(语素、词、短语、单句和复句、句群)的性质、特点、用法、分类、组合规则、分析方法,可以说汉语语法的所有基本问题都写得很完备。其中,只有句群的分类和分析方法未写进来。但这在语法学界尚属研究中的问题,作为基础知识以不写为妥。《入门》还显示了汉语各级语法单位的结构方式基本一致这一重要特点。而且词、短语、句子成分、单句和复句的类型,都编列了详表。全书的安排和各部分内容的组织,眉目清晰,条理清晰。阅读此书,读者不仅对汉语语法的轮廓能够一目了然,而且对各部分的详细内容能够很容易全面了解。所以,《入门》的确是内容充实而系统性强的书。

第二,观点稳定而有新意。《入门》保留了《暂拟汉语教学语法系统》的合理部分,体现了《中学教学语法系统提要(试用)》(1984 年)的精神。它对《暂拟汉语教学语法系统》作了一些修改。取消了三种合成谓语,复杂谓语,复指成分,前置宾语,动词、形容词名物化,联合复句和偏正复句两大类的划分等。原来划分词类的标准是"词汇·语法范畴",改为以语法功能为主,兼顾意义;双部句和单部句改为主谓句和非主谓句:非主谓句不再

[1] 本书为廖定文编,由贵州人民出版社 1987 年出版。

分无主句和独词句，而是从结构上说明非主谓句是由主谓短语以外的各种短语构成的。增补的主要有语素、短语、层次分析图解法、句群等。此外，《入门》还增写了语法的重要性词的构造。所以，《入门》既有稳定性，又富有新意。

第三，叙述详尽而深入浅出。《入门》不仅内容充实、完备、系统，而且对一些重要问题或不易掌握的问题，讲得明白、清楚而详尽。例如，语法单位和语法结构有什么不同？语法分析包括哪些内容？语法分析要注意什么问题？什么是结构层次和结构关系？语法单位之间发生结构关系要具备什么条件？各类短语的组合手段分别是什么？各类短语分别有哪些功能？句子、短语、词、语素在性质、功能、标志和构成条件方面有什么根本不同？单句和复句的根本区别是什么？句群的组织有何特性？汉语的合成词有哪些构词方法？为什么要划分词类？划分汉语词类的标准是什么？各类词主要有哪些形态标志、组合能力和用法？能愿动词有哪些特点？判断动词只有一个“是”吗？介连兼用词的词性和用法怎样辨析？各类短语是怎样构成的？怎样辨别时地主语和状语？短语成分和句子成分有什么关系？为什么附属成分只有句子中才有？主谓句和非主谓句各有哪些基本句型？这些基本句型是怎样构成的？什么是把字句、被字句、连动句、兼语句？这些句式的构成条件分别是什么？省略及其分类与语境有什么关系？关于“复指”问题，《中学教学语法系统提要（试用）》对《暂拟汉语教学语法系统》有何重要修改？分析单句的要求、重点、原则、步骤、方法、符号是什么？分析多重复句的要求和方法是什么？主谓倒置现象在静态单位的短语中有吗？所有这些重要问题，一般语法书或者没有涉及，或者讲解略显陈旧，但《入门》则按照新说叙述得十分详尽，而且深入浅出，明白易懂，言简意赅。

由于《入门》具有上述特点，因此，爱好者自学、教师教学参考、学生复习使用起来都十分方便。

当然，《入门》也不是完美无瑕的。以一人之力完成一本教学语法书，有考虑未周之处是难免的。笔者以为以下几处欠妥，愿与作者商榷。第 10 页说，“和、跟、同、与”等是虚语素，又是不自由语素，但它们是独立的词无疑。说它们是不自由语素，就跟《入门》对不自由语素的界说（《入门》第 9 页）相抵牾了。第 84 页说，“个”后面的“数量短语是宾语，而不是补语”。这样笼统地说似有不妥，当有分别。应该说，“个”后面的物量短语是宾语，表时量的短语是补语。“等个两三天”也应改为“等个〈两三天〉”。第 151 页倒 11 行，例（1）“我已经看了（昨天买）的（新书）的（主要）章节。”定语划分有误，应分析为“我已经看了（昨天买的新书）的（主要）章节。”此外，有一些明显的是校对失误，因与作者无关，就不赘述了。

原载《中国语文天地》1988 年第 5 期

# 《桑宏恩诗集》序

中国人走上文学之路往往是从诗歌起步的，中国是一个崇尚诗歌的国度，诗歌在华夏文化中有举足轻重的地位，也有悠久的传统，从《诗经》算起，已有三千年以上的历史了。文化人不会吟诗作对，那是要遭人耻笑的。

我们知道，文字是文明的标志，是思想感情的表述，而诗歌则是激情的迸发，没有激情是写不出好诗的。正因为这样，文字精练就成了诗歌的首要特点，“诗贵在精”“诗贵含蓄”也就自不待言了。以这个标准衡量《诗经》，短小的“十五国风”就足以体现《诗经》的价值。人的感情是富于变化的，诗歌的文字也得讲究变化，起伏跌宕就构成了诗歌的另一个特点。

我们说，从形式到内容，唐代诗歌已经达到中国诗歌登峰造极的地步，唐诗当之无愧成了诗歌作者的楷模。“熟读唐诗三百首，不会吟诗也会吟”说的就是这个意思。不容否认，杜甫的诗在唐诗中极具代表性。举世公认，杜诗的风格是“沉郁顿挫”，这也当是中国诗歌的主流正宗。其实，沉郁就是含蓄，顿挫就是变化。杜诗好就好在他集中体现了诗歌的这两个特点。宋人学唐诗，真正到家的是黄山谷，他学的就是杜甫的“沉郁顿挫”。可见，把握了这两点，才有好诗。

摆在面前的是桑宏恩先生两百来首小诗，细细品读，确有深意。用以上两点来衡量，其中不乏好诗。

人生世上，随时随地都在观察身边事物，但未必都能观察出一首诗来。在桑先生眼里，处处都有诗：落花漂浮在水中，太平常了，他咏道“含花水流香”，花随水流，连香味也闻到了；黄昏的乡村，回家的牛一边走一边不停地咀嚼着青草，他写下“归牛路含青”；山中秋日，山雨欲来风满楼，谁都经历过，在他眼里是“风急万枝摇”；与友人深夜里室内交流，细语轻声，他表述为“烛窗私语细”，又像是从室外经过的感受，五个字把室内、室外都写到了；春日野外踏青，行走在春草地上，作为一个性情中人，哪有心伤着这幼嫩的野草，只得“护绿马蹄轻”，爱春、惜春的心境跃然纸上。这就是诗，精炼含蓄，几个字就表达了多层意思，读的人可以放开去想。

说到杜诗的“顿挫”，不必理解得很复杂。简言之就是变化，体现在文字上，就是阴一句阳一句，冷一句热一句，或者说虚一句实一句。句句都写实，缺乏精气神，就没有诗味，就不叫诗了；句句是感受，空泛缥缈，也不是诗。“东边日出西边雨”是写实，下句就得虚写，所以才有“道是无晴却有晴”。有虚有实，虚实相映，“顿挫”就显现了。这本诗集中的很多诗都做到了这一点。《哭袁崇焕》云：“凌迟处死民犹庆，从此大明无忠臣。”《过古寺》云：“先贤古训碑仆地，历朝兴废壁上观。但得春回香火胜，长歌一曲再参禅。”《登古北口》云：“千古兴亡随风去，一弯新月上城壕。”不能不说，桑先生是写诗的高手。

这本诗集的主体是七言诗，题材广泛，还是体现了桑先生无处不诗的特点。到瓜洲写瓜洲，到云台写云台，远的明孝陵、天一阁、古北口，近的香纸沟、六广河、甲秀楼、弘福寺，风景名胜如西湖、花溪、屯堡，他都有题记。历史人物袁崇焕、丁宝桢、秋瑾，甚至连战回访大陆，他都有感怀诗作。山寨、陋室，春晓、秋野，青竹、苏绣，都在他的笔下生花。这就是诗人，处处留下他诗的足迹。

我称桑先生的诗为五言、七言，不敢说绝句、律诗，因为很多是不入律的。格律诗有严格的平仄、对仗、叶韵，如同舞台上的戏剧服装，现代人穿在身上是不自在的，也是不自由的。当今很多写旧诗的就并不讲究，读者也不苛求，读者认可的是诗味。就算高档酒店的厨师制作的宴席，未必都能做到色、香、味俱全，食客也不会过分挑剔。我是喜欢格律诗的，但我也爱读一些好的自由体旧诗。写得不好的格律诗，同样让人味同嚼蜡。有如道德文章，形式始终是第二位的。

桑宏恩先生长期在贵州大学成人教育学院负责教务，我是在成教学院代课任教时候认识他的。他给我的印象是做事严谨，为人忠厚。凡外聘教师他都建档立案，专业强项，教学特长，他都做到了心中有数，课程的安排也做到了扬长避短，人尽其才。那期间教学秩序井然，教学效果显著。贵大成教在全省的威信步步高升，桑先生功不可没。待到贵州大学 2007 年编印出版《溪山畅咏》这本诗集时，我才读到他的诗作，感到桑先生的诗很有品位，可以一读，也值得一读。我脑海中他勤勤恳恳的基层文职形象已不复存在，留下的是一位涵养深厚、喜欢舞文弄墨的文化人真身。我这才真正认识了桑宏恩先生。这之后，我们开始了真正的交往，免不了还是要谈诗写诗。

桑先生这两百来首诗作，我是先睹为快，于是写了上面的话，算是一个朋友与普通读者的感受吧。

2008年3月16日

# 香自苦寒来[1]

1958年暑假过后，我从大巴山里的老家，辗转乘车奔赴贵阳，开始了大学生的新生活。我们贵州大学中文系一百名学子，分两个班开展活动。我们二班，五十人，是一个非常活跃的集体，说得上人才荟萃。到了二年级，“中二乙”已经是全校闻名的先进班级。说是“先进”，不如说是我们相处融洽，彼此亲如兄弟姐妹。其中，刘远虞兄就是一位很活跃的人物，尤其文娱体育活动，几乎样样在行，能歌善舞，长于演奏，称得上出类拔萃。我与他不在一个小组，接触并不多，他给我们的印象是：长得帅，且极具才华。毕业后，我们都到了毕节，交流自然多起来。那时，我在毕节一中教书，也在毕节地区工会办的夜校兼课。1965年初，远虞兄从羊场坝搬来毕节，我立即推荐他到夜校上课，一堂课下来，大受学员们欢迎。从此，他在毕节就很有名气了，语文教学顶呱呱。之前，他的文艺天赋已经在毕节师范学校展露，演奏、演唱、话剧表演都是学校骨干。他的学生告诉我，“刘老师扮演的林育生，轰动全校，让我们大受感动。”可惜，“文革”十年，大家都耽误了。远虞兄的才华无处发挥。尔后三十余年，他在毕节一中、昆明铁路一中教书，语文教学的口碑极佳，自在情理之中。我读过他一篇总结语文教学的经典文章：《语文四化与素质教育》。所谓“语文四化”，即“现代文教学——三阶九步自动化，文言文教学——多读积累立体化，作文教学——三文同步系列化，基础知识教学——主要基础知识工程化”。这就是在语文教学中搞好素质教育的方法。“素质教育的终极目的是培养创造性人才，其中，语文教学起着举足轻重的作用。”远虞兄高瞻远瞩的见解就不是一般语文教师能够

[1] 此文是为刘远虞《学步集》所写的序。

达到的。我是说，他在语文教学中展现了他的才能，让我们这些做过中学语文教师的都望尘莫及。

退休后，他也没有闲着，他苦练书法，已经到了很高的境界，不少书法佳作在国内外大赛上都得过奖。

2008 年秋，我们在贵阳相聚，我才知道他创作了数以千计的旧体诗词。后来他陆续寄来一些篇章，我兴奋不已。原来他在教学之余，已经苦吟苦诵，磨炼了四十余年，终成正果，撰写的诗词都可以作为后学的楷模了。他“执着追求，凡经一人一事，凡见一草一木，凡听一吟一咏”，必援笔赋诗，可谓勤矣。这就告诉世人，天赋与勤奋，的确是事业成功的保证。

我鼓动他将诗稿结集印出，传诸后人。我请学生罗松乔负责编辑、打印、校订，借以学习提高。松乔已有诸多赞誉，算是学习心得，一并刊发于后。我委托已故好友陈文荣之女陈怡的印刷厂负责印制，为文化付出而不图盈利。已故文荣兄与远虞也是相知好友啊。

我选用一幅梅花图案作为封面，那是不言自明：香从苦寒来。这也符合远虞兄的身世。他的馨香，来之不易。

诗集名为“学步”，是远虞学兄的谦逊。多年的清心寡欲，我已没有激情，与诗词渐行渐远，要是还想吟诗作对，真得从头“学步”，远虞兄的《学步集》也正好作我的教科书。

2010 年 3 月 18 日

# 《文路漫笔》序

大学同窗阳述周要编一本文集，把过去发表过的长长短短的文字汇总印出。这自然是一桩好事，我是极力赞同的。一个大学中文系的毕业生，一辈子教书育人，没有停止过文教工作，教学之余，偶尔提笔抒发自己的内心感受，多年下来，也就有了七八十篇，专业的编辑成《法律文书写作论文集》，余下的汇集在此，我给它取一个名字：文路漫笔。因为有几篇称之为“漫笔”的文字在内，冠以“文路”二字，也算是贴切的。我不过是慵懒地不假思索而已，居然得到述周兄的首肯。

虽是大学同窗，但学生时代同级不同班，交往还是很少。大一时候他在甲班，担任团支部书记，我在乙班，远在党团之外。

大学毕业，我们一同分配在毕节地区教书，他和刘远虞同学在毕节师范，我到了毕节一中。师范虽是地区直属学校，校址却在大方县的小镇羊场坝。待到“文革”前的1965年，毕节师范新校区在毕节城外的杨家塘兴建，他们陆陆续续搬到毕节，那之后我们才真正有了来往。差不多每个周末，和刘远虞我们三人总是聚在一起，炖猪脚、烧猪头，美美地吃上两顿。无非是海吃海聊，无话不说。那是我们相处最融洽的时候，尽管外面世界轰轰烈烈，我们还是书生意气。

善良的心性，让我们有了更多的共同语言。与人为善，让我们彼此有了心灵的沟通。

老阳同学毕竟是当过团支部书记的，到毕节师范学校后受到重视，他的才干也得到充分发挥，学校的事他总是带头在前，吃苦耐劳，干劲十足，他成了青年教师的标兵，被誉为“毕师的王铁人”。就凭这个雅号，也令人肃然起敬了。1975年春后，他被推荐到贵州大学充实教师队伍，考查他的同志向我了解他在毕节的情况，我如实地介绍，他是“毕师的王铁人”啊。就这句话，已经给他大大地加分。

老阳结婚比较早，夫人是独姑娘，老岳母一直由他夫妇照料。调到贵阳，他已经有两女一男，一家六口。几十块钱工资，养一家子人，他身上的担子实在不轻。我佩服他东拼西打，千方百计支撑着这个六口之家。那时候，生活艰苦。他夫妇二人不得不在住地周围的坡地里开荒种菜，起早摸黑，刨土挑粪，希望蔬菜能够自足，借以减轻生活的压力。他的苦，他的累，他的实干，他的苦干，我都看在眼里。他要挣钱，他要养活这个家，他不可能在学术上有更多的投入，他无法清静下来搞文学创作。调到法律系以后，他精研业务，开始在司法界里打拼，最终找到了适合自己发展的空间。他开办法律服务所，为弱势群体代言。他又和朋友开办实业，也取得了成功。在大学同窗中，他算是“先富起来”的那一类。不凭权势的贪腐，不靠商场的欺诈，他靠什么？我以为，还是王铁人精神。天上不会掉馅饼，吃得苦，经得累，才有成功。这是我从阳同学身上看到的。

同窗阳述周是个实干家，不是教育家，也不是文学家，他的文字说不上优美，但处处体现实话实说，没有虚伪，只有真诚，没有空话，只有朴实。还是应了那句老话：文如其人。这正是我答应给他的《文路漫笔》作序的缘由。

2010年中秋节前夜

# 《花溪龙腾跃》编后记

2008 年，正是我们 1958 级同学进入大学的五十周年。当年 5 月，我们向国内外的同窗发出了通知，希望金秋九月在贵阳相会。我们选定 9 月 20 日在母校贵州大学度过，开一个座谈会，畅叙别后，也请老师们聚会，畅饮三杯。1958 年 9 月 20 日，新的贵州大学在照壁山下的师院大操场正式宣告成立。当天，秋阳高照，红旗翻卷，万人齐聚，鼓乐喧天，人人心中涌动着积极向上的气势，我们作为贵州大学首届学子，美好的心情真是没法形容，好像这庆祝大会就是专门为我们召开的。当日情景，如同昨日，历久犹新。50 年来，新贵大成立庆祝典礼的轰轰烈烈始终鼓舞着我们，始终伴随着我们走向社会，走向人生旅途。50 年后的今天，我们回到母校，重温母校给我们的博大的爱。

贵州大学校友总会杨正元主任自始至终陪伴我们在贵大的行程。参观校史馆他担当导游讲解，参加我们的座谈会，他认真听取我们各自的陈述，他当场表示自己很是感动，为我们的勤奋，为我们的坚韧，而且他对 1958 级校友们心生敬重。他还说，要是把我们的奋斗历程写出来，对当代的大学生会有很大的鼓舞，因为我们是当今同学们的榜样。

尔后，我与杨主任几次交谈，他都真诚地希望我们 1958 级校友能给校史馆提供更多的资料，让校史馆更加充实。我把杨主任的想法告诉钟伟老大哥，他也欣然赞同，认为是好事。何乐而不为？我们不便把编撰一部文集作为个人行为，也希望得到学校领导的支持与认可，要求有个文字依据，便于向同学们征集文稿，最后汇集成册。我们 1958 级的同学会会长是李钟伟老大哥，副手是杨启云杨二哥，还有秘书长程在福师兄与我。我们几个就自然形成了编辑组。钟伟哥让我牵头找几个人，具体操办此事。这是 2008 年年内的事。

任何事情都得有人干，而且只有任劳任怨地干、认认真真地干，才会成功。我首先想到的第一人选是同窗罗福应。他是中学特级教师，语文教学与研究是一流的。我们在审读五十年聚会的光盘时，他提出了具体而中肯的意见，哪怕一个标点，他都没有放过。他的修改建议，我们都一一采纳。而且，退休后他长住花溪，与我最近，随时可以会面。2009 年初，我们起草了征集文字的约稿信，杨主任又给了我们征稿的“尚方宝剑”，在校友会致函上一一盖上了鲜红的贵州大学校友总会印章。总会的致函如下。

贵州大学 1958 级中文系校友：

根据校领导关于收集历届校友资料的指示精神，请老校友们积极支持“1958 级业绩编辑组”工作，为充实校史陈列馆史料做出你们的贡献。

谢谢！

贵州大学校友总会

2009 年 1 月 5 日

我们将校友会致函与约稿信装入信封发出，征稿活动就正式启动。不多不少，整整两年。两年间，同学们怀着对母校真诚的热爱，怀着对中文系领导、老师们感恩的心，大力支持文集的汇编。

中文系 1958 级汇总名单，有同学一百八十四人，五十年后的今天，大体四而分之。健在又鲜活的，四十多人；老迈衰病，难于出门的，四十多人；已经故去的，四十多人；至今无法取得联系的，也有四十多人。有五十多人为这本文集来稿，已经就不错了。

文稿的处理，先后经过三次校订，参加编校的同学阳海洲、刘奕刚，当年都做过大学学报主编，十分在行，书稿的错误在万分之一以下，那就庆幸了。这期间，罗福应出力很多，后半年他是带病处理文稿。要是编委会分得更细些，他应该是个常务编委。

关于书名，编辑组也专题做过讨论。最终决定采用钟伟老大哥提出的“花溪龙腾跃，麟山剑出鞘”的前面五个字。有人说，剑出鞘，实在有点剑拔弩张了，还是含蓄点好。书名，只是体现出 1958 级同学对花溪河边母校的深爱而已，虽平实而情意绵绵。

今年 11 月上旬，书稿二校后，我们请龙超云书记、陈叔平校长为这本书写点文字，两位校领导欣然应允，先后都发来文章。超云书记的文字从校友身份切入，写得文情并茂，也体现女性文字的秀美；陈校长从办大学、办好大学的理念出发，视野开阔，高屋建瓴。

书记、校长的文章都来了，算是给这本书作“序”了，放在前面是没问题的。孰先孰后，让我踌躇。我给陈校长发了短信询问，他肯定地回答：“当然是书记文章在前，我的在后。”这毕竟是官场规矩，按职务高下分先后，排名不得错乱。我特意到宣传部，印出两篇文章，征询年轻人的意见，没有结果。我只得按照文章内容，将叔平校长文章放前，超云书记文章正好作为过渡，接上下面 1958 级校友的文字。事情虽小，却让我很费神思。

样书出来了，我与福应兄又分别从头至尾认真校读一遍，还是发现不少错误，我们当然希望把错处减少到最低，以不辜负 1958 级同学们的重托。书就要开印啦，我如释重负，终于感到轻松了许多。因为，我们编辑组每个人都不取分毫的报酬，义务、义工、义不容辞，是我们这代人的共识，是我们这代人的操守。母校贵州大学，我们永远是她的儿女，我们对她永远心怀感恩，我们对她要尽终生的义务与责任啊。

2010 年 12 月 3 日

# 《醉墨吟》序

中华民族是一个酷爱诗歌的民族，中国文学的起点就是一部《诗经》。衡量一个文化人的标准自然少不了诗词欣赏和诗词撰写。诗词联语都不能书写，谈何文化？文化的具体含义我曾经归纳为两点：一是方块汉字要写好，二是对联要做好。这才是文化人的基本功。

正是如此，我对能够写作旧体诗词的朋友有一种自然的亲近，搞理工科的朋友若能够吟诗做对，我更是格外地敬重。

成忠礼同志是我巴中中学高中的校友，后来他在中科院地化所做科研，退休后热爱古典诗词，创作了不少表情达意的佳作。他正是一位很有文化的科研人员，值得敬重。

诗言志。忠礼的诗自然是处处言志，表达他的心性志趣。他的豁达大度，他的乐观向上，他的百折不挠，都在诗里有所体现。

《丹霞览胜》道："众山俯首皆膝下，更有高峰待攀登。"忠礼就是这样一个勇攀高峰的有志之人。人在高处，更有眼界。眼界宽阔，自然豁达大度。这种境界当是多年修炼才能养成的，修身、齐家、治国、平天下，非一朝一夕之功。诗句"酿得甜蜜奉乾坤""仰望福年万里红"都是忠礼豁达个性的体现。

《吟向日葵》道："雨打雷轰腰且挺，昂头向日总依然。"忠礼自喻向日葵，忠心向党，乐观向上。他"宠辱不惊云卷舒"，他"是非功过如烟云"，他"不求封赏不请功"，他"愿做工蜂花界忙"。忠礼积极进取，永远是一个乐观向上的人。

十年"文革"，波推浪涌，免不得高峰低谷。高处显达，跌入低谷又怎么对待？这就各有不同了。忠礼从市级管理职位上退下来后，并不气馁。"波涛荡漾出，涤尽许多愁。"他也感叹过"蚕为丝多可丧身"。他是真的醒悟了，明白了许多人世之道。

尽管如此，他依然奋斗不止，“三十未立妄言冤，半百鬓灰岂老年！”以中华民族百折不挠的顽强意志，坚信“报国终有期”。他果断放弃了提升的机会，毅然回地化所，该干啥干啥，继续前进。硬是抢回十多年的时间，在科研领域做出了可喜的成绩。

“在岗薄薪从未怨，余年修养续新篇。”“琴棋书画怡心志，网视报刊晓世间。”一个闲不住的人，退休后生活还是那么丰富多彩。这就是我们的校友成忠礼同志。

忠礼八十大寿恰逢2018年春节。忠礼积诗成集，传诸后学。今我诵读其诗，敬重其人。写出感受，权充诗集《醉墨吟》序文。

2018年1月25日

# 《张达伟诗集》序

中华民族是一个酷爱诗歌的民族，诗词是文化人的审美符号。当今，能够书写旧体诗词的人不多了，正因如此，《张达伟诗集》弥显珍贵。

摆在面前的《张达伟诗集》，让我感慨万端。一位正厅级干部坚持旧体诗词写作三十余年，真是难能可贵，让我格外敬佩。

从他在毕节一中读书算起，我与达伟相识四十余年了。真正接触却是在1978年他考入贵州大学中文系之后。四年期间，因为都来自毕节，来往甚多，了解也多了起来。

他个头高，是毕节一中篮球校队主力。高中毕业下乡当了四年知青，尔后才考上大学。1982年秋天，毕业后回到毕节，选择去供销系统工作，一干就是34年。从普通工作员层层提升，一直干到贵州省供销社主任。咬定青山不放松，他把供销工作当作他毕生的事业，干得愉快而有成效。主政九年，农村服务网点从四千多个发展到一万六千多个，他自己也六次荣获省委组织部颁发的“优秀领导干部奖”。

一个热爱工作的人，也必然热爱生活。达伟将他的笔墨洒向祖国的大好河山，倾情写出歌颂祖国山川的不少诗篇。颐和园、漓江、庐山、神农架、峨眉山等风景名胜，他都有吟诵，贵州胜境如黄果树、龙宫、双乳峰、百里杜鹃、梵净山都在他笔下熠熠生辉。古今人物从屈原、李白、陈子昂、丁宝桢到李世杰、戴安澜、杨善洲，达伟的诗歌之中都寄托着对这些先贤圣哲的崇敬与仰佩。古人云：“诗可以兴，多识于鸟兽草木之名。”达伟与千百年来的文人墨客一样向往自然、热爱自然、歌颂自然。达伟的松、竹、梅、菊，与古人佳作绝不雷同，他另辟蹊径，写得别具一格。只有细心体味，才能得其妙处。

达伟长期主持贵州省茶叶流通协会工作。他喜茶爱茶，平塘春茶、都匀毛尖、湄潭翠芽、贵定云雾贡茶，都在他诗歌中溢流出了黔茶的馥郁清香，让人感受到黔茶的醇厚浓烈。

与任何时代的文人一样，达伟既讴歌自然又关心社会变革，这是中国文化人的社会担当。达伟生活在一个大变革时代，翻天覆地的变化，一步一步，他的诗词都有记录，由此可以看出他的现实主义精神。他有首诗写道："天下农民最苦辛，历朝历代垫底层。春播秋收冬讨口，喂猪养蚕为他人。"不难看出，他的确是一个有良知的诗人。

在达伟内心深处，有儒家文化的深厚修养，这当然是贵州大学四年中文系教育潜移默化的功效。他不愧是贵州大学中文系一位优秀学子。

达伟身为领导干部，百忙之余，始终钟情于传统文化，知行合一，并有所建树，这部厚重的诗集就是明证。这也是我乐意为达伟诗集作序的缘由。

2018 年 1 月 28 日

# 文化篇

# 怎样读书

青年人读书，多不得法。或走马观花，一扫而过；或囫囵吞枣，不求甚解。昨日读，今日忘；今日读，必明日忘。徒费时日，收效甚微，自己也深感苦恼。

今介绍读书二要，请尝试之。

其一，读书要记，记笔记。记什么？记要点，记主旨，记住好的字、词、句。归纳文章大意，点评文章优劣，写出心得体会。总之，要自己动手。勤记勤写，文章也就自然通达。

其二，读书要找，找问题。什么是问题？读不懂的地方是问题，此一。各家解说不一的地方是问题，此二。自己有不同看法的地方是问题，此三。

总之，要自己动脑。问题开启智慧，文思就会汩汩泉涌。不懂的，去弄懂，必有所获。品评各家解说，提出自己的观点，列出一二三，就是一篇小考据。学会写小考据，才会写大文章。

2011 年 9 月

# 端午与阴阳五行说

端午是我国重要的传统节日，自汉代以来就极受重视。因为时在农历五月初五，又称“重五”或“重午”。是日家家皆挂菖蒲、艾叶于门，制雄黄酒，或饮或涂，以驱魅避邪，所以又称“菖节”“蒲节”。

此种习俗，其源甚古。《大戴礼记》载，“五月五日蓄兰为沐浴”，这自然是源于《楚辞·九歌》“浴兰汤兮沐芳，华采衣兮若英”。《后汉书·礼仪志》载：“五月五日，朱索五色印为门户饰，以止恶气。”《风俗通》云：“五月五日以彩丝系臂，辟鬼及兵，令人不病瘟。”确有讲卫生、防百病的作用。

端午节的重要内容是包粽子投江祭奠屈原，竞划龙舟打捞屈原。时至今日，端午节包粽子几乎是南北一致的风俗。竞赛龙舟，在南方各地则有盛大的群众场面，其中以湖北秭归——屈原故里及湖南汨罗江一带最为壮观。

《风土记》说：“仲夏端午。端，初也。”端午，最早是指仲夏（五月）第一个午日。在阴阳五行极盛的汉代，这个“午日”当指丙午日。出土的汉代器物铭文，常见“五月丙午”字样，足见汉代便以五月丙午为铸器吉日。已知的东汉钩、镜，虽多记有“五月丙午”，但与实际日辰不合，只能视为一个虚拟的铸器吉日代称了。

按十干、十二支配五行的观念，丙、丁为火，午为正南，亦属火。五月即午月，故《淮南子·天文训》称“五月火正”。日中为午，也是火。五月丙午日中，当是午月午日午时，亦是火月火日火时，当为阳气之极盛。王充《论衡·率性》说：“阳燧取火于天。五月丙午日中之时，消铄五石，铸以为器，磨砺生光，仰以向日，则火来至。此真取火之道也。”所谓“阳燧”，是取火之器，利用太阳光热能的聚积，取得天火以铸器。选择火月火日火时铸火器，这叫作“以阳召阳”。依五行说，五月丙午是铸造阳燧的唯一时机。

五月丙午还是铸刀剑的好日子。东晋虞喜《志林》说："古人铸刀，以五月丙午取纯火精以协其数。故王粲铭曰：'相时阴阳，制此利兵'。"

这些冶金术上的五行思想，取以火胜金之意，认为五月丙午阳盛，机不可失。因为夏至在五月，夏至一到，意味着阳气萌生，故取第一个午日为吉。这就是端午的初义。

本来是五月丙午，随着序数纪日的普遍行用，干支的五月午日就演化为五月五日。据《异闻集》载，唐天宝年间一扬州人进献水心镜，镜背面有盘龙。扬州人说，铸镜时有一老人自称姓龙名护在旁，五月五日于扬子江心铸成后，便碰上大旱，直到祭祀了龙王，才下大雨。白居易利用这个材料写诗道："江心波上舟中铸，五月五日日午时。背有九五飞天龙，人人呼为天子镜。"说明唐代时，铸镜已以五月五日取代五月丙午了。

过去的蒙书《幼学琼林》称："南方之神曰祝融，居离而司夏，丙丁属火，火则旺于夏，其色赤，故夏帝曰赤帝。"依《左传》杜注，祝融是高辛氏之火正，人们尊为火神。今南岳衡山最高峰名祝融峰，山下南岳庙供奉的正神是炎帝，称南岳圣帝，尊称为岳神。按旧说，炎帝就是神农氏，列五帝之一，又称赤帝。而当地人是将祝融氏称为赤帝的。我们不妨看作祝融氏与神农氏在南岳抢吃猪头肉，称为火神的祝融氏似乎占了上风。南方曰离，这是《周易》八卦之一，离为火。这里渗透着五行相生的配合。四方、四季、十干、五色、五帝、五神都和五行相配，有余则损之，不足则增之，始终维持着这个系统。

五月五日又是如何与屈原投江联系起来的呢？远在战国时代的齐国，五月五日不仅不是吉日，反而是个恶日。《史记·孟尝君列传》载，孟尝君田文生在五月五日，齐人以为生子必伤父母。其父田婴不想要他，是他母亲悄悄生下并养起来的。因为齐地风俗，"不举五月子"。这只能从月建在"午"来解释：五与午音同，意思相通，有仵逆、龃龉之义。《释名》云："午，仵也。阴气从下，上与阳相仵逆也。"不举五月子，忌其仵逆。楚人将屈原沉江与五月五日相系，是寄寓命运乖逆之义。魏晋唐宋的风俗，仍视五月五日为恶日，生子不吉。刘裕北伐的名将王镇恶，生于五月初五，家人以为不祥，欲弃之不养，其祖父王猛为之取名"镇恶"。野史记载："宋徽宗以五月五日生，以俗忌，改作十月十日，为天宁节。"你看，连帝王也是忌讳的。

说得明确些，"端午"这个日子实在是阴阳五行说制造出来的一个铸火器吉日。屈原的投江依附着它而变得家喻户晓了，反过来，端午与屈原忌日的合一又使它摆脱了阴阳五行的束缚，致使端午节一年又一年，延续至今。

原载《贵州日报》1989 年 6 月 3 日

# 子生三月

2010年10月7日《参考消息》上的一则新闻说，双胞胎大熊猫亮相马德里。说来话长，2007年西班牙国王卡洛斯与索菲娅王后访问中国，我国政府赠送他们一对大熊猫。今年9月7日熊猫妈妈“花嘴巴”和熊猫爸爸“冰星”生下一对雄性双胞胎。现在，双胞胎兄弟已经准备好公开亮相啦，大家关注，它们总得有个名字呀。报道说，按照中国惯例，这对熊猫宝宝在三个月大后才会有名字。

熊猫是国宝。以物拟人，小猫、小狗都得取个名字，珍贵的熊猫自然个个有名，“美美”“珍珍”“团团”“圆圆”而今已是享誉全球。“花嘴巴”“冰星”在西班牙那是家喻户晓的。在日本的大熊猫良浜与永民，生了龙凤胎，取名“永浜”“梅浜”；在奥地利的龙徽与阳阳，生个独子，取名“福龙”；在美国的大熊猫是添添与美香，“美香”的发音难倒美国人，读成“美胸”或“美熊”，闹出很多笑话。2008年8月8日出生的一只大熊猫，自然就叫“奥运”了。反正，大熊猫跟人一样，个个有名。

报载消息的“按照中国惯例”是应该多说几句的。熊猫取名有什么“惯例”？那不过是中国人自古以来取名的惯例罢了。文献记载：“子生三月，父名之。”就是说，三个月之后才取名。上古时代，生产力低下，医疗条件又差，出生的成活率自然不是很高。出生三个月之后，平安无事，才能让父母放心。《周礼》言，“凡男女自成名以上，皆书年月日名焉。”就是说，取了名字就要登记造册。《礼记·内则》说得更明白：“三月之末，父执子之右手，咳而名之。夫告宰（属吏，基层办事员）名，宰辩（遍）告诸男（同宗族子弟）名。书曰：某年某月某日某生。而藏之。宰告闾史（闾里的文书），闾史书为二。其一藏诸闾府，其一献诸州史。州史（州的文书）献诸州伯（州长），州伯命藏诸州府。”那是在生下来三个月之后，父亲取了名字，还需要层层上报，名册装入档案，藏在闾府、州府。《仪礼·丧服》载：“子生三月，则父名之，死则哭之；未名，则不哭也。”取了名，登了记，就算夭折，也要有个丧礼，父亲要表示哀伤落泪。如果没有取名，自然就不会登记，死了的话，也就不用举行丧礼了。儒家十三经，《周礼》《仪礼》《礼记》统称“三礼”，说法一致，这个取名的惯例，看来是可信的。

取个名字供长辈大人喊叫，这仅仅是“小名”。到二十岁行加冠礼时还得取个名，这就叫“字”。《礼记·檀弓》所谓“幼名、冠字”就是这个意思。古代贵族男子都有名有字，比如孔丘字仲尼，孟轲字子舆，司马迁字子长，曹操字孟德，诸葛亮字孔明，赵云字子龙……中国人谦恭，自称就称小名，长辈叫晚辈、上级称下级、老师呼学生，也呼其名；称别人的字是尊重对方，万万不可叫小名，直呼其名是最不礼貌的。骂曹操，只能是“操贼”，绝不能说“孟德贼”。

回头说到熊猫，生下来也就耗子大小，幼崽的生命十分脆弱，如同幼儿一样，至少三个月才算有了“根”，有了根，才有望成长为大熊猫。这个时候取个名呼叫，才有现实意义。这大概就是“中国惯例”。附带说说有关的误解与误见。有个朋友得了孙子，讲明请我去喝他孙子的满月酒，我以为“名不正言不顺”，被我婉言谢绝。不久前，报纸也登载，影视明星王某与陈某赴新加坡喝某明星女儿的满月酒。这在当今似乎成了时尚。如果对照“中国惯例”，明显是走入了误区，妇人生产后要“坐月子”，俗称“月母子”。满月，指“月母子”产后康复，她才是恭祝的主体，为她的健康干一杯，这才是满月酒。自古以来为新生儿祝福，至少要在三个月之后，举办一个“百日酒”，祝福的主题十分明确。百日酒、满月酒，两码子事，岂可混为一谈呢？

2010年10月10日

# 取名的学问

人名、地名，都是要便于称呼的，自然有些讲究，事实上体现的是文化涵养的高低。就人名说，姓氏显示血统，名字才有个性。中国传统，“子生三月，父名之”，名字是父亲取的。怎么个取法？一是取自儒家经典，有根有据，选个好字眼儿；二是五行取名，是将人的出生年月日时，换算成干支八字，再换算成金木水火土，缺啥补啥，以求五行平衡，一生平平安安。

姑且不说人名，就地名多说几句吧。前不久报载，贵阳市观山湖区中心有“观山公园”，占地 4018 亩，是一个以湿地为特色的生态公园，公园的主体是“观山湖”，市委书记李军建议改名为“观山湖公园”。2011 年元旦起免费开放。这让我想起前些年“黔灵公园”更名为“黔灵山公园”，添一个“山”字，添一个“湖”字，湖光山色就大大凸显。不能不说，名字改得好。

花溪，是我们常住的地方，名字的由来也值得一说。明代以前，这一代居住的全是苗民，特色是服饰上绣花，为区别于其他苗族，称之为“花苗”。花苗人称赶牛场为“革闹”，花苗的集市名变成了地名——花革闹。时至 1937 年，家住花革闹的罗先生，任职县建设委员会，才把它更名为“花溪”。罗老先生的女儿罗江湖在贵阳中医学院任教，这是她亲口对我说的。从此，“高原明珠——花溪”响彻五湖四海，十里河滩的青山绿水更让花溪声名鹊起。

我们不妨说说“花二道”。贵阳市内通向南郊花溪的唯一通道，先前就是“花溪大道”，实在太拥挤，前些年又修建了一条平行的大道，市民至令还习惯称之为“花二道”。你看，竖起的指示牌叫“甲秀南路”。这个“甲秀南路”实在离谱得很，叫人丈二和尚摸不着头脑。甲秀楼在哪里？在省委南明堂附近的南明河上。那一带的大街叫“甲秀路”还名副其实，远天远地的“花二道”怎么就沾上边呢。要是深知“甲秀楼”的来历，这个取名就有伤风化，或者说，缺少点文化背景。建于明代的甲秀楼，最初叫“狎秀楼”，是文人聚会场所，也就是饮酒、狎妓、骂皇帝的地方。清代的文人苦读，科举不第，仕途无望，牢骚满腹，自然相聚发泄。你看，狎，狎妓也；秀，含秀色可餐之意。楼名狎秀，亭名涵碧，桥名浮玉，实则楼中有小家碧玉也。两副对联更是风流文人的文字游戏，更能显示狎秀楼的真实楼名。民国后，更名“甲秀”，名字也改得极好，大有化腐朽为神奇的功效。稍有文化底蕴的贵阳人面对“甲秀南路”自然不敢苟同。他们至今还是“花二道”不改口。

“花二道”叫什么好？还得从花溪的内涵说。2009 年省政府已经决定，花溪作为贵州文化中心，很多高等学府将陆续迁入。这条从北往南的大通道，不妨就叫“学府大道”。这才是名至实归。作为一个文化人，“甲（狎）秀南路”实在让人尴尬。我只想说，取名，的确有学问啊。

2010 年 12 月 23 日

# 善性与良知

我的同窗刘远虞兄写了一篇回忆大学生活的文章，题目是《穷且益坚，不坠青云之志》，是说当年生活何等艰苦而我们这些大学生学习何等刻苦，文章收在贵州大学中文系1958级校友回忆母校诗文集《花溪龙腾跃》一书中，其中有涉及我的一段文字。

> 在校园不平的路上，有时你会看见一个年轻人搀扶着一位老人缓缓而行。老人衣着简朴，戴一副深度近视眼镜，留一缕山羊胡，个子不高。从外表上看，你根本看不出他胸中藏着万卷诗书，但用“学富五车，才高八斗”来称赞他并不为过。老人曾撰文纠正郭沫若先生在史学断代上的错误。走到宿舍大楼前，高高的台阶挡在前面，年轻人用力将老先生扶上去，然后到宿舍大楼教室里授课。先生不带任何东西，随意而谈，旁征博引，口吐珠玑。老先生就是张汝舟教授，年轻人就是现在的教授张闻玉。

我是一个农村孩子，读完中学又上大学，对党的教育培养真是感恩不尽。大学一年级，党员干部安排我当个汉语课科代表，大概是看我是个认真读书不贪玩的人吧。读到大二，学习委员姚伯成退学了，他是转业军人，回了四川巫溪。此前，我经常陪他到收发室领取中文系的报纸、信件，帮他分发，同时按月将报纸装订成册——要是今天你有机会进贵大图书馆，翻阅1959—1962年的《贵州日报》《人民日报》，也许看到的正是当年我的原装原件。姚伯成看我认真办事，很放心。他要不在，就让我代他领取。他走前对我说：“生活太苦啦，我要回家参加工作。我推荐你当学习委员。”果真，他一走，党员干部就宣布我接替他，这是二年级下学期的事。后来分成三个专业班，我还是在语言班任学习委员，直到毕业也一直领取分发中文系的信件、报纸。

张汝舟老先生给我们上课，那是三年级的事。他是讲课的老师，我是听课的学生，师如父母而已，脑子里并没有右派不右派的概念。1957年他被划为右派，我那时还是大巴山里的一个高中学生。而今学校党委安排他上课，我内心里反而是同情与怜悯，从根本上对老先生恨不起来，或者说根本就没有恨。我就不相信张汝舟先生反党反社会主义，更多的是敬重他的学问。我是学习委员，名正言顺地陪他上台阶，进教室。先生已是六十岁的老人，眼睛近视，我在他身旁，万一有个闪失了好扶先生一把。其实，我曾私下几次到汝舟先生家里去拜访过他，都是借着送练习本、交作业、反映问题去的。

现在看来，当时我的所作所为不过是淳朴的农村青年的善性与良知驱使罢了。再扪心自问，这种善性与良知，应归根于父母的言传身教。

我家住在一个小小的乡镇上。父母祖辈都是善良的农民，他们对更加弱势的乡亲极具同情，尽其所能扶危济困。这在我幼小的心灵里留下了难以抹去的印记。

我的父母，就是这样普普通通的农民，天生就有善性与良知。父母对这些孤儿寡母，只觉得“一样的是人，可怜”，应该帮助她们，让他们活得下去。父母的所作所为，我都看在眼里、记在心里，支撑我的心灵，伴随我整个一生。

“夫我乃行之，反而求之”，应该是父母的潜移默化给了我善性与良知，这真是一笔宝贵的财富啊。

2011年1月19日

# 孝与善

我曾经思考，什么样的人是好人，有没有一个简洁而明确的标准？后来我明白了，应该是两条：尊老，行善。一是孝顺父母，尊敬长辈；二是广行善事，乐于助人。有孝心，还得有善心，才是完美的。

中国人讲孝道，有几千年的传统了。过去的启蒙读物《三字经》《弟子规》都强调“为人子，首孝悌”，把“孝于亲”摆到最重要的位置。《四字经》则提到“堂上父母，须当孝敬；父母教训，莫犟宜遵；即使打骂，都是好心”。我们从中至少明白两点，一是从小抓起，强调幼儿教育，“一张白纸，好画最新最美的图画”；二是从小事抓起，具体可行，没有空洞的说教。

做到了孝顺父母，当然是不够的，还得“老吾老以及人之老”，尊敬所有的老年人。这样，传统的“孝”包含了两个内容：孝顺父母，尊敬长辈。能够孝亲，自会尊老。对父母不孝，就更谈不上敬老。所以孝是为人的根本，孝也是家庭和睦的前提，是社会和谐的基础。

古人造“孝”字，也体现了尊老敬老的道德内涵。《说文解字》中“孝”字在“老”部，“从老省，从子。子承老也”。老在上，子在下。儿女辈理当尊老，善事父母。

小时候读过这样两句好文字，至今记得：“堂上自有现存佛，何必灵山朝世尊”。是要我们在家好好侍奉父母，不必到处求神拜佛。《四字经》说：“烧香拜佛，何不敬亲？孝心感天，胜似看经。”父母就是佛，孝顺父母才是根本。

当今社会讲和谐，尊亲敬老已逐渐形成风气。中小学校也在认真从幼儿抓起，感人的事迹经常有报道，的确令人欣慰。

善与美都从羊，其意亦同，如尽善尽美，善即美也。依正道而行为义，即顺应自然规律，则义则美。《老子》言：“天道无亲，常与善人。”大自然不私亲，经常帮助善良的人，也就是善有善报。《荀子·劝学》：“积土成山，风雨兴焉；积水成渊，蛟龙生焉；积善成德，而神明自得，圣心备焉。”长年累月行善事，就具备了圣人的思想品德。善，向来就是中华民族的传统美德。

旧时地方开明人士出资修桥补路，灾年熬粥施放，当今的捐资扶贫、捐资助学，都是善举。行善的对象都是社会的弱势群体。这种行善具有公益性。善的另一面是乐于助人，积极热情帮助他人解决困难，急他人所急，无私心私利。这种行善具有针对性。在我们身边，乐于助人的事比比皆是，这正是华夏文明的体现。

一般人的认识里儒家讲孝，佛家行善。信佛的人的确得具备善心善性，“放下屠刀，立地成佛”，强调的就是善。佛教从印度传来，要在中土立足，温良恭俭让，借助华夏民族的善良美德。佛教成功了，是因为它把自己融入了中华文化。中华文化有“三教九流”之说，证实释（佛）家已经得到了中华文化的认同。

长辈教育我们，不管做什么事，都要心存善念，因为善有善报、恶有恶报。现代科学已经证明，当一个人的心态乐观，心怀感恩、快乐时，人脑中的正向思考生成系统会产生作用，它分泌的神经传导物质具有刺激细胞生长发育的功能。“神经化学”这门学科让我们明白，存善念、行善事，就会得到健康长寿的善报。

载《贵阳日报》2011 年 5 月 24 日

# 文化的话语权

这个话题应该追溯到三十多年前。1979年的秋天，我在滁州师专张汝舟先生门下问学，那时候首先学的是黄侃古音学。我发现，传统学术有关名称叫“音学”“声韵学”。顾炎武有《音学五书》，江永有《音学辨微》，黄侃先生有《音略》《声韵略说》，黄侃弟子刘赜有《声韵学表解》，林尹有《中国声韵学通论》，姜亮夫有《中国声韵学》。要么叫“音学”，要么叫“声韵学”，绝不含糊。中国的韵书多，专门研究“韵”的，有《广韵》《韵史》《韵补》《韵镜》《韵学骊珠》；也有叫“音韵”的，如李光地《音韵阐微》，那是研究古音之“韵”的，段玉裁有《六书音均表》，均读韵，也是研究《说文解字》古音之“韵”的。而今人的概念，把音学、声韵学、韵学不加区分地统统称为“音韵学”，铺天盖地，蒙蔽世人。“音韵学”虽窃据正位，而与传统术语迥然有别。稍加思索，也就不难明白。

20世纪80年代初，武汉大学中文系黄焯先生编著黄季刚先生《文字声韵学笔记》成书（油印本），最初有“文字、音韵”字样，我当即去信黄耀老，以为季刚先生只有“声韵”一目，“音韵”是西化的立目，希望更正，恢复传统术语。黄耀老回信，接受我的见解。1983年上海古籍出版社《文字声韵训诂笔记》出版。书名“声韵”而李格非教授的“序”还是“文字、音韵”照旧。

我说的“西化的立目”不同于传统术语的称呼，就涉及话语权，涉及文化的话语权问题。有学生问及，实在有必要再多说几句。

“五四运动”在中国历史上有划时代的意义。它引进西方的科学民主，在“打倒孔家店”的口号声中，彻底否定视为封建体制的传统文化。从此，中国人学西方，借以走向富强之路。

一百年来，中国学术、文化的话语权基本上归于西方。学术、文化界是用西方的理论批判、否定中国传统；用西方的思维方式分析、肢解中国传统。传统的学术、文化已经四分五裂，支离破碎。当今要恢复传统、弘扬传统，难度超乎想象。这其中，逐渐建立自己的学术文化话语权，尤其不可忽视。

韩国人讲历史，少不得“李氏王朝”，日本人说富强，离不开“明治维新”，总还有自豪的意味。反观我们，似乎被剥夺了学术话语权，传统文化处于弱势而且尴尬的地位。这种局面必须改变。

瑞典人高本汉学习研究中国古音，有些学习心得成文，中国人翻译过来，名曰“中国音韵学”。高本汉多高水平？语言学家陆志韦撰文道：“他对中国古音学的理解，有些地方还比不上顾炎武，现在居然被奉为经典。”（载《炎黄春秋》2008 年第 4 期）这就是“西学东渐”后的现状。就这个问题说，不需要重构话语权，摒弃“音韵学”的称法而恢复“古音学”“声韵学”的立目就行了。事虽简易而为之实难。一字之争，争的是传统文化话语权。岂是小事？

今年端午节后到杭州参加“章太炎先生国学思想研讨会”，主办方组织与会者参观良渚博物馆。良渚博物馆展出的玉器、陶器、漆器等珍贵文物有1000 余件，我们饶有兴致地近距离了解认识了良渚文化。介绍册上讲：“良渚文化距今 5300—4300 年”。我从内心里感叹，编写人没有采用考古界常用的什么“新石器时代”“旧石器时代”那样费解的西化的字眼儿。中华民族有自己的历史观，记载得明明白白。东周起于公元前 770 年，以后不用说。西周总年数 336 年，殷商 628 年，夏朝 471 年，从黄帝到帝舜（五帝时代）计 400 年，往前是三皇时代。如果用我们自己的历史观表述，良渚文化应该相当于五帝时代。彼此印证，浙东绍兴有大禹的陵墓，也足以证明良渚文化的确存在于五帝时代。

我们提倡国学，弘扬传统文化，就必须逐步建立自己的话语体系。没有文化话语权，弘扬就是一句空话。

2013 年 7 月 6 日

# 话说正装

友人袁君是一所学院的领导，正厅级干部。12 月 9 日我们在一起品茗，其间他接到办公厅一条短信，要他三天后参加全省领导干部会议，特别提醒，要求“着正装”。袁君对“正装”的解释是“穿西装”。这种规定，此前我是闻所未闻，可也并不诧异。你看十八大结束，新一届领导集体亮相，七常委个个西装革履，那就是样板，那就是领导干部的“正装”。

由此引发我对服饰的关注，想就中国人的穿着打扮多说几句。

我首先想到的是沈从文先生的一本书——《中国古代服饰研究》。当年周恩来总理作为国礼赠送给来访的美国总统以及日本天皇，可见该书的重要性。出生湘西凤凰的作家沈从文，有“乡土文学之父”的美誉，中华人民共和国成立后居然淡出文坛，从事文物研究，这让许多人不解。不过，是金子在哪里都会发光，他的服饰研究就是发光之作。

服饰，不是简单的穿着打扮，是民族文化的体现。各个民族都有自己的服饰特色，中华民族有 56 个民族，各民族的服饰各具特色，绝不雷同。体现民族特色的服饰，那就是该民族的“正装”。节日庆典，穿上民族服饰，那确实是庄重典雅。所谓“节日盛装”，就是这个意思吧。

古代中国人有夷夏之分，孟子所谓“用夏变夷”是也。夷、夏的服饰自然是有区别的。孔子对此有形象的描述。他说：“微管仲，吾其被发左衽矣！”披发左衽，就是夷人的服饰。衽，是衣襟；左衽，是衣襟左掩。夏民不同，当是束发、右掩衣襟。文字记载，夏民族的服饰有三个特点：右衽、大袖、深衣。宽袍大袖，高领长衫。赵武灵王的“胡服骑射”是载入史册的。学习胡人的打扮装束，学习他们骑马射箭等武艺，那是主动学习外来文化，为我所用。

服饰有民族性，也有时代性。从考古发掘和古代壁画看，不同时代的服饰也各有特点。沈从文《中国古代服饰研究》一书就提供了翔实的图标与文字，让人眼界大开。

夏人汉代以后称“汉人”，汉族构成中华民族大家庭的主体，汉服就格外受到重视。汉服，指汉朝以后直到明朝汉族人的服饰。满清入关，强行“剃发易服”，满装流行三百年，长袍马褂、旗袍，那是满族正装。至今，汉族人的服饰还处处可见满装的流风余韵。真正体现古代汉族服饰特点的，那就是保存明代服饰的贵州屯堡人，他们至今保留着六百年前明朝汉族人的服饰。当今的汉服，可以说一片乱象，没有任何规范。

孙中山推翻帝制，亲自规划汉服，设计出中山装。五颗纽扣、四个荷包，各有寓意。流行百年，算得上汉族的正装啦。天安门城楼毛泽东画像中毛泽东的着装就是五颗纽扣的中山装。

改革开放后，现代着装可以说是花样繁多。中式、西式、休闲装，军装、便装、学生装，古装、现代装、舞蹈装，短袖、背心、长大衣，各取所需，真是一个开放的时代啊。

西服，也叫洋装。当今学西方，学科学技术，学民主宪政，正式场所的着装自然也得跟进。世界各国的交流越来越频繁，地球越来越小，西方人穿唐装，中国人穿洋装，都很随意了。西服庄重、高雅，的确无可取代。西服作为领导干部的正装，并无不可。作为普通老百姓却不必效法，也不能效法。老百姓要生存，要劳作，西装确有不便。正如古代的长衫，那是贵族或读书人的着装，基层劳苦大众只能是短打，这在戏剧舞台上分别得清清楚楚。

目前我国最大的民族——汉族的服饰还没有款式、布料、制作花纹、使用场合、发式、鞋子等统一标准，现代汉服虽然处于加快发展状态，但是还是十分混乱复杂。原因如下。

1. 从历史上汉族发展看，由于中国历史悠久，汉族群体庞大，朝代生活变化，汉服发展多样化，也造成每个人喜欢的款式不一样。

2. 从历史上民族间关系看，清军入关，要求剃发易服，以致人们对汉服有些陌生。目前，民间自发组织汉服复兴，但没有规划性、组织性、统一性，难成气候。

3. 现代汉服款式资料有限，每个人对汉服的理解或多或少都有些不一样。

4. 从国情了解，我国尚处于社会主义初级阶段，社会生产力、经济发展水平还比较低，国服仍没有得到重视和发展。

# 湖南道县石像群之解读

据新华社电，湖南道县发现巨大古代石像群，规模超过秦兵马俑。有关人员介绍，这一处石像群数量之大、工艺之独特、年代之久远、内涵之丰富，堪称世界又一大奇迹。这处地上地下近万尊石像群所在的祭祀遗址，位于湖南省道县祥霖铺镇田广洞村南一千米处的鬼崽岭，属于南岭山脉。其中心位置距九嶷山舜帝陵 35 千米。90% 以上的石像制作年代在秦汉以前。唐宋元时期亦有延续，是古代祭祀文化的大集成。文物部门调查，该遗址中史前期石像制作年代在 5000 年前，秦汉魏晋时期石像制作年代距今 2000 年至 5000 年。其制作年代在国内堪称最早。雕刻粗犷传神的石俑，有文官像、武官像、孕妇像、各种普通士兵像，石像高度在 30 厘米至 100 厘米之间。地表散落石像在 5000 尊以上，地下 2 米左右亦埋藏数量巨大的石像，如此数量庞大的石雕人像比世界第八大奇迹秦始皇兵马俑数量还要多。（见《贵州都市报》2010 年 8 月 19 日）

有关报道的补充如下。

> 距鬼崽岭 35 千米处就是著名的九嶷山舜帝陵。据司马迁《五帝本纪》记载：“舜南巡狩，崩于苍梧之野，葬于江南九嶷。”

鬼崽岭山前两侧曾等距离坐落着白象庙和禹王庙，远处还有娥皇、女英山。刘卫东告诉记者，白象庙中祭拜的白象公，就是舜的弟弟象。《五帝本纪》中有这样的记载：“舜父瞽叟目盲，舜母死，瞽叟娶妻生象。”传说舜死后，象被舜的孝德所感动，曾为舜守灵数年，而娥皇、女英则是舜的两位妻子。鬼崽岭周围祭拜的都是和舜帝有关的人。

但这两座庙已于“文革”期间遭到毁坏，如今只能看到一些散在田野里的建筑石墩。

此外，黄福先告诉记者，陈姓是附近村庄中的大姓，相传陈姓是舜的后裔，他们还有非常完备的族谱。种种迹象表明，鬼崽岭很可能是为了祭祀舜帝而人工堆砌的祭台，石像群最初就是摆在祭台上的。

以上就是报道的主体内容。如果对照文献，不难明白，祭祀的对象就是死于九嶷山的舜。祭祀从先秦一直延续到唐、宋、元，时间之长也是亘古未有。这是从石像群制作的先后时代反映出来的。

班固《汉书・艺文志》言，儒家“祖述尧舜，宪章文武，宗师仲尼，以重其言，于道最为高”。祖述尧舜，可以从孔子的言论中反映出来。《论语・泰伯》记载孔子赞美尧舜的话：“大哉，尧之为君也！巍巍乎！唯天为大，唯尧则之！”后世独尊儒术，尧舜的地位自然尊崇。这就是舜的祭祀延续数千年的文化背景。

舜的事迹，最早载于《尚书》，其中《舜典》有概略而完整的介绍。司马迁依据前朝文字撰写《史记》，开篇的《五帝本纪》记录舜的文字更详细，可供参考之处甚多。他据《孟子》的记述，写舜的同父异母兄弟——象，一个作恶多端的小人，与其父瞽瞍，百般陷害舜，必欲置之死地而后快。舜始终以宽厚的胸怀对待其父、其弟，孝行享誉天下。舜不记其恶，以自己的德行影响感化着桀骜不驯的象。后来，舜接替尧做了部落首领，“封弟象为诸侯”，就是给他一块谋生的地盘。把他从中原的黄河流域，下放到十分边远的南方“有庳”。给他一个艰苦环境，让他改恶从善。象在舜的教化感召之下，后来果真成了改过自新的典型。象庙、象墟、象祠，从古保留至今，证实象确已改恶从善。

有庳在哪里？文献记载明白，就是零陵郡的营浦县，即今天的永州市道县。道县，古称道州、道江，最早叫营浦。有庳，也作有鼻。柳宗元有文：“鼻亭神，象祠也。”说得更具体一点，“鼻亭神在道县北六十里”。《孟子》书上记载，“封于有庳”，后世多作“有鼻”。鼻与象，自然就有关联。取名以像物，瘦者叫猴，肥者叫猪，壮者称牛，鼻子高大自然叫象。有鼻，音同有庳，地名应该也与象有关。

尧舜时代，零陵算是南岭之地，僻远而荒蛮。舜将象“封”到这里，有其良苦用心，就是磨难出好人。说是“封”不如说是“放”“下放”“流放”，也就与后来的发配、充军意思差不多，是给他一个改过自新的环境。《孟子》记载，“象不得有为于其国，天子使吏治其国而纳其贡税焉。”象到了有鼻，消极应付，舜派一帮人代为治理，他太了解象了。舜到了晚年，始终牵挂他那个同父异母的兄弟，他南巡狩猎，亲自去看象，结果“崩于苍梧之野，葬于江南九嶷”。野，指野外路途。死在路途中，葬在距石像群35千米的舜帝陵。他已经进入道州，应该与象见过面了。书载：“舜葬九嶷，象为之耕。”象亲自为舜修建陵墓。又载：“舜葬九嶷，象来至此。后人立祠，名鼻亭神。”象确实为舜主持了大型祭祀活动。他是有鼻之君，经舜的感召教化，已经痛改前非。象的所作所为又感动后人，后人为象建立鼻亭神，也就很好理解。

报道说，石像制作在5000年前，那是一个概数，并不准确。这就涉及历史年代问题了。我们说，西周总年数是336年，即公元前1106年武王克商。商代总年数是628年，即公元前1734年至公元前1107年。夏代总年数是471年，即公元前2205年至公元前1735年。舜在位39年，即公元前2247年至公元前2209年。石像群的制作，应该在距今4200年前。

唐代文人柳宗元谪贬永州，即古代的零陵，写过一篇《道州毁鼻亭神记》。第一句就是“鼻亭神，象祠也”。他的朋友薛伯高刺道州，反感象的恶德，下令毁了鼻亭神，“撤其屋，墟其地，沉其（神）主于江”。柳宗元一一记录在案。

舜之后三千年，心学家王阳明贬居贵州龙场（今修文）悟道，他在那里写了一篇《象祠记》，收在《古文观止》中，也算名篇。如果认真读一读，又可以得到许多启发。

《象祠记》讲些什么？开端，“灵博之山，有象祠焉。其下诸苗夷之居者，咸神而祠之。”又说，“斯祠之肇也，盖莫知其原，然吾诸蛮夷之居是者，自吾父、吾祖溯曾、高而上，皆尊奉而禋祀焉，举而不敢废也。”这是说灵博山上，有座象祠，山下苗族人视为神圣而世世代代供奉，香火不绝。苗人敬奉象祠，还不时整修。不难看出，舜之弟，曾经作恶的象，竟然是苗夷供奉的老祖宗。那灵博山在哪里？在与修文一水之隔的素朴镇。这条河叫鸭池河，修文人叫六广河，这是古代的界河，以西称水西，以东称水东。明朝朱元璋因奢香夫人有功，赐她安姓，建水西宣尉司，治理水西。奢香夫人墓地在今天大方县城附近。素朴镇有灵博村，就近的九龙山当是灵博山了，象祠遗址就在九龙山上。前不久，我的中学同窗喻以伟建筑师专程去黔西素朴镇，就重修象祠、保护文化遗产，提出了很多建设性的意见。他在象祠遗址大发感慨，认为中华文化四千年前就到了水西，可见我们贵州并不蛮荒啊。

其实，这中间还有一个过程。前面说过，封象于有鼻（庳），有鼻在湖南零陵。当地建有鼻亭神。唐朝人不满于象之“傲”，便有柳宗元的文章《道州毁鼻亭神记》。就是王阳明说的“唐人之毁之也，据象之始也”。显然是孟子的文章影响太大。唐朝人薛伯高并不原谅象先前的所作所为，把庙宇给他毁了。

舜执政时候还有些举措，那就是“窜三苗于三危”“流四凶族”，武力驱赶那些桀骜不驯的部落，逼迫他们远离中原，迁徙得远远的。所谓“三苗”其实是个部落。他们活动范围甚广，大致相当于今天的湘、鄂、赣三省。根据苗族迁徙路线，他们一支从河之南南下，进入湖南，再西进，到湘西、贵州一带。另一支从湖北西进，经蜀入滇，达滇缅一带。南下湖南一支，很可能到达零陵（今宁远、道县一带），进入象的地盘，还受到象的荫庇，象因此成了苗民的保护神。尔后苗蛮西进，始终忘不了象的大恩大德，这就有了世世代代象祠的供奉。这期间，象的某些后人也可能随苗民西进，甚至不排除做了他们首领，且逐步融入苗族部落。供奉象祠，也就顺理成章。

保护苗民也好，融入苗蛮也好，说明象是真的改恶从善了。这就是王阳明说的，“今之诸苗之奉之也，承象之终也”。终，即终于从善。于此，王阳明大发感叹：“吾于是盖有以信人性之善，天下无不可化之人也。”人性善，无不可化之人。这句十分精辟。又说：“使知人之不善，虽若象焉，犹可以改。”的确，邪恶凶顽之人也是可以感化改造的。形式上是象祠，歌颂的应该是舜，没有舜的教化，象何以从善？于是王阳明说：“祠者为舜，非为象也。”只能说，阳明先生的议论确实高人一筹。

不管怎么说，道县石像群的见诸天日，使我们能够回溯那段遥远的历史。中华文明五千年的历史，永远是我们的骄傲。

2010年8月22日

# 《尚书》与清华简国际学术研讨会欢迎辞

尊敬的国际尚书学会会长钱宗武教授，尊敬的香港大学单周尧教授，尊敬的澳门大学邓国光教授，尊敬的江苏人民出版社府建明教授，尊敬的出席会议的海内外专家、学者，尊敬的女士们、先生们：

金秋十月，桂花飘香。在这个美丽如画的季节，贵州师范大学历史研究院全体同仁欢迎各位嘉宾来到贵州。

多彩贵州，爽爽贵阳，在这个四季如春的地方，贵州师范大学历史研究院全体同仁欢迎各位光临贵阳。

贵州师范大学历史研究院于今年四月十一日正式成立。这之前已经酝酿筹备半年之久。贵州省社科规划办领导、贵州师范大学历史政治学院领导，彼此沟通、彼此协调，经校领导决定，历史研究院在天时、地利、人和齐备的条件下终于成立。贵州社科规划办发文说，历史研究院成立在贵州学术界具有里程碑意义。因为历史研究就是传统文化研究，贵州学术界终于在传统文化研究方面迈出了决定性的一步。

大家知道，去年以来，习近平总书记就孔子学说、就儒学、就国学发表多次重要讲话，使我们迫切感到发扬传统文化的重要性与紧迫性。

女士们、先生们，我们今天聚集一堂就是交流如何宣传孔子，如何研究孔子思想，如何弘扬传统文化。

我们的历史研究与《尚书》的研究是一致的，实际上是一码子事，都是在讲孔子思想，在讲传统文化。《尚书》是被视为元典的中国古代文献，孔子将它选为教材，所谓“诗书易礼春秋”是也。他让三千弟子研读，由此可见孔子对历史和前代文化传统的重视。

历史，指的是历史事实、历史故事，这是表象的。重要的是从历史里折射出的是文化。文化是什么？文化，文而化之。文，就是文字，就是方块汉字。读书识字，就是受教育。通过读书受教育来“化”。化，《说文解字》中即“倒人”，一个倒着的人，当然不是把人倒挂起来，而是指人性的彻底改变。由野蛮而文明，由愚笨而智慧；由假而真，由恶而善。怎么完成这种转变？读书识字，接受教育。通过教育提高人性的真善美程度。传统文化就这么简明而清晰，它不是在概念里头兜圈子，而是以方块汉字的一笔一画，表达得清清楚楚。所以，我们研究中国历史，研究《尚书》，还得从根本的汉字的构建入手。这就是传统，这就是传统小学，也就是传统文化。

国际尚书学会钱会长十分关心历史研究院的成立与发展。历史研究院挂牌消息传出，及时打电话给我表示热烈祝贺，并表示为了给历史研究院造势，愿意在贵州师范大学召开尚书研究国际会议，以期提高贵州的文化实力。这个愿望今天实现了。我借此机会向钱会长，向在座专家学者汇报我们历史研究院近期的规划。

历史研究院包含三个板块，古代史、中亚史和近现代史。就古代史这块说，我们将在先秦史的教学与研究中做出努力，教学促科研，科研带教学。在三月中旬，我们录取了几名先秦史方向硕士研究生。另外，我们将规划一个科研课题，为先秦历史研究做出贡献，并以课题研究培养人才。还有，积极推动贵州师范大学创建本科国学班，今年秋后已有 30 名新生。

我们聚集一堂，就是建设一个学术交流的平台，研究孔子思想，弘扬传统文化，力争今天传统文化的话语权，没有别样目的。

再次感谢国际尚书学会的专家们，感谢《尚书》与清华简国际学术研讨会选择在贵州师范大学召开。

谢谢！

2014 年 10 月 13 日

# 在“巴山黔缘”乡友会上的讲话

各位乡友乡亲，大家好！感谢周会长组织这次乡友聚会，使我们巴中老乡得以相聚，畅叙乡情。会长要我讲一讲，还指定了两个主题：巴山与巴州、巴中文化名人。只给我三十分钟时间。

我讲三个问题，简明，尽量简明，三十分钟也来得及。我先谈文化。这个题目是我加的，我觉得更重要。

在座的年轻乡友，都是从巴中老家走出来，来到贵州打拼的，经商、办学、开公司、做工程，挣钱养家糊口。活得真不容易。

人生下来就得吃饭，不仅要活下去，还要好好活下去。说文雅点，就是求生存。

解决了温饱，吃穿不愁，手有闲钱，富裕了，又该干啥？按孔子的说法，“教之”，就是重视教育，提高文化水平。所以，既富裕又有文化，这就上了一个台阶。有了文化，才能更好地干事业，为国家做更大的贡献。人生就这四个层面，个人也就这四个阶梯。求生存，享温饱，学文化，做事业。这才有一个完美的人生。

文化到底什么？是学历？是经历？是阅历？都不是。

按文字学的解释：文，就是文字，要读书，受教育。这好理解。化，半边是匕。《说文解字》讲“倒人也”。把一个人倒过来。啥意思？不是倒悬倒挂，那是形式，而是从根本上改变人的本性。人生下来，赤条条，啥也没有，然后从无到有，从低级到高级，从平常到高雅，从低俗到高尚，从冷漠到热情，从凶悍到善良……这种人性的根本转变是通过受教育来实现的。这就是“文化”的基本含义。汉字的微妙就在这里。

从哲学角度说，文化体现你内心的修养，包括无须提醒的自觉性，有自我约束力的自由，能为他人着想的善良善行。这似乎都有些抽象。

讲得实用一些，有两条。首先，有文化就得写好汉字。一辈子与汉字打交道，字都写不好，怎么体现文化？其次，中国人崇尚诗词，文化人得吟诗作对。做对联是起码要求。不会写对联，怎么体现你有文化？

乡友们挣钱多了，你必须得有文化。读圣贤书，做文化人。

第二个问题，巴山与巴州。

乡友中有网名“巴山夜雨”的，看来很喜欢这个富有诗意的词语。

我们是巴中人，巴中古名巴州，现在还有巴州镇、巴州区。那巴州与巴山有什么关系？唐代诗人李商隐有诗：“君问归期未有期，巴山夜雨涨秋池。何当共剪西窗烛，却话巴山夜雨时。”

李商隐是唐代著名诗人。这首抒情诗名为《夜雨寄内》，“内”，指他留在长安的妻子。也作《夜雨寄北》，“北”，泛指北方，实指家人所在的长安。这首绝句是写给妻子王氏的，表达他的深情怀念。

唐代之前，关中之地即渭河流域是真正的天府之国。经历安史之乱，关中遭到毁灭性的破坏，唐玄宗也逃到了四川。尔后，成都平原千里沃野才有了“天府之国”的美名。唐代诗人目睹关中的荒凉，也多到巴蜀之地游历、谋生。晚唐诗人李商隐便是其中之一。

写诗之时，李商隐是东川节度使柳仲郢的幕僚。他写的巴山，具体指的就是渝中区佛图关。“佛图夜雨”胜景曾是巴渝十二景之一。佛图关有夜雨寺，自然与李商隐的“巴山夜雨”有关。这个夜雨的“巴山”，与我们巴州一点关系没有。

说到巴山，自然联想到大巴山、巴山山脉。大巴山指四川与湖北、与陕西交界的大山。从巫山往北到达州的万源，到通江、南江，统称大巴山。通江、南江这边是大巴山余脉，叫米仓山。大巴山里当然有叫“巴山”的，一个是城口镇，有巴山区，是个乡镇；一个在万源以北，在陕西地界，归安康管辖，铁路有个站，叫巴山站。1983 年夏末，我从大连回达州，火车从烟台直开达州，当时遇安康大水，火车停留安康。后来前进一段，就只能步行到巴山站。过大巴山，然后汽车转万源，回达州。这是大巴山的一个垭口，真正的巴山，这与巴中自然也有关系。

巴中出去是南江，南江通汉中，自古是大道，叫米仓道。那是大巴山支脉米仓山垭口。巴中产棉花，巴中的挑儿客挑棉花进汉中，就走这条路。三国时候，汉中属蜀汉，蜀汉军事前沿是汉中。汉中通阆中，就走米仓道，南江下来是达州，走恩阳、渔溪，通阆中。《三国演义》张飞夜过巴州，张飞守阆中，都指这一带。

说到巴中文化名人，乡友们应该知晓。一个是巴中人在贵州的，有贡献的前辈。前两天我告诉会长，巴中乡友聚会要邀请两个人到会：一个温老大，一个颜老大。这两人都是1948年在巴中出生的，应该算巴中籍。温老大即温思源。温氏的智诚集团、智诚足球，在贵州响当当。智诚足球过去是中甲，这次进入了中超，了不得。温老大的母亲李时英女士是贵阳实验小学优秀语文老师，“智诚大厦”几个字就是她亲笔书写，很有功力。我还得说说温老大的父亲温建国，他是桥梁工程师，在中华人民共和国成立初便来到贵州，在公路局工作，贵州的公路、桥梁很多都是温工参与设计、修建的。我们应该记得温氏两代人，他们对贵州都有贡献。

颜老大颜怀奇，其父冬申先生是20世纪50年代巴中中学最优秀的中学教师，教学认真负责，深受学生爱戴。1957年划为右派，送去劳改，修成昆铁路。三年后到贵州，随妻儿生活。在茅台镇任代课教师。1979年经我推荐到贵州财经学院任教。他教语文，还自编大学语文教材。在财经学院任教，年年被评为先进教师，是贵州五一劳动奖章获得者、贵州省劳动模范。颜老大怀奇，学西医，当法医，又自学中医，专治疑难杂症。《贵州都市报》经常有关于他的报道。颜氏两代人对贵州多有贡献。巴中人应该记得他们。

要说巴中文化名人，享誉世界的晏阳初便不得不提。他祖籍巴中县（今巴中市）三江镇中兴村。1890年10月出生，1990年1月去世，百年高寿。晏阳初是世界著名的中国平民教育家和乡村建设家。

晏阳初早期从事平民教育，他认为中国的大患是民众的贫、愚、弱、私“四大病”。主张通过办平民学校对民众，首先是对农民进行教育，先教识字，再实施生计、文艺、卫生和公民“四大教育”，培养知识力、生产力、强健力和团结力，以造就“新民”，并主张在农村实现政治、教育、经济、自卫、卫生和礼俗“六大整体建设”，从而达到强国救国的目的。

平民教育20世纪二三十年代在河北定县试点，20世纪80年代的统计结果显示定县是河北省唯一的无文盲县。台湾的乡村建设，大陆的政体改革试点，都借鉴了定县经验。

20世纪50年代，晏阳初在菲律宾推广平民教育、乡村建设取得成功。尔后，加纳、哥伦比亚等一些不发达国家也推行类似计划。由此，全世界一亿以上平民因此受益，摆脱贫困。

1943年，晏阳初被评为与爱因斯坦并列的“现代世界最具革命性贡献的十大伟人”之一。尽管他被誉为国际平民教育之父，但人们对晏阳初的贡献几乎一无所知。

定县有晏阳初中学，在他居住过的重庆某地也有一所晏阳初中学，后人以此来纪念他。我曾建议巴中市委领导，在晏阳初故乡建一所晏阳初大学，借以怀念这位真正的世界名人。

好了，就说这么多吧！祝愿各位乡友经济建设和文化发展齐头并进，越来越好！

2017年1月7日

# 写在《南方丝绸之路 · 都匀宣言》后

6月20日至28日，由泸州酒城新报社发起，中国先秦史学会、贵州省文史研究馆、南方丝绸之路研究中心等单位共同开展古代西南出海丝绸之路（黔境段）考证，并于28日发布《南方丝绸之路 · 都匀宣言》。

考察证实，确实有一条海上丝绸之路。这条丝绸之路从四川经贵州，到广西、广东出海。宋代以后形成的茶马贸易，明清形成的古盐道，都延续了这条丝绸之路。这也说明夜郎文化、牂牁文化、丝路文化等古代多元文化在贵州境内交汇。

尧舜时代的中原，本是一个多民族分居的社会，神农氏、轩辕氏、蚩尤氏三大血缘集团，就是今人所谓“三祖文化”的根系。舜“征三苗”，迫使苗人南下西迁。苗人大规模迁徙就形成了尔后的丝绸之路。

一条路是西进，经河套平原、内蒙古草原、河西走廊、天山南麓进入中亚。周穆王西征，张骞通西域，大体都沿着这条古道行进。唐代更是丝绸之路最繁华的时代。唐僧西天取经，走的也是这条古道。《大唐西域记》记之甚详，只是唐僧是经阿富汗、巴基斯坦折向印度。

另一路是南下湖南，顺资水、沅江、澧水又西进，往湘西、松桃；部分顺湘江往永州、零陵西进通道、黎平，到达雷山、黄平（且兰）旧州一带。这就成就了今天湘西、黔东南的两大苗族聚居区。

还有一路经湖北西行，经巴山道（万源）、米仓道（南江）进入四川（巴蜀），经今毕节、赫章、威宁（牂牁）入滇，再入缅甸，由缅甸出海。当今苗人后裔在美国已有数十万之众，多是经这条路去的。

进入巴蜀一支，部分入滇、入缅，另一部分经泸州南下贵州，经毕节、大方、织金、贵阳、福泉、都匀、独山，进入广西、广东出海。这次考察的“黔境内”，当是指此。

不难明白，最初是蚩尤的子孙们披荆斩棘踏出来这些求生之路，尔后罹难的各民族儿女也为求生存、求发展重走这些艰辛之路。鲁迅先生说得好："世上本没有路，走的人多了也就成了路。"

令我感慨的是，贵州省文史馆积极支持这次考察，书记王德玉同志主持了《都匀宣言》，陈丹阳女士一直参加整个活动。可喜的是贵州大学先秦史研究中心夏保国教授、闫平凡副教授作为省内的高级研究人员始终活跃在五千里的行程之中。

相较而言，贵州的古代史研究尤其是先秦史研究，在国内是排不上号的。记得前些年，国内34所综合性大学历史学专业排名，贵州大学排名第34位，也就是垫底的一位。这说明我们的先秦史研究做得很差，主要原因是缺乏这方面人才，有关领导也不当回事儿。

事情有了转机是在2014年，有历史专业背景的贵州师大韩卉书记，决意成立历史研究院，又招收了贵州省内高校第一批先秦史方向的硕士研究生，而今他们马上进入研三。两年来勤奋刻苦，他们取得了可喜的成绩。贵州大学领导意识到传统文化的重要性，也于2015年秋成立先秦史研究中心，将招收先秦史方向的研究生。经过三五年，一个专业的先秦史研究团队即可形成，将彻底改变贵州史学的落后局面。这次，夏保国教授、闫平凡副教授参与全程考察，意义重大，让人振奋。贵州人不甘落后，要迎头赶上。再经三五年，贵州的先秦史研究一定会更上层楼，让世人刮目相看。

2016年7月4日

# 国学之路

这次来做讲座的主要目的是为了支持人文学院读书会。

读书会给我出的题目是《国学之路》，其实这个题目也可以变换一下，比如《国学的学习与研究》《中国人的学者之路》。我们学习国学、研究国学，最终是要做一个传统文化的学者。

我在这里想给大家想说的就是：我们要怎么认识国学，怎么走这条路。因为在座的肯定都是对国学感兴趣的，那么，我们就此做一些交流吧。

首先说什么是国学。其实这个界定也是很简明的，但是有些人弄得很啰唆，希望面面俱到、万无一失。比如珠海的一位学者，说国学要以“四看”为标志：从源头上看，国学是立国之学；从过程上看，国学是育国之学；从现实中看，国学是国人必学之学；从标志上看，国学是此国与彼国的区别之学——这就太啰唆了。其实我觉得，所谓国学就是国人之学，或说是中国人的学问。就是这么简单。

国学包括哪些内容呢？这个自古以来有很多讲法。从传统学术的角度来说，中国最古老的典籍，诸如《三坟》《五典》，这些记录和典籍，都可以说是国学。

《三坟》就是伏羲、神农、皇帝之书。这个就包括我们中华民族最早的三个人文始祖：伏羲氏，神农氏（炎帝）、黄帝，所以《三坟》自然就属于我们国学了。老祖宗传下来的，你要寻根就得明白。

当然还有《五典》。你去百度一下，说法都不一样，我是按照我的理解来说。《五典》主要讲孔子的教学内容，当然后面还有《八索》《九丘》，诸如此类，都算国学，都是国学的内容。当然这里面影响大的还是孔子的“六艺”：礼、乐、射、御、书、数。孔子的地位被抬得很高，他的这六门功课学生是必学的，过去也是这样传承的。

到了后代，西汉末年，刘向、刘歆父子主张“七略”——将学问分为七类。刘向、刘歆父子的职位相当于现在国家图书馆的领导，他们有机会看到所有的文献典籍，他们就编了一部书，叫《七略》，其实就是“图书目录”，将国学分作“六类”，因为第一略是“辑略”，相当于“图书总目录”，剩下的六略就分六类。孔子的“六艺”是六分，他这个其实也是“六分”，但是他这个每一略就是国学的一类，比如说“六艺略”，《诗》《书》《易》《礼》《乐》《春秋》《论语》《孝经》《小学》——实际上是儒家经典；“诸子略”，儒、道、阴阳、法、名、墨、纵横、杂家、农家、小说家——诸子百家，算一类，也是传统国学；当然还有“诗赋略”，包括汉代以前的一些诗歌；“兵书略”，比如孙武的《孙子兵法》；“数术略”，就是天文历法五行这些东西；还有“方技略”，就是中医、房中、神仙等内容。

这个在《汉书·艺文志》里面记载得很清楚，《汉书》是东汉时候搞的（刘向、刘歆父子是西汉末年的人），用的是“六分法”。我们在做学问的时候特别强调《汉书·艺文志》，在我们古代史或者文献学里面，这是一门专门的课，就是你要对古代所有的图书目录有所了解。王力的古代汉语课本第三册里面收了一段，就是《汉书·艺文志·诸子略》。我过去教书的时候，要求学生（本科生）都是要背诵这篇的，这里头诸子十家（实际上是九家），每一家的主流意识，每一家的邪门歪道都被一一列了出来，所以在座的同学，你有时间就把这篇好好看看，最好能背下来，这会让你们终身受益。

《隋书·经籍志》将天下图书分类，改用“经”“史”“子”“集”的“四分法”，这个影响就大了。从唐代《隋书》开始用“经”“史”“子”“集”的分类，一直到明代《永乐大典》，再到清代的《四库全书》都是按照“经”“史”“子”“集”来划分的。过去的图书馆里头标志性的东西，所谓镇馆之宝就是《四库全书》。以前我们贵州大学的图书馆馆长姓程，他的办公室比较大，里面就放了一套《四库全书》，办公室里面摆了一圈，他就在里面办公。一个图书馆，没有这个东西，就不能称“馆”，最多叫“图书室”。

现在我们大体知道了从古至今的分类。

但是真正做学问的人，对于我们国学的分类，并非“四分”，四分是针对所有的典籍。我就给大家再介绍一个“三分”。

清代文学有“桐城古文派”，里面影响比较大的是方苞和姚鼐。姚鼐有个讲法，说中国的学问有三者之分，他首先讲的是“义理”，用我们现在的话讲就是哲理，这是比较高层次的，然后有“辞章”，用我们现在字典的解释就是中国古代诗文的总汇，还有一个就是“考据”。他们把中国的学问就分成这么三类。这个发展到民国，再到现在，影响就很大，就是我们现在的“文”“史”“哲”。这个“辞章”就是“文学”，诗文的总汇；“义理”简单讲就是“哲学”；“考据”用我们现在话讲就是“历史学”。我们文科的基础就是文、史、哲，理科的基础就是数、理、化，这是民国以来的基础之学，到现在还是这样，我们现在虽然有很多专业、很多学科，但是老实说，文科真正基础的东西，就是文、史、哲。

从清朝以来，“三分法”影响很大，直接影响到我们当代的学术，我就一一地给大家作些简要的介绍。姚鼐把“义理”摆在第一，但是我们不妨先从“辞章”这个角度来说，大家从小学语文，所以这个是人人都必须要掌握的基本功。这个语文，我们都是用的方块汉字，从小就是“认字”，作文是“写字”，以后出去工作教书，还是“讲字”，所以“汉字”就是基础，但是我们现在从小学开始，这一环就比较薄弱，忽略了这个东西，这个一会再讲。我们中国人很注重诗文表达，那么人有想法，有感情，心里面有感受，就要表达出来。我们有些同学，读书不少，但是不喜欢写，语文啊，就是“读”和“写”两条腿，你不写，你就是个跛脚，难以平衡。所以我教语文，我就反复强调要读、要写。现在不仅写成问题，读也成问题，我们同学是看书，是看啊，不对，要读啊，大声地朗读。我们学校里面现在没有这个风气，都是躲着看。看了没用的，我跟你讲，要找个地方朗读，学校都要鼓励朗读。读是什么呢？读是读人家的，读李白、杜甫、鲁迅。写是什么呢？写是写自己的。这两者绝对不能偏废，人的内心感受通过文字表达出来，文字写出来就是辞章。我们文科，中文系的，主要就是两个方向：一个是文学创作，教你写，讲些方法，找些好的东西来模仿；另外一个就是评论，文学评论，讲那么多杜甫，讲那么多屈原，那个是评论。文学这个东西，最基本的就是情感。所谓“诗言志”，那个“志”就是“感情”，所谓的诗文就是在“情”字上，读人家的是读人家的感情，但是感情这个东西，我跟大家讲，一百个人有一百个样，没有同样的欢乐，也没有同样的悲哀。所以有个什么特点呢？特性化。在你的身上，体会不一样，在他的身上，体会也不一样。有人说“欢乐是共通的”，那也不一定，感情的东西就是不一样。孔子说：“慎于言而敏于事。”“言”字的小篆由上、干、口三部分组成，按造字法来说，三者为会意关系 。“干”就是干预、干戈的意思，“干”的原始义就是盾牌。因此，“言”

就是“口说出话来，就有可能冒犯别人”的意思。“言”也就是个性的表达。所以，我们写的很多文学作品，有人持肯定态度，说你写得好；但也有人持否定态度。所以我们说文学是个性化的，感情太过激，正因为如此，它没有大家普遍认同的共性，每个人都有不同的理解。但是文学的社会功能却很大，是每个人都必须写、必须读的。所以，“辞章”在中国文学史上从古到今都是很重要的。我们从小学开始练习的基本功就是写作文、读文章。但是从人的思维的角度来说，感情的东西层次是比较低的，因为我们不能总是感情用事啊。

所以，我们要提升到“义理”的阶段。义理的阶段就是一个“理”字，由个人的感情发展到理性的阶段，这就比之前高了一个层次。“理”是共性的，就有普遍意义，例如我们说的“真、善、美”，都是我们大家共同追求的。“义理”也就是哲理，是在感情基础上的深化。因此，我们也就要学哲学，要懂道理，不能仅仅当一位文学家，很多文学家都是“疯子”。例如郭沫若的话剧《屈原》里的屈原，我们以前看话剧，看到屈原到最后都是疯狂的状态。所以，作为一个诗人、一个文学家，是很痛苦的。因为没有激情就写不出诗，真的就需要疯癫的状态。西方人说：“把爱情写得最好的人都是单身汉。”也就是说文学作品需要作者丰富的想象和幻想。但是作为哲理，就需要冷静地面对社会和世界。

在清朝，很多学问家理解的“义理”就是“经学”。哲理就包含在中国的经学里面，包括儒家经典和道家经典以及后来的佛家经典。其中，儒家是统治阶级提倡的主流意识，但是中国传统文化里面也包含着道家和佛家思想。我们普通人都有自己的不同爱好，或喜欢孔孟，或喜欢老庄，这些都不影响我们对学术的研究。但是我们不应该自以为是，自认为别的思想是歪邪门道。

但是，到了“理”的层次还不够。“理”只是思维方式的提高，但是并没有到最高处。因此也就需要从“义理”到“考据”的提升。考据也就是考证，就是研究历史、语言的一种考证方法。西方讲逻辑推理，但是中国人的考据方法从古至今主要还是靠归纳例证，用大量的例证来归纳一个观点，所以有一种说法叫“例不十，法不立”，也就是说如果例证不够多，那么规则就不能成立。中国有五千多年的历史文化，特别是上古史的很多东西还需要我们一一落实，这就需要考证。考证也就是要证明我们五千年来的悠久历史文化。我们从小学到大学所学的一般都是历史故事、历史事实，其实这些历史事实本身所反应的也就是一种文化现象，所以说我们的传统文化保存在历史里，历史折射着我们的传统文化。史学最根本的东西体现的是文化。我们现在有很多人用整本书也没有把文化的含义讲清楚，例如余秋雨的《何谓文化》、北师大王宁的《中国文化概论》等。“文化”二字从文字学的角度来解释，其实非常简明。讲历史就是在讲文化，“文”就是“字”，就是方块汉字，“化”的半边是“匕”，“化”就是“倒人”，不是说人倒了，是说人性发生了根本变化。因此，文化也就是说通过教育，认识方块汉字，人性发生了根本的转变。对于“文化”的界定，我们没有必要用西方那一套严密的逻辑去界定它的内涵、外延。中国人的学问就是两条，第一条就是要简明，搞得很复杂，说得天花乱坠，就不是学问了；第二条就是要实用。

考据之学，也就是史学。做学问的人，对哲学很有研究、很有见地，写了很多书，只是哲学家而已，只是专家。你必须从“文学”“经学”，到最后的“史学”，完成你的学问的全过程，这个就是国学之路。要走到这个地步才能算学者，不然就只是专家。所以无论你是学哲学的还是学文学的，中国古代的历史书你必须要读，然后在你的学术著作中去体现。

这是我讲的这个过程，当然这些是远远不够的。要把哲学、文学、史学学好，中国自古以来强调的是“小学”。“小学”过去是“经学”的附庸。它的作用是认字。古代贵族八岁入小学，首先是认字。它有基础读物，都是行之有效的。“小学”虽然叫“小”，但它是根基，没有“小”就没有“大”，就没有“大学”，这个可不能轻视。从清代以来，清代的汉学是从江永、戴震发展起来的，他们就特别重视“小学”。做学问的人首先要把基础打好，没有“小学”功夫，什么都免谈。在座我想很多都是做学问的，要是基础不好就不要做了，因为以后会做不下去的。

我们贵州大学搞“诗教”，我就提出两条要求。第一，要写得一手好字。字是人的脸面，字写不好怎么行？第二个基本功就是写诗，写得一手好诗。我们中华民族是崇尚诗歌的民族。孔子的教材里面就有诗，他选的《诗经》305篇给学生读、背。他说：“不学《诗》，无以言。”你看，不学《诗》连话都说不清楚。孔子把《诗》的地位抬得很高。从古到今我们读诗，那么自己也要会写才行。文化的基本功这是人人都要有的，不管你学的是理科还是文科。

中华文化五千年，有源有流，战国以后都是“流”了，《周易》那都属于源。我们的国学研究，还要重视源头。所以，要熟悉先秦史，就要寻根。中国文化的根在哪里？哲学家任继愈就说："文化起源于宗教。"其实，天文学是人类的第一学，我们现在贵州的很多学者已经认识到了。不懂天文就读不懂中华文化，人文源于天文，大家要懂这个道理。但是我们现在很忽略这个东西。

当然我顺带说一下，黄侃教授在中央大学教书时就告诫研究传统文化的人要明白，做学问要具备四个条件。第一，人要聪明，太笨了不行。我们台下的同学考上大学就已经是很聪明了，你再读研，那就是聪明中的聪明，这是应该鼓励的。

第二，勤奋。这个条件我反复强调，我接触到的很多同学成天打游戏，这怎么叫读大学？出版的书籍、报刊总量，一个人要读几百年，哪有时间去玩？所以人要勤奋，不能懒惰，人一懒惰一辈子就完了。我对学生的要求就是不能懒惰，懒惰了我就立刻要讲你，懒惰的人读什么书？在座的朋友们一定不要懒惰。我这个人就是不懒惰，这是从小养成的习惯，早上天亮了不起来要被打屁股的，不含糊，慢慢就养成了习惯。老师对你们就是"逼"，我的学生每周要写文章，参加活动要写感受。你不是第一流的聪明，就要做到第一流的勤奋，做学问没什么捷径。

第三条，黄侃认为要有明师指点。我讲的这个明是"明白"的"明"，不是"名气"的"名"。把一门学问，或是一本书吃透了，有完整的理解，无处不通，这才是"明师"。

第四条，要有资料。这一点我认为也是很重要的。

现在贵州师大成立了一个国学班，提供给学生必读的书目有很多，例如"二十四史"，还有先秦的史料，但我认为那是没有多少实际作用的。就例如"二十四史"，我认为通读掌握"前四史"就足够了，后面的也就不必再花心思了。因此，自己的研究需要有方向，不能样样懂却门门不通，必须要明确。

我认为交流就应该热烈，我今天就讲这些吧。

# 第二届中国古代文明研究前沿论坛欢迎辞

尊敬的中国社会科学院历史研究所副所长杨艳秋主编，尊敬的中国先秦史学会常务副会长宫长为研究员，尊敬的段渝先生、王子今先生、吕文郁先生、廖名春先生、田旭东教授，尊敬的出席第二届中国古代文明研究前沿论坛的国内各地的专家、学者，尊敬的在座的女生们、先生们：

早春二月，春光明媚，春花烂漫。在这个美妙如画的季节，贵州大学先秦史研究中心全体同仁，欢迎各位嘉宾来到贵州、来到贵阳、来到贵州大学。

贵州大学先秦史研究中心于2015年10月正式成立。先秦史研究中心的成立在贵州学术界具有里程碑意义。因为中国古代史学研究就是传统文化研究。尽管古代史研究是我们贵州学术界的弱项，人才缺乏，成果寥寥，起步又晚，但我们终于在传统文化研究方面迈出了决定性的一步。

就中国古代史这一块来说，近三年来我们先后录取了二十余名先秦史方向的硕士研究生。2017年秋季起，我们单独开班，给先秦史方向研究生开了“小灶”，让他们学习更多的传统文化及古代文献，为进一步地研究中国古代文明打下扎实的基础。

另外，我们规划了几个科研课题，为先秦史研究做出了贡献，并以课题研究培养人才。今天赠送给各位的《夏商周三代纪年》《夏商周三代事略》就是我们近年来的部分科研成果。我们的史达宁、岳冠林、毕洋、桂珍明几位优秀学子都进入了博士研究生的行列，成为先秦史研究队伍的成员，可喜可贺。

还有，我们积极推动贵州大学创建本科国学班的进程，今年秋季将招收国学方向本科新生，由历史文化学院安排授课。

十九大以后，中央出台了专门的文件弘扬传统文化，我们这些中国古代文明研究者倍受鼓舞、倍感兴奋。我们有信心扎扎实实将中国古代文明研究不断进行下去，希望结出丰硕的成果。

女士们、先生们，我们今天聚集一堂就是交流如何弘扬传统文化，让中国古代文明研究在新时代不断升华、不断承前启后，并开创一个新的大好局面。

我们的历史研究与传统文化研究是一致的，实际上是一码子事。孔子将历史文献《尚书》选定为教材，让三千弟子研读，说明孔子当年是如何重视历史，如何重视中国早期文明、重视前代文化传统。

历史，指的是历史事实、历史故事，这是表象的。故事里折射出的是文化。

文化是什么？其实按照中国人创造的汉字解说，就那么简明。文化，文而化之。文，就是文字，就是方块汉字。通过读书受教育来“化”。化，是指人性的彻底改变。由野蛮而文明，由愚笨而智慧；由假而真，由恶而善。怎么完成这种转变？就是要读书识字，接受教育。传统文化就这么简明而清晰，它不是在概念里头兜圈子，而是以方块汉字的一笔一画，表达得清清楚楚。所以，我们研究中国历史，研究中国早期文明还得从根本的汉字的构建入手。这就是传统，这就是传统小学，也就是传统文化。

今天，我们聚集一堂，就是要建设一个学术交流的平台，研究中国古代早期文明，弘扬传统文化。

我们知道，随着殷墟甲骨文的问世，一百多年前王国维先生提出了“二重证据法”，把古代文献与考古新材料结合起来进行研究，产生了一大批古代文明研究的新成果。这之后的20世纪60年代，贵州大学张汝舟先生写出《西周年考》，他明确提出“三证合一”，在“二重证据法”之上加一个“天象依据”，提出了“三重证据法”。这一新的研究方法影响越来越大。李学勤先生主持的“夏商周断代工程”，事实上就是“三重证据法”在当代的一次重要尝试。以张培瑜先生为首的古天文研究团队也加入其中，可见这一研究方法受到先秦史学界的重视程度。

2017年5月，《光明日报》的“光明学人”专栏整版介绍张汝舟先生古天文学说，从中可见学术研究的艰辛。我们说“终见光明”，的确，学术研究得以显示其科学性、验证其无限的生命力。

我们看到这次论坛的学术论文中已经有一些年轻学人正在使用“三重证据法”对出土的新材料进行深入研究，实实在在为中国古代文明研究做出重要贡献。

我们孜孜不倦地研究古代文明，探索中华文明之源，也是坚持文化自信的表现。因此，学习历史，传承文化，任重道远。

今天，我们非常有幸邀请到各位专家、学者。此时此刻，高朋满座，少长咸集，大家为了一个共同的目标——中国古代文明研究而努力。同时，我们希望借此机会领略诸位专家的学术风采。我们也会虚心学习，力争在中国古代文明研究的教学科研、人才培养方面实现新的突破，取得新的成绩。

最后，预祝“第二届中国古代文明研究前沿论坛”圆满成功，祝各位专家学者身体健康，万事如意！

谢谢！

2018 年 3 月 31 日

# 随笔篇

# 建议古书用夹注

有这样一件事。有人将新买的《三曹诗选》拆为两本，一本诗选，一本注释，对照阅读。旁人觉得可惜，有非难之意。我想这倒方便得多了。

近读中华书局出版的《史记故事选译》，颇有感触，便想说几句有关古书注释位置的话。

对于读者而言，古书注释缺之不得。古今皆有人专治注书，功力、学问，均在注中。可见注释是少不得的，从中学到的知识并不一定少于原著。

注释的方式，从前以夹注为多。夹注式又可分为字末注、顿末注、句末注几种。现今的注释，多放置书后，又可分为页下注、段末注、篇末注、卷末注、书末注几种。现将通行的几家古书选本的注释方式列举如下。

《诗经选》《乐府诗选》，余冠英选注，用篇末注。

《李杜诗选》，苏仲翔选注，注在每篇“题解”之末。

《汉魏六朝散文选》，陈中凡选注，用段末注。

《楚辞选》，马茂元选注，篇末、段末并用。

《三曹诗选》，余冠英选注，先列三家之诗，书末注释。

卷末注，古书选本今未见，可参看《鲁迅全集》(十卷本)。

初读古书，碰到的问题也多，用夹注本，少翻书，省时省力。能自明文义，读正文即可，文不通，再读注释。有夹注本，读者可灵活用之。对有志于研究的人，古书夹注也是适用的。几种版本均是夹注，便于比较对照，一目了然。否则，见篇寻检，欲求新见，结果往往失望。

比如《诗经》，每行皆注，初读者才能明诗意，用书末注，则每读一句必翻书，麻烦至极。若在不明处加注，随读随懂，方便至极。

又如大家都希望难字有注音，当然用夹注式最好，注音就放在字后，不乱思索。若放在篇末、书末，这与查字典何异？

当今白话著作，又当别论。也提供一点意见，一般书籍采用页下注即可，选集、全集，放在篇末似乎适宜些。如《毛泽东选集》即是。

总之，正文与注释，相隔不宜远。古书难懂，故愈近愈方便；夹注式最近，故最宜于古书。

载《文汇报》1961 年 11 月 25 日

# 漫话影视

中国古代就有“能知过去未来”一说，一般人视之为“仙术”，今人或称之为“迷信”。待有了电影、电视，能将过往的史实人物重现一番，大家习以为常，见惯不惊了，自然就与“迷信”无缘。影视的出现，只能说明，“知过去未来”并非不可能，不必轻率地将其打入旁门左道，倒是我们应该对此进行更深入的探讨。

影视重现的历史与人物，使人想到海市蜃楼。《梦溪笔谈》载:“登州海中时有云气，如宫室、台观、城堞、人物、车马、冠盖，历历可见，谓之‘海市’。”不仅海边，沙漠中也常有这种幻景出现。这自然是光的折射作用造成的。问题当然不这样简单，无时不有光的折射现象，无处不有光的折射现象，为什么海市蜃楼并不随处可见，并不随时可见？诸如气温、湿度、云层、雾气、光的强弱、海拔高度等，都在考虑之列，一样不备则无影可见。影视何尝不是如此？诸般条件，缺一不可。

凌濛初《二刻拍案惊奇》卷十六写“毛烈赖原钱”，村人陈祈被毛烈赖了三千银两，告到阴司，对簿公堂，毛烈继续抵赖，要凭收银执照，“判官叫取业镜过来，旁边一个吏就拿着铜盆大一面镜子来照着毛烈。毛烈、陈祈与高公三人一齐看那镜子里面，只见里面照出陈祈交银，毛烈接受，进去付与妻子张氏，张氏收藏。是那日光景，宛然见在。”凌濛初写这一段与今日电视录像何异？这里强调“拿着铜盆大一面镜子来照着毛烈”，他受启发于镜子照人，当面显像，只不过照出了过往之事。

蒲松龄于《聊斋志异》中亦有类似描写。《凤仙》一篇，写凤仙赠刘赤水一镜。“视镜，则凤仙背立其中，如望去人于百步之外者。”“归见镜影，惨然若涕；隔日再视，则背立如初矣。”“揽镜视之，见面黛弯长，瓠犀微露，喜容可掬，宛在目前。”凤仙的种种神态，通过镜面一一显现出来。这面神镜，神就神在将凤仙的姿态事先录了像一般。

民间有所谓“观水”一说，道士持一碗水，念念有词，就从水中看出了某人前世前身的所作所为。《聊斋》电视系列剧《窦女》亦有一组镜头实写其事，道士为南三复家驱邪，端水一碗，从水中看出窦女的种种冤情。为什么要借助这一碗清水？这亦受启发于镜鉴的反照。

这些联想，近乎荒诞，但细细一想，隐含着某些未知而该知的成分在内，未尝不可以深入研究。

原载《贵州广播电视报》1991 年 7 月 10 日

# 鬼节说“鬼”

七月十五日，俗称“鬼节”，我的家乡四川巴中则叫作“月半节”。民间老百姓按照不同的习俗，分别于七月十四、十五日焚香烧纸钱祭奠祖先，有些地方还要超度亡魂野鬼。我国民间远古相传，七月初一“开鬼门”，七月三十“关鬼门”，其间，所有无嗣的孤魂野鬼全部从阴间出来，游窜于人间，寻吃要喝讨钱用。于是七月十五日，人们虔诚地祭祖后，便在十字路口或路边、水边偿孤（地盘业主、古老前人、孤魂野鬼）：烧些纸钱、撒些水饭，祈求清顺平安，还有些地方采取放河灯等形式为孤魂野鬼超度亡魂。

鬼节的起源具有十分浓厚的宗教色彩。一说始于道教。道教认为他们所崇奉的神——天、地、水，天官赐福，地官赦罪，水官解厄，并说天官正月十五日生，地官七月十五日生，水官十月十五日生。从此，我国古代便将正月十五日称为“上元节”、七月十五日称为“中元节”、十月十五日称为“下元节”。七月十五日是赦罪地官的生日，一般信道徒都要去道观朝拜。唐代诗人李商隐的诗句“绛节飘飖宫国来，中元朝拜上清回”就是这种习俗的写照。

一说始于佛教。据佛教传说，古印度有个头号富翁叫富相。富相特别敬重出家人。但是，富相的夫人青提却与乐善好施的丈夫相反，她憎恨出家人，以僧尼为仇人。富相老年得子，起名目连（就是目犍连）。富相死后，目连外出经商时与母亲话别，特地央求母亲要行善积德，善待出家的僧尼。青提夫人当即应允。但是，青提夫人说归说，做归做，对登门化缘的和尚、尼姑一概赶走，不舍分毫。青提死后被打入地狱，受尽苦刑折磨。据传说，目连在定中用天眼通发现在地狱里面容憔悴的母亲，正在饿鬼道受苦，咽喉像针尖那样细小，皮骨粘连在一起。目连就用钵盛饭菜供养老母，谁知饭还没有送到母亲的嘴边即变为火炭，无法入口。目连见状万分悲痛，就将此情禀告佛陀，祈求开导救母的办法。佛陀说：“你母亲生时谤佛谤僧，不信因果正法，贪嗔邪恶，愚弄众生，故受此报。此之重罪，非一人力量所能拯救，唯有仗十方僧众的力量，才能使你母亲脱离饿鬼之苦。每年七月十五日，是僧众自恣日，如设百味珍肴、鲜果于盆中，供养僧众，你母亲即可超度。”于是，目连依教奉行，广设盂兰盆会供养僧众、超度饿鬼。目连的母亲才脱离了地狱。

“盂兰盆”是梵语的译音，意思是“倒悬”，形容饿鬼之苦如人倒悬。唯有以食品斋僧，才能解除倒悬之苦。佛教节日盂兰盆节就是在这一传说的基础上形成的。《荆楚岁时记》云：“七月十五日，僧尼道俗悉营盆供诸佛。”可见，在南北朝时期，民间就有这一项活动了。每当七月十五这一天，寺庙中举行诵经法会，街巷还要搭起高台，僧民诵经，施放焰火，以救孤魂。可见，七月十五日，无论是道教过中元节，还是佛教过盂兰盆节，无不集中体现了中华民族文化的核心思想，即“孝”与“仁”。民间进行的“偿孤”的普度活动，则体现出中华民族民间古老的行善积德的传统美德。《礼记·礼运》说：“故人不能独亲其亲，不独子其子，使老有所终，壮有所用，幼有所长，鳏寡孤独废疾者皆有所养。”试想，鳏寡孤独者在生前得到了社会和乡邻们的照顾，得以享受人生；在他们死后，也同样受生前的待遇，由有子孙后人的人们祭祀“鬼邻”，使他们欢度节日，自当感激涕零吧。由此可见，普度孤魂野鬼，就是人们行善积德的延续。所以，有的地方把七月十五称为“孝义节”。

说到“鬼”，人们不禁要想到传说中的幽冥世界。按照佛教说法，阴间的最高统治者是大愿地藏王菩萨。这地藏菩萨本名金乔觉（696—794年），为新罗国（今朝鲜半岛）王子，于唐玄宗时来到中国，隐居安徽九华山苦行修炼。地藏圆寂后，受佛祖释迦牟尼之命管理阴间，救度地狱中所有的“罪鬼”。他曾在佛祖面前发下极大誓愿：“众生度尽，方证菩提；地狱未空，誓不成佛。”地藏王菩萨度化的对象便是地狱里的众生，即使有人恶贯满盈，只要其改恶从善，至心诵念地藏菩萨名号，也可以解除一切苦厄而得度脱。可惜六道轮回永无休止，地狱是永远无法撤空的啊！因此，地藏王菩萨也就一直未能成佛，中国佛教便把他与观音、文殊、普贤菩萨并列供奉。地藏虽然管理阴间，而阴间最有实权、影响最大的却是阎王。

阎王又叫阎罗，最初是印度神话中掌管阴间之王。佛教传入中国后，阎王在中国又被衍生为十殿阎王。十殿阎王分别是：一殿秦广王蒋、二殿楚江王历、三殿宋帝王余、四殿五官王吕、五殿阎罗王包、六殿卞城王毕、七殿泰山王董、八殿都市王黄、九殿平等王陆、十殿转轮王薛。其中人们谈论最多的是五殿阎罗王包，即指包公。包公生前铁面无私、主持正义、办事公道，死后人们请他当阎王，传说他“日断阳间、夜断阴间”，忙得不可开交。阎王的部下也很多，除无常、牛头、马面、日游神、夜游神等外，还有判官十八个，分为掌刑判官、掌善簿判官、掌恶簿判官、掌生死判官，其中，掌生死判官权力最大。

迷信传说人死的时候，阎王要派无常鬼去勾摄生魂。所以无常又叫“勾魂鬼”。无常分为白无常和黑无常两种，它属于地狱里的一般小鬼。但它钦名权在手，就非同一般了。谁要是遇见它，稍有不慎就要一命归阴。无常的模样通常是素衣高帽，披散长发，口吐长舌，十分吓人。传说无常勾魂的方式有两种，一是用“勾魂囊”勾吸人的精气神而致人死亡；二是用“勾魂链”，强行将人的三魂七魄铐住勾走而致人死亡。世间万物均有阴阳之分，阳盛而压阴，阴盛而阳衰。无常虽然十分可怕，但是它属阴，凡是神清气爽、心正行端形正，阳气十足之人，无常是无法接近的。反之，必被其勾走魂魄。

据传说，在鬼蜮世界，各类鬼魂在各个殿上受刑受苦，冥间还有一杆秤专门称量人的善恶，凡在阳间做过坏事的人，死后便被打入地狱，并根据其劣行轻重处以不同的苦行，压在十八层地狱。受刑结束，最后押送到第十殿交与转轮王候旨转世投生。凡放往阳间投生者，都必须先到孟婆那里报到，灌一盆孟婆汤（俗称迷魂汤）后才能放行。

孟婆又是何许人？据《玉历至宝钞》讲，孟婆生于前汉，知书达理，喜诵佛经，终身未嫁。她“过去之事不思，未来之事不想，在世唯劝人戒杀吃素”。她活到 81 岁，鹤发童颜。后来入山修道，成了冥神。

却说阎王爷担心从阴间转世投生的人记住前世因果、地狱苦刑，泄露“阴机”，他便看中了孟婆，给她盖了一座“孟婆亭”，并恩准她开了“孟婆店”茶馆，专门向即将转世投生的鬼魂发放“迷魂汤”一碗，使他们喝后彻底忘掉前生之事，从零开始，重新做人。

而今，重庆丰都“鬼城”出售的“梦婆茶”，就是源于这个民间传说。它是由高山沃土培植出来的绿茶，经精工炒制，茶味香醇甘美，清冽回绵，有提神醒脑、滋阴明目、开胃补脾之功效。到此旅游观光的人们，喝一碗“梦婆茶”，再去孟婆的塑像前看看这位“六道轮回”中不可缺少的冥神，或许你能更加精当地感悟人生！

（摘引自乐其麟先生编著的《中国传统节日择吉大通书》，有删节和改写、补充）

# 漫谈生物钟

知道生物钟的人越来越多了，过去被视为神秘的东西不再神秘。各人的生物钟，以自己的生日起算，28日为一个周期，周而复始。其中，2—12日为高潮期，人的情绪处于兴奋、高昂阶段，敏捷果断，办事效率高；16—26日为低潮期，人的情绪处于低落、沉郁状态，优柔寡断，工作效率低；其余日子，1、13、14、15、27、28这六天，称为临界期，由低潮转入高潮或由高潮转入低潮，人的情绪大起大落，烦躁不安，遇事多生变故。西方有人做过若干统计，人在临界期，容易与人发生口角、闹事，甚至犯罪。高潮期和低潮期算是相对稳定的日子，与临界期有着明显的差异。高潮期与低潮期，只有节奏快慢的不同，一个亢奋，一个平静而已。

怎样计算自己的生物钟？起算点是自己的生日，生活的总日数除以28，余数便显示出自己的生物钟的三个阶段（高潮期、低潮期、临界期）。生活的总日数，以回归年周期365.2422日计算，十年是3652日。如某人生于1955年8月15日，到1986年8月15日计31岁。31×365.24 = 11322日，到1987年1月10日，还有148日。

（11322 + 148）÷28 = 409……18。

此人的生物钟已经历409个周期，余数18表示1987年1月10日他的生物钟正处于低潮期（16—26日）之内。到1月18日他的生物钟就进入临界期（由低潮期向高潮期过渡）。如果他记住1987年1月1日，他的生物钟余数是7，他自己的整个生物钟周期就算掌握了。

懂得计算生物钟周期的人，总以为生物钟周期是西方人的发现，似乎是从西方“进口”的。其实，两千多年前，我们华夏民族的先民就已经在中医理论中加以阐释了。随着经验的积累、理论的升华，不仅有日生物钟，还有年生物钟、月生物钟、时生物钟。年、月、日、时，十分完备，广泛运用于中医治疗。从理论到实践，中医形成了自己的一套生物钟理论。

《内经》中讲的“生、长、化、收、藏”就是年生物钟。按汉代盛行的阴阳五行说，生、长、化、收、藏谓之“五化”，配十二支，寅卯之年生，巳午之年长，丑辰未戌之年化，申酉之年收，子亥之年藏。

《素问》中说：“月生无写（泻），月满无补，月郭空无治，是谓得时而调之。”这是指以阴历朔望月的亏满来调治疾病，属于月生物钟。

《素问》还说：“肝主春，足厥阴少阳主治，其日甲乙，肝苦急，急食甘以缓之。……肝病者，愈在丙丁，丙丁不愈，加于庚辛，庚辛不死，持于壬癸，起于甲乙。”

《灵枢》说：“以一日分为四时，朝则为春，日中为夏，日入为秋，夜半为冬。”这是古人的日生物钟。《灵枢》分一日为四个时段。

《伤寒论》中载，“太阳病，欲解时，从巳至未上”“阳明病，欲解时，从寅至辰上”“少阳病，欲解时，从寅至辰上”“太阴病，欲解时，从亥至丑上”“少阴病，欲解时，从子至寅上”“厥阴病，欲解时，从丑至卯上”。六经病欲解都各有时辰，这应该是时生物钟了。

祖国医学理论的哲学思想是阴阳五行说，其表现形式是以干支甲子为枢纽。干支可用以纪年、纪月、纪日、纪时，生物钟有年钟、月钟、日钟、时钟之分，互相配合，仍以干支的形式表现出来。清代《医学集成》总结了值年用药的经验：甲己之年丙作首，丙火生土，土喜干燥而恶水湿，药宜辛燥之品。乙庚之岁戊为头，戊土生金，金喜清肃而恶火燥，药宜滋润之品。丙辛之年从庚起，庚金生水，水喜温暖而恶寒凝，药宜温暖之品。丁壬壬上癸顺流，癸水生木，木喜条达而恶抑郁，药宜挑达之品。戊癸翻从甲寅求，甲木生火，火喜升发而恶湿郁，药宜清凉之品。——从此可见干支甲子的作用，而干支甲子周期在治疗方面的运用又是以生物钟为基础的。不幸的是，传统的生物钟之说在当今被大大地忽视了。

原载《贵州大学报》1987 年 3 月 30 日

# 黄梅老祖寺

《正觉》是黄梅四祖寺主办的刊物，主旨是弘扬佛法，属于“免费赠阅”的刊物，拿钱是买不到的。一个偶然的机会，我居然“请”到几本，也算是一种缘分。一有空闲时间，拿出来翻阅，殊觉平易亲切，增添了许多的乐趣。有朋友到家，我就推荐其中的美文佳作，奇文共赏吧。

今天给各位介绍《正觉》2006年第4期一篇文章，题目就是《黄梅老祖寺》。作者是四祖寺住持净慧，这是一篇讲话稿。

老祖寺只是黄梅紫云山中十几座寺院中的一座，原来叫双峰老寺。隋朝末年，兵荒马乱，这个小寺院被毁掉了。进入唐朝，宝掌和尚重新回到这里，再次修复这个地方。当时，四祖、五祖先后在四祖寺、五祖寺阐法，宝掌和尚年高寿长，大家尊称他为老祖，这座平常寺庙从那以后就改名老祖寺了。荒山野岭中的这座古老寺院，竟然在明末清初时候有人为它编了一本山志，名叫《老祖中山志》。此寺一千多年的历史有了一个简略的记载。在古代，这里是一处佛教圣地，是一个修行的道场。周边还有大小寺庵十多处，遍布松岭、岩石之间。

老祖寺的开山祖师就是从印度来的宝掌和尚。他来中国之前，在印度已经生活了六百多年，他来中国的时间，是在魏晋之间。他走过千山万水来到了这座紫云山，在这里结茅定住。这时已是东晋废帝太和年间（366—370年）。住下不多久，他又离开这里，云游庐山、雁荡山、峨眉山……宝掌和尚在中国开山的寺庙有十多座。见于历史记载的，如杭州的中天竺法镜寺，就是宝掌和尚开山的，那里有千岁堂、宝掌桥，还有宝掌的画像。进入唐朝，他又回到紫气浮空、祥云万朵的紫云山重修已毁的寺院。

老祖是在唐朝显庆二年（657年）圆寂的，享年1072岁，所以称“千岁老祖”“千岁宝掌和尚”。从其年龄来说，在佛教史上可谓千古一人。中国古史传说中的彭祖，也就八百岁，还差老祖宝掌和尚两百多年呢。

按此说法，宝掌的生年当在公元前415年，即战国初期魏文侯的三十一年。前六百多年在印度生活，不知依据在哪里。“来中国是在魏晋之间”，的确也比较含糊。晋武帝司马炎在咸熙二年（266年）登基为帝。太和年间宝掌和尚初到紫云山，应该具有可信度。从初到黄梅的366年到圆寂的657年，也近三百年。要是魏晋之间来，他在中国弘法将近四百年。

出家人不打诳语，净慧法师的话，是信还是不信。我想，他应当是有依据的。关于佛学的方方面面，我是孤陋寡闻，也许在佛学典籍中，会有老祖事迹的更多记载。我期待读到有关千岁宝掌和尚的文字，这也是我介绍这篇文章的初衷。

2009年4月29日

# 宝掌“千岁”释读

我写过一篇介绍性的文章，叫《黄梅老祖寺》，讲到老祖寺开山祖师是一个活了千年的宝掌和尚。

我将文章传给要好的朋友，有的一笑置之，有的直截了当地说“不可能”。我告诉我的三个弟子，对任何不懂的问题，不要轻易否定，武断说“是”或“不是”都是轻率的。还是孔子说得好，“君子于其所不知，盖阙如也。”不懂的地方，有怀疑的地方，保留着，暂时摆放着。司马迁写《史记》，也是这个态度。这也是后世文人所称颂的“暂付阙如”。要紧的是，不可强不知以为知，胡乱解说。

最近读到一则关于彭祖的文章。文章写道：“古时对年的计算没有统一标准，在彭山一带，乡间流行一种‘小甲子’计年方法，即60天为一年。按此换算为现今的计年标准，彭祖也就活了一百三十多岁。”这又让我想到孔子的身高问题。《史记·孔子世家》载：“孔子长九尺有六寸，人皆谓之长人而异之。”如果用今天的标准计算，一尺33.3厘米，孔子的身高就超过三米了。我们就晓得司马迁说的那是周尺，周代的计量单位。就算周尺，解说也不同。因为各个地域使用的计量单位也并不统一。这才有秦始皇“一法度衡石丈尺，车同轨，书同文”。当今有“狗八两”的说法，狗肉一斤就只有八两。这就是地方习俗。当今如此，古代更甚。关于周尺的具体长度，说法至少有三种，“周制一尺约合今制22. 7厘米”(南开大学《古代汉语教程》386页)，普遍说法“约合今制20厘米”，《体育报》1983年10月15日载，周尺“19. 91厘米”。我觉得《体育报》的计量比较可信，孔子身高该是1.91—1. 92米。反正，涉及古代计量，不能以今律古。

有了“不以今律古”的原则，也知道了“小甲子”的计年方法，宝掌和尚的“千岁”就不难解读了。他在印度已经活了六百多年，实则九十多近百岁吧，这中间的估略是肯定的。后来又过了三百多年，折合将近50年吧。宝掌和尚的寿命当在140岁左右，不会超过150岁吧。中国古代寿星，“八百岁”彭祖生活在夏商时代，比圆寂于唐高宗时期的“千岁”宝掌和尚早了两千多年。

“千岁”宝掌和尚圆寂八年之后，唐高宗麟德二年（665年），另一位号称“千岁”的程咬金也升天了。程咬金生年不详，从他起兵反隋，作为瓦岗寨首领推算，那时的年岁不会很轻。进入唐朝又经历了47年，他应该也是百岁以上年纪。过十为百，过百为千，称百岁以上的寿星为“千岁”，是人们的美好祝愿，也算说得过去。隋唐时代，难道就有这样的习俗？这当然也是对“千岁”的一种释读了。

2009年9月24日

# 说黔灵山步道

个人文集《辛卯文汇》马上开印，可封面的图片没有最终确定。最后，我选择了两幅花溪公园的风景图，效果也算不错。毕竟在花溪生活了这么多年，思绪始终没有离开花溪。同窗罗福应兄看到封面初样，随口就说，“没有山势！”这倒提醒了我，应该有山有水，彼此相映成趣。局限于花溪风景，这个“山势”就很难找。

贵州何处无山？兴义万峰林、江口梵净山，都是著名风景区。因为早些年去过，还是很有印象的。似乎扯远了点，我还是把思路指向贵阳市区的黔灵山，想在黔灵山公园找个适合做封面的图片。网上“步道黔灵山”图片深深吸引了我。

“步道”，顾名思义，就是步行小道，车子是去不了的。黔灵山步道，我也走过一次，那是从弘福寺后山上去，弯弯曲曲，顺着石级一步一步往上。我们那时是走错了路，不得已硬着头皮走上去，最终上了峰顶。因为是山路，走起来还是费劲，到半路已经气喘吁吁，缓行一段又继续前行。就这样，不紧不慢，最终登顶。到亭子里歇息，还是感到累，毕竟爬坡很吃力。坡陡路长，游黔灵山，很少有人走这条步道。亭子叫“瞰筑亭”，居高临下，整个筑城尽收眼底。贵阳市区的延安大道，笔直宛如一线。贵州饭店的高楼拔地而起，气势非凡。四周淡淡的浅山，远与天接，你会立即明白，贵阳市区就浓缩在这山下的坝子里。蜿蜒的南明河如同绿色丝带，弯弯曲曲在市区穿行。南边高入云霄的烟塔，那是贵阳电厂标志性建筑。从瞰筑亭往下看，市民熙熙攘攘，喧嚣不止。这就是我们生存的环境，如此繁华也如此令人烦躁。你会有很多感慨，希望找一块净土，去过一种恬淡自然的田园生活，远离喧闹。你从山顶下来，很顺畅地进入半山腰的弘福寺，在那里求个安安静静，或许进寺庙烧一炷香，期盼绿水青山与世长存，子子孙孙保护好这个越来越小的地球。

不少人是从弘福寺上山到瞰筑亭，路不算长，也较为平缓。后山的步道自然就冷落啦。你要腰腿还好，不妨上黔灵山走步道试试。我是“误入歧途”，走过一遭，并不想吃两遍苦。但记忆里始终没有抹去这条步道。看到《步道黔灵山》这张图片，爬山的情景犹如昨日，还是那么鲜活。

有了这么一段经历，尽管图片上半截不算清晰，我还是决定选它做封底。担心很多人不明白图片的取向，决定印上“步道黔灵山”几个字。五个字，似乎太孤单，不尽其意。“步道”本身就极富哲理，不如通通显示出来。我就顺势凑成这么一绝。

步道黔灵山，登山要（腰）腿酸。劝君须努力，步步上峰端。

其中，第二句应该平平仄仄平，“腰”就不合格律，改做“要”读仄声正好。“要”古本就是“腰”字。《说文解字》未收“腰”字。《玉篇》收“腰”，解释说：“本作要”。

人生就这么一段路。我只是想说，黔灵山步道值得你去体味体味啊。

2011 年 5 月 27 日

# 善待弱项

春后的一天晚上，到新民教授家小坐，对面墙上有一条幅，只隐约看到下段一些文字“——多心经”，便好奇地诵读为“多心经”，新民教授马上纠正道：“心经！是心经！”啊！我顿时便感到自己的佛学知识实在浅薄。后来到黔灵山弘福寺，特意在《般若波罗蜜多心经》大碑前停留，请教寺中师父，得知《心经》乃佛经要典，非比寻常。正确读法应该是：般若—波罗蜜多—心经。通谛法师解释“波罗蜜多”为“彼岸”。般若，读 bō rě（波惹），智慧之义，这是我知道的，因为“般若”有异读，早就查过字典的。其实，《辞海》对“心经”也有解说，只是我并不留心罢了。

儒、道、释，中国文化中的“三教”。佛教虽外来，但影响极大。作为佛学的门外汉，便有“多心经”的笑话，佛学真是我的弱项啊！

人生不满百，中华文化上下五千年，相比之下人生也就那么短暂。在有生之年要学的东西真是太多太多，我们面对的是知识的海洋，要达到彼岸，自然要选择一条符合自己理想的航道。不然便只能在茫茫大海上徘徊、彷徨，终无所获。

小时候看川戏，出场的丑角会自我表白一番：十八般武艺样样懂，就是门门不精通！那当然是在讥笑没有专长、专业知识的人。因为关公有大刀，张飞有丈八矛，英雄好汉都有各自的好武艺。含义很明白：一个人要有自己的特长、自己的强项，才能立足。

有特长就有“特短”，有强项就有弱项。这就是辩证法，无可回避。就算是超级大人物，也有显露特短闹大笑话的时候。成语“良马露蹄”就这意思。

五四新文化运动领袖人物之一的胡适先生，学问可谓大矣。谈到《诗经·周南》中的“为絺为绤”，他读成了“为希为谷”，在场的黄季刚先生忍俊不禁。后来章太炎先生在苏州讲学时，也举此事为证。

著名文学家郭沫若先生，算得上全才，有多方面的成就，他的语法却有欠缺。朱光潜先生在《咬文嚼字》一文就说他，将“你有革命家的风度”改为“你这革命家的风度”就欠妥帖。另外，古语“取彼狐狸”的“狐狸”是指毛狗、狸猫两种动物。杜甫《无家别》有“但对狐与狸，竖毛怒我啼”，是说出征戍边五年的军人回乡，家猫成了野猫，家狗变成野狗，不认我了，还对我凶狠地乱叫。郭氏在《李白与杜甫》中译为：“碰头的就只有一些狐狸，号叫着，耸着毛向我生气。”这显然不是杜甫的意思。

一个人的特长、强项，体现他的专业、专长，正是他学识、成就的标志。所谓大人物、大学者、大文豪，就是有特长且特长出类拔萃的人。没有特长，就会是“门门懂，样样不通”的丑角。

我们需要处理好的是自己的“特短”、自己的弱项。西方一位学者说过：“面对自己的弱项，你得多花些时间。”这就是说，你得花时间弥补自己的弱项，在这方面多留心，增长相关知识。如果看不到自己的“特短”，那就免不了夜郎自大，目中无人。

现代国学大师黄季刚先生不止一次对他的学生说：“我只要一打开书，就觉得自己好像是一个毫无知识的人。”因为“中国学问如仰山铸铜，煮海为盐，终无止境。”我们需要的，正是这种谦虚、以愚自处的态度。

我们经常触及中国的儒学、道学，长期接受的是无神论的宣传，佛学就成了很多文化人的弱项，免不了就会有违背佛学常识的笑话。我也曾热衷于中国古代史的学习、研究，而我自己明白，秦汉以后的中国历史，我不过仅有高中生的水平。

弥补自己的弱项，当然不能以牺牲特长为代价，只有专长才能体现你的价值。这就是很多人对小说家沈从文先生停笔感到惋惜的原因。我想，要是沈从文发挥他的特长，继续创作，夺得诺贝尔文学奖并非没有可能。

特长务必要有，而相关的一般知识也应具备。这是我们都能够做得到的。

当今，我们将明显的错误或缺陷称为“硬伤”。其实，我们自己的弱项往往与硬伤并无明显的不同。所以，不要忽视自己的弱项，要善待弱项。

2006 年 9 月 18 日

# 解读北京奥运

## ——伟大的2008

北京奥运会成功落下帷幕，我们在半个月的热烈、兴奋、狂欢之后，可以冷静地思考这次举世瞩目的盛会留下的宝贵财富。

全世界204个国家与地区派来了代表团参加北京奥运会，八十多位国家元首、政要亲临开幕式现场，地球上数十亿民众通过现代化媒体观看奥运比赛，奥运赛事将全世界的目光投向北京，投向中国。北京，中国，在奥运前前后后成了世界关注的中心。北京奥运会成功举办，得到世界人民异口同声地赞扬：无与伦比，美轮美奂，史无前例，难于媲美，光彩夺目，雄伟壮观，独一无二，无可企及……几乎所有最美好的词语都用上了。表层的东西，人人感同身受，各人的体验也都大同小异。总之，人人都舒畅，个个都开心，海外华人也无不感到扬眉吐气，内心充满了做一个中国人的自豪感。更多的中国人一下子变得自信起来，坚信我们的未来会更美好。北京奥运给我们的实在太多太多，留在我们心里永远的记忆是伟大的2008！

中华文明五千年，让我们学会了以悠长的历史观评判史事。1840年的鸦片战争，英国人使用武力将鸦片播撒在神州大地。无情地摧残中国人的体质，使我们蒙受“东亚病夫”的耻辱。20世纪初，有了辛亥革命，封建制度土崩瓦解，革命先行者孙中山建立了中华民国。尔后第二次国内革命战争，日本入侵，解放战争，人民处于水深火热中，直到1949年中华人民共和国成立，开始了历史的新篇章。好景不长，接着是极“左”的“阶级斗争为纲”，十年“文革”内乱，1978年开始的改革开放才算结束混乱局面，走上了正轨。现在，中国强大了，兴旺发达，有能力把奥运会办好。

喜爱戏剧的朋友，圈子里流行一个说法：会看的看门道，不会看的看热闹。这也适合北京奥运，会看的看门道，不会看的看热闹。国内外大多数体育爱好者涌向各个奥运场馆，自然是看热闹的。那么，北京奥运的“门道”又在哪里？我们不妨听听国外的声音，看看国外的评论。

国际奥委会主席罗格先生在闭幕典礼上说：“通过本届奥运会，世界更多地了解了中国，中国也更多地了解了世界。”

美国前国家安全顾问布热津斯基评论说：“奥运把中国有机地纳入到国际社会中来，中国孤立于世界的时代从此结束。中国融入世界，也影响世界。”

英国前首相托尼·布莱尔在美国《华尔街日报》8月26日撰文称：“北京奥运会标志着一个新纪元，中国的开放进程将永远无法逆转。20世纪前，权力曾属于西方。到了20世纪，权力属于美国。现在，权力和影响力正在向东方转移。我们必须适应一个新世界。无论如何，我们必须接受这种事实。”

国际奥委会名誉主席萨马兰奇在西班牙《先锋报》上著文：“奥运会是一个民族的伟大胜利。北京奥运会赢得了全世界的敬佩。这将是一次很难超越的圆满胜利。”

印度《印度时报》评论：“北京奥运是世界重新认识中国的开始。”

西班牙《体育报》称：“奥运会把中国分成两个，一个是奥运会前的中国，一个是奥运会后的中国。”

英国《泰晤士报》说：“奥运迫使西方注视真实的中国。”

美国《基督教科学箴言报》称：“中国因为成功举办奥运会而赢得国际尊重。”

新加坡《海峡时报》调查显示，北京奥运大大提升了中国形象。

这已经够说明问题了。这就是北京奥运的“门道”。

北京奥运会上，中国代表团一共夺得100枚奖牌，金牌51，名列金牌榜第一。第一，自然是走在世界前列，为世所重。闪着光的100枚奖牌，成就了中国人民百年的奥运梦想，见证了中华民族百年的艰苦奋斗，展示了奋战百年的中华大地民富国强新图景。

我们说，2008应该永载史册。我们欢呼，伟大的2008！

2008年9月5日

# 回顾与展望

## ——九三学社贵州省委新世纪演讲比赛演讲稿

同志们、朋友们:

日月运行，星移斗转。再过几天，我们居住的地球将进行新一轮的绕太阳公转，开始又一个新千年的历程。一千年太久，人生的百年旅程也只是它的十分之一。就我们而言，我们得随着地球的公转，进入一个新的百年，也就是二十一世纪。

回顾二十世纪这一百年，我们的星球上发生过若干重大的事件：第一次世界大战，第二次世界大战，然后是不间断的冷战。可以说，人类在这一百年间，几乎是在硝烟弥漫的战火中度过的。科技的进步，带来了繁荣，也带来了原子弹、氢弹、激光导弹之类的毁灭性武器。我们还应该看到，随着科技的进步，电子信息时代的到来，人类也在不断地觉醒。民族意识、独立意识、发展意识，给世界带来了广泛的接触与交流，人类趋向组合成一个亲密、融洽的大家庭。不难看出，人类面临着两个前途，两种选择。在迈向二十一世纪之际，我们能不深刻反省、冷静沉思吗？

回顾这一百年，我们的祖国，我们的中华民族，也是经历了种种艰辛，可以说是在苦难中成长。百年前的1900年，八国联军侵华，企图瓜分中国。中国人民确实灾难深重，贫穷、懦弱、腐败、屈辱，是清王朝没落的征兆。这就是二十世纪初的中国。我们不会忘记，革命先行者孙中山先生，他高举民族复兴的大旗，矢志救国，终于推翻了满清王朝，建立了中华民国。1919年的“五四”运动，翻开了中国历史新的一页，科学与民主之风吹到了中国。

1949年10月1日，中华人民共和国建立。中华人民共和国建立后的五十年，我们的祖国发生了翻天覆地的变化。邓小平的改革开放政策，真正地“挽救了革命，挽救了党”，使中国融入了世界大家庭。几千年的闭关自守的大堤彻底决裂，中国人走出国门，中国人走向世界。数以万计的青年学生到世界各地求学，寻求改造中国、建设中国的革新之路。这正是中国的希望。香港、澳门回归，一个强大的中国已经屹立在世界的东方。在邓小平改革开放旗帜的指导下，国家强大了、人民富裕了，中国处处充满了勃勃生机。经过这五十年，我们的祖国确实摆脱了贫穷，摆脱了愚昧，走向了繁荣，走向了富强。

当我们举步迈向二十一世纪的时候，我们每个中国人不得不认真思考，在余下的日子我们将做些什么？是彼此斗争，还是谋求和平？是相互耗损，还是共同发展？

我们将与全世界人民紧密合作，反对战争、反对暴力，促进世界民族大家庭的融合，这当然首先要求我们中华民族团结与融合。地球越来越小，唯一出路是避免仇杀，走和解之路，让和平之神庇佑人类！只有在稳定的和平环境下，才有进步，才有发展，人类才大有希望。

我们每个中国人都应该在各自的岗位上尽职尽责，为祖国的繁荣富强贡献自己的力量。个人之力是微不足道的，如果我们中国人拧成一股绳，万众一心，还有什么样的事业不能成功呢？

同志们、朋友们，和平与发展，应该是，也一定是二十一世纪的主旋律，让我们满怀胜利的信心，坚定地一往无前地迈向二十一世纪吧！

谢谢大家！

1999 年 12 月 12 日

# 愧说“勘误”

当今人的通病是，一篇文章写出来或一部书稿印出来，错别字总是难免。发现错别字，马虎的人不闻不问，也有负责任的深感内疚，想个法子弥补，就出个“勘误”“勘误表”，大有后悔不已、亡羊补牢的意味。我是见不得错别字的，一见犹如吞个苍蝇似地难受。我自己的书印出来，还是出现或多或少的错别字，也总是得搞个“勘误”，甚或一本一本朱笔圈改才邮寄出去。的确，深感惭愧。题目本是《说勘误》，徘徊几天，还是在前面恰如其分地加了个“愧”字。

2010 年 8 月我出版了《西周纪年研究》一书，经过张金宝、罗松乔、黄志强三人多次校改，最后贵州大学出版社的史达宁又校对两次，总以为万无一失了，印出来后还是在 149 页发现“八月”错为“八日”。这已经是很不错的了，50 万字的书稿目前才发现一个错字。

中国人从小识汉字，毛笔书写，一点一画，毫不含糊。科举考试，试卷出现错别字，秀才也考不上，只能屈居在没有文化一类人之列。我小时候知道一个故事。一位读书人上京考试，路过河边，见沙洲上一窝蚂蚁无路可逃，书生动了恻隐之心，折取一截树枝，搭上沙洲，让那窝蚂蚁顺着树枝爬上陆地，免遭水流冲毁。书生参加科举考试，有个字少写了一点，考官发现一只蚂蚁蜷在那个点上，挥之不去。考官问明缘由，还是录取了他。这是讲错别字引出的善有善报吧。

今年 5 月我印了一本书《辛卯文汇》，首先邮寄给外地好友。不久，收到昆明刘远虞同窗一封信。他毛笔书写，把书中的错别字一一列出，居然多到十余处。他列举出：印证，误为映证；谪贬，误为摘贬；汇合，误为会和；体验，误为体念；积弱积贫，误为极弱极贫……他是语文教师，还是那么一丝不苟，这就十分难得。刘远虞学兄说他是“吹毛求疵”，我可是感激不已。我立即印出“勘误”分发寄赠过书的朋友，希望亡羊补牢。我把刘兄原信给罗福应兄一阅，他也感叹：像这样认真的文化人当今太少太少啦。当今文化人，浮躁、马虎，又急功近利。我又想起伟人毛泽东的话，“世界上怕就怕认真二字”。我们实在还不算认真，或者说与“认真”差一大截。中国人做学问讲严谨，看来我们离严谨也差得太远，还得努力啊。

治病的良药也是有的。姑且不说科举时代写错别字不让你当秀才，就说当今吧，中央台主持人，天天念稿子，念出错别字影响多坏呀。2011年1月2日《贵州都市报》载：“央视主播微博晒读音表，念错一字最少罚50元。”王小丫才到央视，分不清“英”是前鼻音还是后鼻音，后来就随身带着《新华字典》，因为念错字，有一个月她被扣了700块。这就说明，只要措施得当，坏毛病总是可以消除的。如果大学教师错别字多，可以不评教授、副教授；中学教师、编辑出版责任人、其他文化人错别字多，可以不提拔，可以扣奖金。如果都不当回事，听之任之，苍蝇只会越来越多。我一大学同窗在遵义二中教书，语文教得好，评上中学特级教师。了解她的一位姓谢的同学说，“她把一本《新华字典》翻成了油渣渣”。可见她对待字音、字义是毫不含糊的。消灭错别字没有诀窍，还是王小丫的“笨”办法，勤查字典。

错别字难于绝迹，只要我们认真对待，一丝不苟，我想，还是可以避免的。

2011年9月15日

# 谈谈习非成是

最近读到一篇叫作《书面语中“其”的误用》的文章。文章指出当今把“其”字误用为人称代词“他”这一普遍现象，还举了很多例子，并且加以纠正，还说长此下去，必然会“习非成是”，把错误的看成是正确的了。

读大学时，古汉语老师讲，“其”不等于他（它），不是称谓代词。具体例句是：“吾见师之出而不见其入也”。（《左传·僖公三十二年》）“师之出”，相对是“其入”。其入不是师入，而是师之入，“其”相当于“师之”，得加一个助词“之”。记得当时老师还进行了语法分析。

吾 见 师 之 出 而 不 见 其 入。

主 谓 主 谓 状 谓 谓

宾 宾

主谓之间加“之”，变主谓关系为词组，作“见”的宾语。“之”是结构助词（王力视为介词）。英语句法把“师之出”“其入”看作“宾语从句”，也算省事。另外像“其人其事”“其雨其雨”“其为人也”“其南陵、其北陵”等，“其”是领格字，相当于“那个”，表指代而已。“其”不能用作人称代词，不等于“他”，是“他的”。所以是误用。

语言在交流中比较注重约定俗成。大家都这样讲，都这么用，也就认可了，不必去分辨是非，的确就是习非成是。语言在交流中也很注重规范性、一致性，语法规律、词汇组合都得中规中矩，不得任性胡为。这是强调它的共同性、规律性。共同性、规律性是普遍现象，是正例，人人都得遵守。习非成是是特殊现象，是变例，实际生活中也总是免不了的，还有它存在的空间。

其实，习非成是在语言交流中是一个常见的现象，古今例子就不少。

我想说“每下愈况”与“每况愈下”，以此解读习非成是。《庄子 • 知北游》言：“正获之问于监市履豨也，每下愈况。”正获指亭卒，监市即市监。两者职位相近而事相连。履：踩踏；豨：大猪；愈：更加；况：由对照而显明——这是学者钟泰先生《庄子发微》的解说。记得上大学时，讲古文的老师讲的是愈往下，肥猪的脚毛愈少。这当是“每下愈况”的本义。不可能都去追究本相，使用中就出现了“每况愈下”，显然是“误用”。之后两者混用，无是无非。长此下去，习非成是，都合法了。《成语辞典》收“每下愈况”又收“每况愈下”。今天谁又去讨论谁是谁非呢？

《战国策 • 赵策》有《触龙说赵太后》，两千年来我们读的是“触詟说赵太后”，把触龙误读为触詟（zhé）。直到 1973 年底帛书《战国纵横家书》出土，证实是触龙，不是触詟，才逐渐改正过来。因为“习非成是”，所谓“改正”也就很难。翻翻 20 世纪五六十年代的高中语文课本，再看看 1962 年人民教育出版社出版的《古代散文选》(上)，1979 年上海古籍出版社出版的朱东润主编的《中国历代文学作品选》(上)，2005 年崇文书局出版的《古文观止鉴赏》，再看看那些年出版的《古文观止》《战国策》的文字，无一不是“触詟说赵太后”。文物出土三十多年，虽然真相大白，纠正的过程还是经历了若干年。的确是陋习难改，是非难辨。

又，《竹书纪年》有“懿王元年天再旦于郑”的记载。考核实际天象，公元前 889 年丑正四月丁亥朔，有“天再旦”的日食天象。那是懿王十八年，很显然，是“十八”误合为“元”。当代先秦史学家将懿王元年确定在公元前 889 年，视为坚挺的“支撑材料”，以此考察西周年代那也只能是缘木求鱼了。

《大唐西域记》有“不自量力”的文字。尔后，又有了“自不量力”的误用。两者混用一段时间，就不好说谁是谁非了。与“每下愈况”一样，辞典也兼收并蓄了。

习非成是，自然还有很多例证，你说害人不害人？

2017 年 5 月 3 日

# 独辟蹊径的一种检字法

汉字万万千，怎样有序排列便于检索，的确是一门学问。许慎《说文解字》首创部首法，开其先河，他的540部被后世逐步削减，而今的部首大体维持在200个左右。唐宋以来，韵书蜂起，按平水韵106韵检字的音序法应运而生，今天的汉语拼音检字法不过是音序法的发展与传承。此外，虽有“笔画检字”，实繁复不已，堪称不便。1925年，出版家王云五发明简便快捷的“四角号码检字法”，洪业等编纂各种引得（索引）在学界宣传，王云五主持的商务印书馆也功不可没。

当今的汉字检索，部首、音序、号码三种方法在伯仲之间，任何字典辞书都得取其一种，另二种作为附录，彼此补充，相得益彰。

四角号码简便快捷，得到广泛应用。他取汉字“上左—上右—下左—下右”四个外角的笔画形状依次编号，编成口诀：“横一垂二三点捺，叉四插五方块六，七角八八九是小，点下有横变零头。”规则简明，易学易记。所有汉字，先按结构形状分为五种：单体字、包托体、上下体、左壳体、左右体。再从每体中各取四角笔画，以号码按次序排列之，即得字之数码。五体的代表字是：中（单体字）、国（包托体）、字（上下体）、庋（左壳体）、撷（左右体），编者自称“庋撷之法”，即收藏、检索之法。创制者说明：“庋、撷二字，一为放入，一为取出，兹用以代表汉字之解剖排列法。”足见创制者的良苦用心。

贵州地质学校退休教师李化育、李怡然父子经多年努力，对四角号码法加以改进，使其检索更为便捷准确。

汉字结构，不取“中、国、字、庋、撷”五体，而是分为左右体、上下体、单体字三种结构。左右体汉字约占80%，李氏检字法使之为主体，重点剖析它的构形规律，提出解决之道。李氏编码法原则上按汉字起落笔编码。对左右结构的汉字，按“左上—左下—右上—右下”的顺序分角取号，这就吻合了偏旁部首造字的原理，符合汉字书写从左到右、从上到下的顺序，保留了汉字富有个性的体貌特征，体现出每个汉字的完整性，完全符合识记汉字的思维模式。

旧法的包托体、左壳体，李氏父子的处理原则是：左右形态的半包围结构的字按左右体编码，如：这、题、彪、魅、赶、旭等；上下形态的半包围结构亦按上下结构的字编码，如：氧、病、肩、虎、历、老、展、周、闻、床、向、訇等。上述两种结构（左右、上下）之外的少数汉字，也做了统一规定，在检字法中有详细说明。

“李氏检字法”的代码口诀是：一横二垂三点捺，叉四串五方框六，七角八八九是小，用了下有横是零头。所不同在零，“一个笔形，前角已用，后角作 0，缺角作 0”，如：冬，编码 2730；之，编码 3030；广，编码 3200：妒，编码 4430。这都体现李氏法对四角号码的改进。

李氏父子在总结归纳四角号码优劣的基础上编制的检字法，虽源于四角号码却优于四角号码。特别是对左右结构汉字的编码独辟蹊径，紧扣汉字主要构形规律，独具特色。虽然代码同是那几个数字，因为排列组合不同，其内涵就大不一样了。

“李氏检字法”发明人已经获得国家版权局的著作权登记证书，汉语大辞典编纂处新近出版的《小学生字典》2011 年 11 月版就正式使用“李氏检字法”代替旧有的四角号码法。长江后浪推前浪，我们期待，“李氏检字法”获得更多辞书出版集团的认可。

载《贵州日报》2012 年 3 月 2 日

# 琢磨琢磨汉语

近日网上看到一条消息，讲里约奥运中国体育健儿的事。琢磨琢磨汉语，有点意思：最没有看点的球赛，一个是中国足球，谁都赢不了；一个是中国乒乓球，谁都赢不了。答案在哪里？

中国足球一句，主语省略；中国乒乓球一句，宾语省略。

汉语语法主体架构是主—谓—宾，而主语可以省略，宾语可以省略，唯独谓语缺之不得。研究汉语语法，谓语就是重点。中国足球一句，省略主语；中国乒乓球队一句，省略宾语。战胜某球队、战败某球队，意义相同，那是词法问题。

句子弄不懂，不是字词没搞懂就是句法关系不清楚。汝舟先生《语法管见》就显得格外重要。

逻辑管对不对，语法管通不通。这句话人人听得懂，不会误解。既然不会误解，就不必要补充。造成误会才需要补充。同样，“妈妈是小脚”，都不会误会，所以不需要补充，补充反而画蛇添足了。这是汝舟先生讲语法常用的例子。

# 古语无介词

我曾经写过一篇《关于介词》的文章，提出汉语是没有介词的，介词是动词的虚化形式而已。汉语设立“介词”一类，完全是西化的结果，以西文律我之文，忽视了汉语的特色。

动词多种多样，不外具体的，如：切、磋、琢、磨、读、写、听、说，涉及的对象也很明确。另一类动词，宽泛无边，包含人的多种行为，如做（做饭、做官、做事、做人）、干（干杂务、干农活、干义工、干厂长）、搞（搞水、搞电、搞经济、搞名堂）、打（打工、打杂、打官司、打冷枪），——这是当今汉语常用的几个行为动词，动作涉及宽泛，具体含义视宾语确定。

古汉语中，使用最频繁的是“为”字，表人的各种行为动作，几乎都可以用“为”：《诗经》“为絺为绤”，《论语》“求也为之”“为国以礼”。“为”相当于今天使用的做、搞一类。

类似“为”的，古语中还有“以”“于”，也是表达宽泛含义的行为动词。我们的语言学家都用西方那一套，作为“介词”一并处理了。

《左传》“齐侯以诸侯之师侵蔡”“宫之奇以其族行”中“以”是明明白白的动作行为，是实实在在的“率领”“带领”之义。

《孟子》“寡人之于国也，尽心焉耳已”“圣人之于天道也，命也”于国，就是指治理国家；于天道，就是指面对天道。这里也是实实在在的含义，没有虚化。“于”何以成了“介词”?

又读《孟子·万章上》，有关象与舜的一段。象害舜不果，看到“舜在床琴”，便假惺惺地说：“我好想念你啊。”面有羞惭而又尴尬。舜曰：“惟兹臣庶，汝其于予治。”东汉赵岐《孟子章句》云：“汝故助我治事。”这是直译“汝其于予治”。于，助。于予治，就是帮助我治事的意思。王引之《经传释词》讲得更明白：“于，为也；为，助也。”王引之把这个“于”视着与“为”相当的宽泛动词，在这个句子里，具体含义是“助”。在赵岐那里，在王引之心里，“于”就是“助”，意义实在，没有虚词的概念。

古语中的“介词”，主要也就“以”“于”两个字，我们把“以”“于”视为与“为”相当的宽泛动词，介词一类也就可以取消了。

2011 年 4 月 19 日

# 说说汉语的简洁

天天说汉语，一辈子使用汉字，汉语的特点是什么，很多人未必清楚。

汉字是一个一个的，有不同的结构，所谓“六书”。使用起来却是两两成双，讲究骈对。

汉语的骈对文风导致自古就出现大量的同义词连用。清代文人称之为“连文同义”，当然还有“对文同义”“异文同义”等诸多组合形式。最常见的是“1+1”模式。

我认为汉语的根本特点是简洁。不得有多余的废话，多一个字都不要。

语法上讲通不通，听得懂就通。汝舟先生常常举例“妈妈是小脚”，逻辑上说不过去，但人人听得懂，所以不必说“妈妈的脚是小脚”。

但是简洁也要有个原则，那就是要一看就懂、一听就懂。你说出来，写出来，别人听不懂、看不懂，还有啥用？

文章的题目本来是画龙点睛，最为简洁。人名、地名也需要简洁，不给人添麻烦。看看而今，很多时候乱套了，论文题目老长，让人糊涂。前些年某日，我在中医一附院住院，当日上午，在大楼外办了一个隆重的揭牌仪式，牌子上有“贵州省中医医院”几个大字，是卫生厅授牌的。一看就啰里啰唆。国内多是“中医院”，为啥叫“中医医院”？本来就是“贵州中医院”，“省”字也就多余了。本省人连“贵州”两个字都不用说，叫“省中医院”就行。多简洁！

年轻时候我在毕节教过书，所以我一直很关心那边的事儿。当初有个毕节学院，顺口又响亮。后来改了名，名字一长串，叫作“贵州工程应用技术职业学院”，谁记得住？一位副院长说，上报的名字是“贵州工程职业学院”，教育厅领导在批示上非要加上“应用技术”四个字，也就只能这样了。教育厅的领导语文水平还不到位，与前面那个卫生厅领导差不多，自视甚高，唯恐他人不明白。而老百姓并不买账，还是叫“毕节学院”或“工程学院”。

过去，中文系、历史系、哲学系、数学系、物理系、化学系、外语系就组成了贵州大学。

现今，文、史、哲三分，想要把相关专业划分清楚。其实，事与愿违，违背了汉语的简洁原则。校内的师生还是叫“文学院”“哲学院”“历史学院”，也没有谁弄错，没有谁听不懂。

要想表达完整明白，就必然有很多废话。党委三部就是组织部、宣传部、统战部。多简洁！如果想表达更清楚，宣传部应该叫“马克思列宁主义宣传部”，或者叫“毛泽东思想宣传工作部”，统战部得叫“统一战线工作部”。真要这样，我们也无话可说。

以简洁的标准检视校内的一些机构，恐怕有一些名称真得要改名换姓啰。

2017年9月29日

# 语重心长说背诵

近期，与学生和朋友用微信交流，我总是送出一句话：学校教育的失败在于不背书、不背诵经典。这是我几十年教学生涯的切身感悟。

记得小时候在老家四川巴中八庙场，人人都爱说一句俏皮话："三年读本《百家姓》，——聪明！"今天可能有人不懂，那时的语境，是讥笑不背书的蒙童太愚笨。

当年，在家乡的私塾，小孩入学首先就是学《三字经》《百家姓》《千字文》，所谓"三、百、千"是也。对塾师而言，你背不得书，还叫啥聪明？笨蛋一个。背书，是那时人们衡量学子聪明与否的唯一标准。

1979年至1980年，南京大学洪诚先生主持全国性的训诂培训班，影响颇大。我那时在安徽滁州师专从张汝舟师问学。汝舟先生告诉我，洪诚研究"三礼"(《周礼》《仪礼》《礼记》)，"三礼"的注解他都背得。洪诚先生还被南京大学中文系师生称为"活字典"，学生们对他的学问佩服得五体投地。

年轻时，我常从贵州回四川老家探亲。碰到一些年长的亲友，他们总是问，你们那个大学里还讲究背书不？我们小时背《诗经》，注解都得背哟！一些兴致好的，就当面背诵起来：关关雎鸠。关关，鸟鸣声；雎鸠，水鸟也。……当时，我只有惊讶，只有感叹。

小时候，我读私塾，背诵"四书"——《大学》《中庸》《论语》《孟子》，背完"四书"，接着是《幼学琼林》。父亲将《幼学琼林》一页一页裱糊好，我也知那是下一步要读要背诵的课本。

背诵"四书"让我终身受益。长大上高小，后来上初中，都不觉得读书有啥难。高中阶段，语文课本增加许多文言文，老师王恢绪先生也教得好，背诵课文自然是家常便饭，甚至乐此不疲。

大学毕业，我分配到毕节一中教语文，接手高二年级的两个班。课本的范文我都能背诵，当然也要求学生背诵。少数学生有点犯难，我做背诵示范，大家就不得不背了。一学期下来，同学们的学习热情高涨，课外的鲁迅文学小组、诗词学习小组先后成立。后来考入理工科大学的同学，多是在校编墙报、出班报的能手。他们回忆说，这得益于高中阶段的背书经历。

后来，大学恢复招生，我调入贵州大学中文系任教，1981年秋季起教授古代汉语，教材是王力主编的四大册。第一学期讲第一册，背第二册；第二学期讲第三册，背第四册。一年下来四大本都处理完了。这在当时很难有古汉语老师做得到，一般只讲授两册课本而已。

当时我还要求学生每周背诵一篇课文，一学期十八周，学生得背诵十八篇古文。我鼓舞同学们多背书，超过二十篇给“优”。多数学生，背诵都在四十篇以上。我的口头禅是：不背书，等于零。你不背书，你学不到东西，等于零；你不背诵，我给你零分，不及格，也等于零。这当然是我认为必需的鞭策。

背诵经典的效果是明显的，同学们的文化基础提高了，文化自信心增强了。数以百计的弟子，毕业二十年、三十年，再回忆大学生活，都赞叹背诵经典的诸多好处。当年我的严苛，自然也换得个“严师”的称呼。

以我的为人师数十年经历，我以为背诵当从幼儿抓起，中小学的课内、课外咏诵，都重要，旨在养成背诵的良好习惯。

丢掉了背书、背诵经典这一重要环节，学校教育或许就缺失了最基础的那部分。

2017年10月10日

# 学诗说诗篇

# 《学诗说诗》前言

立秋后，贵州大学松涛诗社曾永模老师来电话，要求送上二三十首诗词供诗社选用，诗社要编辑成册出本诗集。

答应之后，我又踌躇起来：选些啥，送些啥？过去也写过诗，时断时续，并不想恒定做个诗人，毕竟也做不了诗人。少许诗文只是个人生活的足迹，有感而发罢了，纯粹应酬述怀之作。我只有旧体诗，从不填词。

从 1964 年做第一首旧诗算起，正好五十年，不妨将旧作审视整理一番，先按照曾老师意见做个电子版再说。花一两天时间把诗作抄写出来了。旧诗与对联是搅和在一个本子上的，觉得对联也有必要清理一下，于是就把过去写的对联也抄录了一遍。

弟子江少华、岳冠林分头将诗、联敲打出来，电子版就算完成。就中反复校对，颇费周折。校勘如秋风扫落叶，无论怎么打理，总是不干净。

整理完诗、联两部分还是意犹未尽，索性将过去谈诗论对的十多篇文章也收编起来，组成这样一本小册子，算是辑录成书。其间，冠林出力尤多，整个校改、编辑、封面、印制，都由他独自承担了。

涉及简化字，仅仅笔画减少，门、点、学、与之类，自然得用。不少兼并型的所谓简化字，能分别的还是分别得好，如曆—历、后—後、菸—烟、巉—岩、馀—余，我就喜欢分别使用，也就不至于闹出书法家写出“影後”的大笑话。

我请贵州大学出版社闵军社长题字，闵是书法家，有名的启功体，书名“学诗说诗”也是由他敲定的。这样，普普通通的文字就有了一个精美的包装，丑陋的外表就不太难看了。

电子版经由邮箱发送出去，友好人士王化昆、邱志诚、任世贤、曾根奎以及弟子史达宁博士等提出许多意见，指出些写错、印错的字。我对这些友善诚恳的朋友，尤其青年朋友表示衷心感激。

忽然想到杜甫两句诗：自去自来堂上燕，相亲相近水中鸥。我的诗文不过自去自来，好友的相亲、相近的确是美好的。

2014 年 9 月 19 日

# 学诗说诗之述怀诗作

## 记民兵演习

夤夜戎装逾墙垣，天灯隐逸荒径残。
虫鸣蛙噪擂鼙鼓，兔伏鹰栖避戟寒。
志士冲锋轻恶寇，兵民陷阵蔑仇丸。
急雷阵阵惊天网，寰宇曙光出枪端。

1964 年秋

## 赠同窗谢会昌学兄

一别三年容未改，与君携手笑相看。
河滨漫话家邦事，窗下闲言手足欢。
只为直肠少灵性，全凭热血一忠肝。
前程似锦怀宏志，异地同心意亦宽。

1965 年 7 月 31 日夜

## 登山望倒天河水库

高坝偕游情未已，巉岩直上见奇观。
丛林荆棘自开辟，陡壁悬崖相引攀。

怵目眼前矗峰顶，惊心足下有湖滩。
同行十少皆得意，百里风光会此端。

1965 年 8 月 18 日

## 倒天河水库记游

走访倒天河，同行尽少年。
登山赏湖景，立岸眺龙渊。
有意欺山水，无心受熬煎。
苦中得锻炼，虽返亦流连。

1965 年 8 月 12 日

## 奉调耕读师范得一绝

虎踞山 [1] 前留往事，关门 [2] 坡脚立新家。
教书种地皆无误，豆结豆应瓜结瓜。

1965 年 8 月 25 日

## 到耕读师范任教有感

城郊五里起书声，鸟语花香月色清。
果树成荫非旧舍，人才造就属新型。

[1] 毕节一中在虎踞山下。

[2] 耕读师范在关门山。

改天换地凭双手，破浪乘风有百丁[1]。
千载树人终不老，从斯立志教而耕。

1965 年 9 月 7 日

## 观篮球比赛

新华竞赛非等同，革命精神现尔中。
每战每魁须努力，敢打敢拼竟成功。
争分夺秒寻常事，你追我赶高尚风。
友谊之花开大地，健儿十亿立环东。

1965 年 10 月 23 日

## 答黔西姜女士

毕节冰寒非傲气，红梅似火胜黔西。
昙花一现诚如梦，佛面二心实堪奚。
血热须怀忠赤胆，情真不陷是非泥。
人生自古弦多改，反目一朝笑化啼。

1965 年 12 月 25 日

## 1969 年春节游广元皇泽寺得十韵

佳节思故里，朔风吊古寒。
石级依崖上，铁梯傍壁悬。
江城收眼底，长轨卧寺前。

[1] 首届招生一百名。

佛寺称皇泽，殿宇号则天。
空空吕祖阁，危危石佛龛。
对嘉陵一水，题功捷三千。
镂碑郭氏健，雕草履生鲜。
顽少戏铜偶，愚尼奉茶盘。
乐者乐尔乐，闲哉闲其闲。
谁不念归宁，武曌帝亦然。

## 1969 年国庆有感

廿年成长红旗下，雨露阳光吐新芽。
野树成材工匠手，寒门种果向阳花。
迎风遥夜当北斗，破雾临晨沐彩霞。
所愿平生愚而贱，誓怀耿耿度年华。

1969 年中秋

## 车过红枫湖有感

大道扬尘风卷土，长堤飞雪浪淘沙。
中天暮色嵌[1]星斗，灯火辉煌出万家。

1969 年 10 月 4 日

[1] 嵌，方言，kā，平声。

## 赞杨子荣

出生寒贱受煎熬，屡建奇功志更高。
胸怀寰宇忧天下，心有朝阳入虎巢。
冰雪寒冬春色在，刀丛剑树眼底消。
兵民合力灭顽匪，堪举首功假胡标。

1969 年 12 月 16 日

## 送耕师第三届师范生毕业

不觉光阴又两年，耕师岁月注心间。
切磋琢磨兼秋夜，姊妹弟兄建校园。
男女同耕居树下，师生一室在山前。
明朝新秀登台讲，喜看诸君执教鞭。

1973 年 7 月

## 奉调赴贵州大学任教

新年奉调赴花溪，雪月交辉映布衣。
十有一年来而往，两番三次东复西。
无名童稚如犊子，再见良师已古稀。
可叹人生多辗转，愚夫自愧堕淤泥。

1974 年 1 月 12 日

## 步前韵 · 自勉

涓涓之水可成溪，壮志空怀愁满衣。
起舞祖逖心在北，荷锄陶令乐言西。
一朝废读时荏苒，双目多劳物依稀。
倘使年华成枉度，愚夫一命只如泥。

1974 年 2 月 21 日

## 奉调贵大，盛光荣为我送行一首，今始步韵，和以自述

胸无大志如草莱，枉费良工苦培栽。
纵有机缘成国宝，亦无纹理乃庸才。
喜移溪畔逢春雪，苦处山沟听夜雷。
异地同心诗可证，自闲自乐不瞻魁。

1974 年 3 月 25 日

## 赠同窗余歌今

一别十年过，相逢惠水春。
音容神色改，言笑感情真。
才笔应延寿，文章果养身。
谢君深厚意，款待忒彬彬。

1974 年 4 月 3 日

## 1976 年元月悼总理

国际悲歌噩耗传，哀情切切泪如泉。
德高望重功天下，智溢才横伏恶顽。
破旧无私忠国事，立新忘我续佳篇。
遗风成俗传千古，圣骨化灰撒九天。

## 赴滁州师专进修，呈汝舟夫子

一别慈亲赴皖东，滁州侍坐意从容。
琅琊山下添新舍，丰乐亭端送晚钟。
声训辞章抒创见，诸经历算显殊功。
伐柯执斧凭身教，急待严师育幼松。

1979 年 9 月

## 琅琊山下得南华学长电，汝舟师错案改正。喜赋

一报西来八皖[1]哗，光风拂拂漫天涯。[2]
飘零四纪传经典，寒素三餐避恶邪。

[1] 安徽旧设八府，故称八皖。

[2] 先生在皖、湘、黔讲学近五十年，师友半天下。

六月飞霜芹曝献[1]，廿年忍辱玉无瑕。
行看国事频频捷，老骥驰驱愧井蛙。

1979 年 10 月

## “文革”时，文物古迹多遭破坏，至今恢复犹难。近游滁州琅琊寺，观寺内书画展览，又登南天门远望长江，良多感慨，归得一律

琅琊名胜梦魂通，古道回环见苦衷。
书画依稀成点缀，楼台冷落傍虚空。
山存佛寺无经卷，客痛雕梁伏蠹虫。
纵目天门心血涌，烟波一线大江东。

1979 年 11 月

## 贺中文系一九八三年中学教师进修班结业

春绿相逢柳吐丝，隆冬盛雪赋归辞。
切磋乐得溪花伴，愧对同行友作师。

1984 年元旦

## 电影《廖仲恺》观后有感

滚滚风云血泪流，征程万里泛长舟。
系联国共输肝胆，扶助农工解离忧。

[1] 1957年6月，先生在贵州省委统战部讲“三化”，结句是“芹曝之献，希斟酌采纳”。

廉洁堪称真勇士，秉公敢弃假同仇。
香凝大地春花放，千古贤才仰九州。

1984 年 1 月 25 日

## 菲律宾电影《金牌》观后有感

痴情少女怨严亲，不解衷言隐苦辛。
铁石心肠凝父爱，赤诚肝胆映人伦。
须知万劫登灵鹫，始信千杯渡迷津。
手捧金牌还拭泪，回眸一笑报三春。

1984 年 4 月 5 日

## 赠友人

与友人胡君 1970 年故里分别，十年分别，友情依旧，素丝碧玉，更见光洁。然欢愉终短，离恨犹长，对看彼此已失少年英姿，不免感叹。

十四年间梦忆多，关山阻绝岁蹉跎。
素丝皎洁春蚕泪，碧玉晶莹苦海波。
日暖生烟终短景，月寒化剑映长河。
渝州一别何时聚，身出夔门听楚歌。

1984 年 5 月 28 日

## 应程千帆教授邀赴南京大学讲授古天文历法缅怀先师张汝舟先生

旧友新交白下逢，切磋历算叹神工。
春秋冬夏轮回至，日月星辰掌握中。
始信先民才艺巧，更惊时圣智灵通。
清风化雨江天洒，仰止情深四海同。

## 千帆先生授宴胜利饭店三楼，席前相赠亲编《章太炎先生国学演讲录》，嘉惠后学，有功学术

方策新编开慧眼，高灯家宴降慈云。
兹来立雪堂前侍，如坐春风洗俗尘。

1984 年 7 月

## 气中[1]老先生家宴感怀

话别长沙又一春，又蒙尊长宴金陵。
先师德行高如许，始有今朝遗爱恩。

1984 年 7 月

[1] 南京大学王气中教授乃先师张汝舟先生挚友，视晚辈如出己门，吾数受面诲。

## 钱南兄携子朱亮陪游栖霞古寺及六朝故迹，涉山径田泽，讲析甚详，大得其益

栖霞风景在丛林，樵子入山不问津。
碑柱麒麟生泽国，鼋龟天禄隐荒陵。
依稀故物成瑰宝，世代皇亲化腐萍。
多谢钱兄桑海示，愚氓今作捕鱼人。

1984 年 7 月

## 电影《人生》管窥

并非痴女负心男，深意绵绵隐外弦。
巧佞奸邪如豕突，乡民黾勉盼莺迁。
风回浪激多清泪，爱网情潭少夙缘。
相吊影单犹未悔，从来得失不由天。

1984 年国庆

## 贵大党委迎春茶会上即兴一绝

满堂少长实堪夸，春意郁浓绘彩霞。
难得今朝情胜酒，振兴贵大放奇葩。

1985 年 1 月 23 日

## 南岳纪游（八首）

1985 年 5 月，应邀湖南师大宣讲张汝舟先生古天文之学，得游南岳名胜，诗以志游。

### 游回雁峰（二首）

回雁初游灏气盈，峰端万里任纵横。
江流北去牵情意，心向中原觅雁声。

初夏衡阳暑气开，家书空自出中怀。
暮秋重九曈曈日，相约南归逐雁来。

### 石鼓行

两江交汇起高甍，占尽风情远客惊。
石鼓依稀犹动魄，鼓鸣偏疑是雷声。

### 过天柱峰戏题

南天柱石耸云天，衡岳诸神会此巅。
俗子凡夫多畏险，祝融香火对空燃。

### 藏金殿赏秀

乍过殿前秀色无，前人未必竟糊涂。
梳妆亭下稍留步，翠绿幽深叹绝殊。

### 暮上祝融

用江灏先生原题原韵

南天门上正春浓，重抖精神向祝融。
落日有情情似火，祥云映照满天红。

### 半山亭夜宿

铁佛尊前夜色浓，半山酣梦入鸿蒙。
始知借宿玄都观，释也道哉原可通。

### 福严寺观奇

南朝陈代慧思和尚擅演《般若经》，创建此寺，谈经传法，终成天台宗第三祖。寺围有虎跑泉、高明台及慧思禅师藏骨处——三生塔等古迹，受戒银杏犹存，千余年矣。

殿堂天设露峥嵘，不二法门雕左楹。
银杏千年曾九戒，祖师一介演三生。
《般若经》诵僧徒众，虎跑泉清道德行。
惹得唐朝贤宰相，题词犹在极高明。

## 诗二首

### 于湖南师大讲授古天文感赋兼答孙雍长先生

无缘咫尺比参商，漫说天文会澧湘。
惟楚有材斯是盛，气凝龙虎碧山藏。

### 岳麓再游

重瞻蔡锷黄兴墓，又上云麓响鼓峰。
北去湘江多少泪，残阳血染自来钟。

1985 年 5 月

## 汝舟先师遗著出版后同仁花溪聚会感赋

### （一）

高朋相伴意情融，共赞先师化育功。
贝叶书传惊下界，九州同庆德声隆。

（二）

琅琊侍坐人，长忆四时春。

夫子文章在，循阶不问津。

1987 年 1 月 8 日

## 殷都安阳二题

### 登文峰塔

西望太行一色秋，层楼叠翠帝王州。

三千岁月烟云过，改革呼声震亚欧。

### 游三角湖公园

昔日一泥淖污浊之处，安阳人民化腐朽为神奇，改建为美丽公园。

一湖绿水傍长廊，曲折多姿映画舫。

芳草相依上飞阁，角楼高踞连树墙。

神奇造就惊人力，腐朽甘为化巧装。

市内平添游乐处，莫言远客悼成汤。

1987 年 9 月

## 贺贵州大学复校三十周年

### 校园感怀

雨腻风酥又卅年，麟山高树绕云烟。

无情春色如飞去，风雅之声次第传。

### 缅怀汝舟先生

花溪有水常年绿，相伴溪花好读书。

许我恩师犹健在，雄关高踞竟何如？

1988 年 9 月

## 悼念气中老先生（三绝）

琅琊盛会赖气公，历术天文始一同。
欲上层楼惊噩耗，白云愁色满黔中。

金陵城内频招饮，橘子洲头映月痕。
长忆殷勤施教诲，公恩切切比师恩。

秋去春来夜色沉，石头城下奏哀音。
气公长失黔灵约，千里关山入梦寻。

1993年10月

附记：南京大学王气中教授乃先师张汝舟先生挚友，数十年过从甚密。1980年，气老于滁州主持古代天文历法讲习班，传扬汝舟师星历之学，黔中师友十人与会，吾辈始得历术真谛。尔后，余过往南京数次，气老宠渥有加，每必宴请，视黔中后学如出己门。1983年秋，相会于长沙周易讨论会，与气老夜夜长谈，受益良多。气老有心作黔灵一游，赖年事已高而作罢。1993年2月23日逝于南京，享年90岁。

## 乡思

凤凰山下故人多，阻隔关山奈尔何。
梦绕魂牵情未已，心香一炷念南无。

1993年12月6日赴惠水途中

## 悼乡谊蔡启武兄

惊闻噩耗，不胜悲叹。
忆昔友情，流水高山。
贵相知心，卅年无变。
相约黔中，再和诗篇。
斯人斯疾，不得如愿。
失我乡谊，哀思以奠。
启武千古，长眠九泉。
呜呼尚飨，魂兮安然。

1992 年 2 月 13 日

## 贺同窗成忠礼兄六十大寿

相聚兔年节是春，巴中校友感情真。
漫谈家国千杯少，高谊还童日日新。

1999 年正月初三

## 屯堡行

屯堡文化心仪久，菜花节后始成行。
九三同志三十余，相邀结伴老中青。
国旅车停小桥边，溪水悠悠似欢迎。
支书老练当向导，一路讲解甚殷勤。
迎宾道上彩旗舞，本寨村前挂红灯。
进入寨内多曲折，石墙石瓦石礅礅。
高者三层石碉楼，石孔石洞石为门。
宅院相连为一体，彼此相通成军阵。

箭洞正对深巷子，居高临下视野清。
构成露天地道战，俨然一座石头城。
住宅多是四合院，垂花门楼雕刻精。
石禽木兽花草鲜，高低错落栩栩生。
惊叹工艺夺天工，不由令人敬古人。
本寨小学稍停留，农家菜肴香喷喷。
午后车进云寨村，地戏村歌显文明。
唱念做打皆粗犷，木雕面具可传神。
木制刀枪手中舞，背插小旗腰系裙。
一锣一鼓单节奏，独唱伴唱自分明。
平地院坝为舞台，自乐自娱自精神。
地戏称为活化石，戏剧史上留美名。
更有村妇翩翩舞，村女对歌颇有情。
表演粗放难赞誉，六百年前古韵存。
离开云寨又上车，支书领队云山屯。
隔窗远望山顶庙，孤峰一座高入云。
屯前小坝可停车，步行进入前屯门。
进门一看有条街，深山藏宝使人惊。
我沿山墙步步高，试试腰脚欲攀登。
盘山石级五尺宽，导游小李伴我行。
半腰小庙一女尼，打扫香炉清俗尘。
熊公与我相鼓励，小李在前作招引。
信心十足终成功，红墙庙宇踞峰顶。
庙门题匾云鹫山，海拔一千五百零。
观音佛陀相守护，俗僧未必通经文。
峰顶举目四下望，风光无限感慨深。
坝子就在山四周，屯堡八寨指掌明。
远近分布如棋子，道路交错似棋枰。
远山护卫作屏障，遍地油菜绿茵茵。
风水宝地人间少，令人顿生出世心。
周君相机派用场，于此不可不留影。

下山轻快步履急，彼此相约看街景。
住户少说百余家，早年商贸定繁盛。
正值农忙人外出，户院冷落凉森森。
街长也有二里许，我等决意走通程。
顺势下坡人户稀，前指便是后屯门。
后屯两门分上下，依山作势两墙城。
固若金汤谁可入？屯兵屯粮防匪情。
三年五载山里住，名副其实云山屯。
下山还在悠思中，鞭炮响彻声连声。
坟前烟火人跪拜，忽然醒悟今清明。
六百岁月烟云过，屯堡后人祭先人。
田中农妇育秧忙，勤劳养育屯堡人。
顺道走进青龙寺，一炷香火显赤诚。
归来数日心难静，诉诸笔砚记全程。
告知师友众弟子，不到屯堡悔终生。

2003年4月

## 师长、慈父、明灯

——纪念陈希文同志百年诞辰

（一）

蓦然回首四十年，弹指岁华一挥间。
学子莘莘犹乳燕，难忘师长送蓝天。

（二）

花溪山水出天然，四载悠悠一瞬间。
秋月春风杳然去，唯将慈父爱心传。

（三）

旧梦依稀风雨寒，书生意气咏忧先。
胸怀高远红光路，心有明灯万里宽。

2003 年 12 月 26 日

附记：2003 年 12 月 26 日是贵州大学原党委书记陈希文同志百年诞辰。

作为贵大学子，希文同志的确是我们的师长、我们的慈父、我们心中的明灯。他为贵州大学的发展做出了重大贡献，我们应当永远怀念他。

## 痛悼叶芦大哥

噩耗传来心震惊，往事依依总关情。
哀莫大于失知己，黔中秋雨如泪横。

2000 年 9 月 25 日

## 吾儿赫嘉上海发来信息，梦醒得句

一梦醒来难入眠，沪郊应是起炊烟。
父子苦分三十载，冥冥天意许团圆。

2011 年 4 月 30 日

## 赴贵州财经大学新校区

财大花溪气象新，商才英杰展儒魂。
万千学子书声琅，喜看山林尽绿荫。

2013 年 6 月 9 日

## 读冯泽老咏菊诗偶得

陶令菊诗过千年，千年咏菊超万千。
秋来莫道无写处，陈叶何如新叶鲜。

2013年9月7日

## 悼同窗刘远虞兄

英俊潇洒，诚恳无华。
多才多艺，谦恭有加。
诗词书法，人见人夸。
教书育人，园丁奇葩。
独具特色，语文“四化”[1]。
人品文品，口碑上佳。
言传身教，桃李贤达。
鞠躬尽瘁，民族之花。

2013年12月4日

## 清明节有感

人生之初，天地之间。
父母养育，何其艰难。
上学读书，仰慕圣贤。
增长知识，善良之源。
进入社会，耕耘不闲。

[1] 见本书《香自苦寒来》。

知耻明礼，忍让恭谦。
严于律己，待人以宽。
工农商学，业务精专。
温饱无虞，不奢不贪。
感恩父母，追思祖先。
轮回报应，儿孙绵绵。
今又清明，牢记心田。

2014年4月4日于花溪

## 受聘贵州师大历史研究院院长，诸多友人诗文致贺，感赋

马年大地起春风，国运昌隆万里虹。
四纪耕耘无怠惰，七旬吞吐有专攻。
难能贤众夸廉颇，毕竟俊才荐黄忠。
地利人和天时美，悠然老骥出樊笼[1]。

2014年4月18日

## 扬州二题

### 漫步半塘，参观史可法纪念馆、饮宴瘦西湖“梦甘泉”感赋

秋末扬州处处诗，半塘荷叶未开时。
瘦西湖畔三杯酒，明月二分夜色迟。[2]

2014年11月10日

[1]. 末句用陶诗“久在樊笼里”，反其意而已。

[2] 此句化用史可法纪念馆对联“数点梅花亡国泪，二分明月故臣心”。

### 游吴道台府兼答钱宗武教授

广陵吴宅出英才，院士道台次第排。
期许钱门诸弟子，弄潮东海踏波来。

2014 年 11 月 11 日

## 温州二题

### （一）

温州曾说炒房团，搅得周天夜不眠。
巧遇全球读书日，书香遍地又争先。

2016 年 4 月 26 日

### （二）

久闻云朝散，乃见潮长消。
步上江心屿，登楼望海涛。

2016 年 4 月 27 日

## 游百里杜鹃

花山花海名不虚，七彩红黄紫白姝。
过万游人皆浩叹，散花索玛乃村姑。

4 月 15 日

## 受聘贵州文史馆有感

七旬有七为馆员，难得寒冬五九天。
许我南山松柏绿，文章著述度流年。

2018 年 2 月 8 日

## 2018年国庆节后单斌道长相邀游扎佐林场感赋

龙润山前游道观，玄林道长貌如仙。
现身说法探幽义，清静无为梦里天。

# 学诗说诗之联语集锦

## 汝舟我师千古

一生苦学释家　虽曾恶冠加首　终法门不改
两手勤披经籍　敢向学阀挥戈　任桃李竞开

1982 年 1 月

## 龙年迎春征联大奖赛

### 征上联

业著千秋京华捷报联翩至
心通两岸海峡归帆络绎来

细雨无声万里东风歌乐土
微波有像九州春色现银屏

华夏民族魂生辉于古今中外
家庭电器化渗透到衣食住行

### 征下联

改革涌新潮四海龙腾千尺浪
相将辞旧岁一尊鹤饮万家春

大地龙腾十亿人喜迎龙岁
清都凤舞二三子同赏凤鸣

1988 年 1 月

## 悼亡父

黾勉一生，操劳家事国事，丝尽方去也
殷勤两手，抚育子男孙男，福来何留焉

1988 年 6 月 22 日

## 应对

井冈竹翠，赣水源长，翰墨声屏歌盛世
周易言深，诗经旨远，沧桑画阁读华章（其一）
东岳风清，龙门浪静，诗书画境度华年（其二）

## 校庆大吉

### 社科所门联

赓续五千年文明，数典不忘祖
融通七大洲伦理，溯源可寻根

### 成教处门联

人才中心培养人才，德智体全面发展
成人教育服务成人，理工文苦心耕耘

1988 年 9 月 19 日

## 贺汤炳正先生八十华诞

立德立言，桃李满天下；
春人寿世，文辞冠中华。

融通华夏文明五千年传统；
赓续乾嘉学术三百载辉光。

1990 年 1 月

## “珍酒杯”征联

品色品香品味品珍酒（征）
描松描竹描兰描娄山（对）

1992 年 10 月

## 1993 年新联杯征联

浴春风，人民代表肩负人民重托，奔赴新联驻足，共商国是
迎丽日，改革健儿胸怀改革蓝图，竞来相宝[1]会师，各展雄姿

新联庆贺新年，甘将灼热情怀，一流服务，奉献人民代表
春日增添春色，愿以恢宏浩气，五律宫商，讴歌锦绣中华

[1] 新联大厦地处相宝山。

## 悼周秉钧前辈

立言惊世，俾黔中后学仰慕风采
著述等身，有华夏英才弘扬辉光

1993年6月16日

## 悼李晔先生[1]

投笔从戎下江南，默默挑灯苦读，终成一代硕学
支边做客来黔中，孜孜传道乐教，堪比千秋良师

## 周祖尧老师[2]挽联

冷冷静静，冷观静观，轰轰烈烈社会，教书为务
日日夜夜，日算夜算，曲曲折折数量，解析终生

1997年11月14日

## 1998年3月贵州日报等单位征集1999年春联

迎香港回归，盼台澎一统，喜临华夏人心向
共亚非发展，融欧美精良，春满乾坤国运兴

1998年3月19日

[1] 李晔，安徽人，1922年生，1997年9月1日去世。

[2] 周祖尧，毕节人，终年78岁，数学系讲师。

## 征集1999年春联

正本清源，以廉理财，财丰物厚
除恶扬善，依法治国，国泰民安

繁荣市场，全靠民营国有两支柱
深化改革，不忘物质精神双文明

天翻地覆一百年，四海日新月异
斗转星移新世纪，九州人寿年丰

1998年3月15日

## 张登胜处长挽联

出生入死，抗日寇，争解放，百战英勇留典范
身体力行，建校园，育新人，一世纯朴传嘉风

1998年4月25日

## 1998年5月17日得联

下乡下海下岗，都是时代缘分
信佛信儒信道，全凭个人诚心

## 为大观园酒楼拟联

店堂坐千人，且歌且舞
福寿绵百年，品酒品茶

饮莫过量，多少贵适意
交不可滥，损益惟称心

1998 年 9 月

## 贺母校巴中中学建校一百三十年

传扬华夏五千年文明，辉光融日月
泽润巴山数十万儿女，师德满乾坤

1998 年 9 月 29 日

## 挽张振珮先生

深识道义，慷慨评传义山[1]，超迈前贤，终成国宝
精研文史，翰墨笺注史通[2]，遗爱后学，永留人间

1998 年 10 月 19 日

## 悼吕左教授

六旬男儿，呕心沥血，融亿万于笔砚
五尺棺木，寒柏苍松，非寻常可比量

2000 年 2 月 22 日

---

[1] 20世纪30年代张振珮先生于《学风》上发表《李义山传略》，受世人推崇。

[2] 张振珮晚年有《史通笺注》，受史学界赞誉。

## 悼周本淳师兄

能诗能文能考据，华夏硕儒归上界
有德有量有丹心，黔中季子哭先生

2002 年 7 月 31 日

## 悼祝开成同志[1]

从教从政，尽力尽职，展示君之忠厚德行
做人做事，宽容宽松，难忘你那仁慈胸怀

2002 年 10 月 18 日

## 农学院高念昭先生挽联

思长者，豁达严谨，致力烟草除害
哭先生，宽容平和，热心弟子成才

2005 年 6 月 10 日

## 奔大碗（酒家门联）

追日奔月大方家，端碗常乐
抚琴诵诗座上客，举杯自安

2005 年 6 月 17 日

[1] 祝开成，贵州大学前校长。

## 盐亭中学蒙季甫先生百年大寿

南山寿，汉柏秦松经千岁
东海福，春桃夏李颂百年

2006 年 9 月 1 日

## 贺葛真教授八十华诞

修史修文修科技，已历八秩
忧国忧民忧天下，又逢仲秋

2006 年 9 月 15 日

## 惊闻闫焕卫心脏病突发去世

传媒主持，声震凉都，人无出其右
勤奋朴实，名在水城，谁可与比肩

2013 年 1 月 21 日

## 悼山西姚奠中先生

章门高弟，百年辞世，文传千古
唐晋鸿儒，万里归帆，德重九州

2013 年 12 月 27 日

## 湖南通道县万佛寺对联

上联：万佛山中万佛寺 万佛寺内万佛塔

万佛塔里供万佛 佛佑民安国泰（昌学法师）

征下联：千龙湖里千龙舟 千龙舟上千龙头

千龙头中绘千龙 龙飞地覆天翻（张闻玉）

注：长沙城外30千米处有千龙湖，湖内众多旅游龙舟，舟为龙形，彩绘龙头，十分壮观。

2015年10月5日

## 拟东莞弘德中医馆对联

传神农黄帝本道，承仲景华佗真经

望闻问切伸妙手，汤粉膏炙配良方

2015年7月

## 拟土城古韵茶庄对联

借船帮老楼，建文化阵地

玩茶道清味，扬儒家精神

细品仙源古茶，有滋有味

静观鳛国烟雨，无际无涯

2015年8月

# 学诗说诗之谈诗论对

## （一）诗教与文化

贵州大学的校园文化开展得丰富多彩，尤其是积极推动“中华诗词进校园”的诗教活动搞得有声有色，取得了可喜的成绩。经过十余年来坚持不懈地努力，已经列入全国高校诗教活动先进单位，不愧是全国高校诗教的一面旗帜。

诗教，是校园文化的重要组成部分，其实质是传播中华传统文化。大学校园有了热爱中华诗词的良好氛围，对提高大学生的人文素质起着不可估量的作用。

说到文化，有必要多说几句。人与人比，有没有文化，那是截然不同的。中国人的文化体现在哪里？真得琢磨琢磨。文化，虽然是精神层面的东西，但也并非虚无缥缈、深不可及，它总得有个可以衡量的标尺。作为文化人，作为一个中国的文化人，两个方面应该引起重视：一个是方块汉字的书写，一个是对联的撰写。

我们读书，从认字开始。认字、写字、讲字，进而做学问，一辈子与方块汉字打交道。一个汉字，就是一个文化符号，蕴含着无比丰富的中华文化。汉字书写就体现你的文化。汉字是中华文化的载体，没有方块汉字，还谈什么中华文化、华夏文明呢！汉字的点、横、直、撇，纵横交错，平衡包容，千变万化，它带给中华儿女的是聪明、是智慧、是勤奋、是创造。“汉字是形象生动的奇妙世界，是严密深邃的理性王国，是优美高雅的艺术宫殿，是独特丰富的文化宝库。广袤宇宙的万千物象，史前时代的悠久存在，文明社会的真实情景，古代圣哲的智慧思维，华夏儿女的创造伟力，都积淀活跃在这‘东方魔块’之中。”

认不得几个字，汉字写得很不好，讲不清字的来龙去脉，能说你有文化？我想，每个人都该把汉字写好，大学生尤其得把汉字写好，不是要你做书法家，是必须写得方方正正、中规中矩，体现文化人的基本素养。大学校园里的标语、公告、通知、启事、宣传栏，如果汉字写得歪歪斜斜，还像个大学不？汉字书写，的的确确是文化人的基本功之一。

文化人的基本功之二应该是对联的撰写。这就与中华诗词进校园、与诗教有直接关系了。文化人要有吟诗作对的本事，不会对对子，也就没文化。这又是当今各级学校教育所忽视的。大学生不懂对联，不会书写对联，那是习以为常啦，各位老师也见惯不惊。

中国是一个尚诗的国家，诗歌是中华文化的主流。孔子说："不学《诗》，无以言。"最早的文学作品是《诗经》，尔后有《楚辞》，有汉赋、汉乐府，然后是唐诗宋词。唐代诗歌发展到最高境界。历代科举考试必定有诗，所谓"试帖诗"是也。诗，尤其格律诗，是文化人的必修课。格律诗，讲究的就是对仗，对联就不可或缺。你不会书写对联，你还称得上是文化人么？

今天在座的贵阳市委原宣传部长赵西林先生、农学院原书记冯泽先生、贵州民族大学李华年老师、青岩诗社饶昌东社长、贵州大学人文学院王晓卫教授等都是书法、诗词高手，写得一手的好字，做得绝佳的诗词，堪称高素质的优秀文化人，他们是青年同学的好榜样。

汉字写好并不难，"字无百日功"已经是口头禅，写它三个月就有模有样。对联书写同样不难，掌握基本格式即可。平仄相间（平平仄仄平）、平仄相对（平平仄、仄仄平）。名词对名词、动词对动词、虚字对虚字，还有颜色对、数字对之类，常见就那么几种。对联上下两句，要有虚有实，一句虚一句实，一说就懂。诗词的格律就建立在对仗上。学会对联的撰写，诗词格律也就容易把握，中华诗词进校园就落到实处，诗教就有更好的效果。

不难明白，诗教与文化大有关系。弄清楚文化人的两个基本功，重视汉字书写、学会对联撰写，贵州大学的诗教活动会更上一层楼。

2013 年 10 月 20 日

## （二）说说骈对

方块汉字是一个一个的，使用起来却要求两两成双，也就是要讲究骈对。学会骈对是文化人的基本要求。不懂骈对，可以说就没有文化。所以说，还忽视不得。

京剧《将相和》有句唱词："辞别了丞相府，将军府往"。明明"往将军府"，变成了"将军府往"。为啥？讲究骈对呀。往一将军一府，不构成骈对。成语有水中观月或者水中望月，从逻辑顺序看，有点不通，人怎么能在水中观月望月？逻辑顺序当是：观水中月。观一水中一月，不合骈对了。逻辑顺序还得服从骈对规矩，一见骈对的重要。

今年端午节后到杭州参加章太炎先生国学研讨会，会议就在国学研修中心举办。其间，有某单位赠送横幅给章太炎故居管理所，横幅书写八个大字："太炎故里 书香仓前"。临别前，我告诉王永翔所长，此横幅不能用，挂出去要闹笑话。

太炎先生故居在余杭区仓前塘路59号，属全国重点文物保护单位。近年来参观访问者日益增多。作为国学大师，参访者多为文化人，不乏国内外文化名流。"太炎故里 书香仓前"八个字有两处错误。书香仓前，四个平声字，平仄失调；故里即仓前，合掌了。合掌乃诗家之大忌。就是说，不合骈对。怎么改？按骈对要求，太炎故里，平平仄仄，下面得仄仄平平。依照原意，书香改为书乡，更显宽博。仓前不能用，以"百越"代之，则"百越书乡"仄仄平平即可。我请浙江省文化厅副厅长兼文物局局长著名书法家鲍贤伦同志赐赠墨宝，取而代之，免得贻笑大方。

百越，乃浙粤江南地之统称。其西，远至四川大凉山。西昌人称西昌为月城，不少地方以月为名。诗人高缨还写有《月城赋》赞美之。"月城"实则"越城"也，与月亮无关。西昌之北有越西县，足见百越地域之宽阔。

百，言其多；太，言其长。地名百越对人名太炎，隐含着一种工对。书乡，体现文化；百越书乡，体现博大精深的中华文化，作为国学大师太炎先生的故里，当之无愧啊。

2013年6月

## （三）诗歌中的对语

文章诗赋，皆须属对。不懂得对语，就永远徘徊于宫墙之外，无法登堂入室。旧诗的写作与欣赏，尤其绕不开对语。今天就这个话题，简要介绍一二。

人生世上，处处依附天理。天理，即自然之理。我们的祖先最早认识的大自然就是上天下地，天经地义、天覆地载、天高地厚、天长地久、天造地设、天荒地老、天昏地暗、天翻地覆、天崩地裂、天罗地网、天南地北、天悬地隔、天诛地灭——这些词语都是人事生活的总结，也表达了人们对天地的认知。中华民族最古老的原始哲学意识保存在《易经》中，主体意识就是天地之道，阴阳协调。万事万物，无不两两相对，相依相存。这个天理、天道，反映在语言文字中，就是对语、对文的广泛使用。

有问必答、上句下句、对话、对联，都是对语的具体运用。古代汉语以单音词为主，用方块汉字写出来，也是一个一个的，一音一形。而汉语的文风，却要求骈对，两个两个地组合使用，使文字的应用完全符合自然之理。怪不得从古至今，文章诗赋都得讲究骈对。

《诗经》有“节彼南山”，顺次的理解，应该是“彼｜南山｜节”，翻译成现代汉语就是“那个南山真正高啊”的意思。为了两两组合，必须化为“节｜彼｜南山”，读成“节彼｜南山”，就是朗朗上口的诗句了。我曾经看到中巴车上有句是广告词“秀美花溪，我共同爱”。“秀美｜花溪”还算可读，而“我｜共同｜爱”，就违背骈对规矩，殊觉别扭。

古人最懂这个道理，就是写散文也讲究骈对。《易经》有“水流湿，火就燥”，又有“云从龙，风从虎”。《尚书》有“满招损，谦受益”，又有“诗言志，歌咏言；声依永，律和声”。后人有“春可乐，秋可哀”“斟清酒，拍青琴”，杜甫就有“车辚辚，马萧萧”。宋人编写《三字经》也多用对语：“性相近，习相远。养不教，父之过；教不严，师之惰。玉不琢，不成器；人不学，不知义。”这只是很宽和的对语，上下句有相同的字，也无所谓平仄，取一个意思相对，字数音节整齐而已。这还不是严格意义上的对偶对仗。

在楚辞基础上发展起来的汉赋，更讲究骈对，逐步形成四六的格局，也称之为“四六文”。南北朝骈体文成了文学的正宗。它一般是用平行的两句话，两两配对，直至篇末。王勃的《滕王阁序》就很典型，“物华天宝，龙光射牛斗之墟；人杰地灵，徐孺下陈蕃之榻”，又“家君作宰，路出名区；童子何知，躬逢胜饯”。整体是对称的，总还免不了有半对半不对的句子。进一步要求就是对仗工整。不仅词性相对，句法结构相同，还得分别“事类”，做到同类概念相对，人名对人名，颜色对颜色，数目对数目。在这个基础上，才有格律诗的产生。唐代格律诗的大量涌现，使唐诗走向辉煌，达到极致。唐代诗人成百上千，诗圣杜甫最具代表，他的各体律诗，五绝、七绝，五律、七律，无不工整，都做到了中规中矩。

格律诗的对语更显工巧，律句有严格的平仄格式，丝毫不乱。骈体文往往有同义词相对的句子，如“历观文囿，泛览辞林”“律异班贾，体变曹王”。其中，观对览，异对变，都是同义词配对，骈文认可，而律诗称之为合掌，为诗家之大忌。有一名人写的诗句：“回眸笑看风和浪，阔步平添寿与康。”本意是写成律诗，而“回眸”与“阔步”就不成对仗，“和”对“与”，同义词相对，算是合掌，律诗是个忌讳。再举个合掌的例子吧。明清小说常用一些对语，表达相同的意思，如“两个魑魅离世界，一双恶魔赴阴曹。”又，电影《芙蓉镇》中“两个狗男女，一对黑夫妻”的对联也一样，上句、下句雷同，就不能入诗。

旧体诗词，大体都讲究格律对仗。初学写旧诗，还得从易到难，不妨先学写对联。对联都做不出来，就不要勉为其难了。写对联也不难，从简到繁，一字对，二字对，三字对，再四言、五言、七言，一步一个台阶。私塾的小学生，认得字就要背诵《声律启蒙》，那就是学作对联的简易教材。私塾的蒙童把这本小册子直接叫“对偶”，可见很有实用性。

2008 年 11 月 24 日

## （四）一副对联的启示

从小就喜欢对联，因为简洁又富有哲理，受到的启发特别多。十来个字一副对联，往往胜过数千言的一篇文章。数千言记不住，而对联总是难忘。记忆中的对联，时时浮现的只有一副，那就是出自曾国藩之手的自修自惕的自勉联："不为圣贤，便为禽兽；莫问收获，但问耕耘。"当初读到这副对联，我感到震撼，又立即被它深深吸引。震撼，是立足于现世，我们一天忙忙碌碌，又浑浑噩噩，对自己的所作所为缺乏审视，没有用一把标尺来衡量自己，满足于得过且过，因而悠然自得。以儒家的道德观来要求，做君子，不做小人。没有小人的作为，也就心安理得，问心无愧。这就是平常心态，也是一种平庸心态。比照"不为圣贤，便为禽兽"，这种平庸心态，实在与普通动物的生老病死没有两样。作为一个有理想、有追求的人，他的目标应该是贤者、智者、哲人、圣人，必须时时检讨，永不满足。按照曾先生的说法，你没有追求，没有高尚的道德情操，就与禽兽没有多大的区别了。强烈的对比，事实就摆在面前，你能不感到震撼吗？

上联说的是道德修养，是精神层面的东西，比较玄虚一些。下联就不能再玄虚了，得是实实在在的，做到有虚有实，虚实结合。那下联讲的就是你的事业了。

人生一辈子不能只讲修炼、道德修养，还得自己种田找饭吃。你得有自己的职业，自己的劳动场所，还得拼命打拼，才有好日子过。做工务农，当官经商，教书行医，都是你从事的事业，靠自己的辛勤劳动才有收获。多劳多得，少劳少得，不劳不得，上天是公允的。你永远记住，天上不会掉馅饼，事业的成功，得靠你勤劳的双手。付出多少，收获就有多少。平常人总是追求功名利禄，总想事半功倍，曾先生的下联告诫你，面对事业，要踏踏实实，不急功近利，要勤劳、勤苦、勤奋、勤恳。一分耕耘，一分收获。只有这样，收获甚至丰收，那是自不待言的。从反面理解就是人生一辈子不能怠惰，怠惰则一事无成，懒汉只会受到世人的唾弃。这些都是常识。而"莫问收获"，平常人是不可能做到的。这恰恰是圣贤与普通人的区别啊。你要见贤思齐，"莫问收获"就是实实在在的考验。专一耕耘，勤苦勤劳，尽职尽责，尽心尽力，一般人还能做到，勤劳毕竟是中华民族的传统美德。"莫问收获"，这是下联的核心之所在。只有弄明白"莫问收获"这四个字，你才会真正受到启发，才算进入圣贤的境界。

2011 年 10 月

# （五）诗词的化用

写诗作文要说有什么诀窍，那是说不清道不明的；要说没有诀窍，似乎又说不过去。年轻人总希望得到高人指点，让自己少走弯路，尽早把文章写得好些、中看些。撇开思想内容不说，写作是在文字使用上见功夫。常用汉字也就那么四五千个，翻来覆去就使用着那几千个汉字，如何遣词造句就成了实实在在的一门艺术。就我的体会，最要紧的就是：求精炼、求变化。精炼，就是用最少的文字表达丰富多彩的内容，没有一句废话，也没有一个累赘的汉字。精炼两字好理解，而诗文的变化，就值得多说几句了。

变、化二字，是同义词组合，变与化其实还有细微差别。变是表面的改变，化才是实质的变化。我们讲诗文的变化，主要指实质的变化。《诗经》用“宜其室家”，又用“宜其家室”，只是叶韵而倒语，表面上有改变，并无实质的变化。

苏小妹以文择婿，在一大家子弟卷上批文：笔底才华少，腹中韬略无。全盘否定了。苏东坡为免求亲者难堪，悄悄在两句批文上各加一字，改成：笔底才华少有，腹中韬略无穷。还是现成的句子，只是各加一字，起了实质性变化，做到了点石成金。这算是妙笔化用。

我们说的“求变化”，就是这种妙笔化用。真正的好诗妙词，少不得这种神奇的化用。初唐的王勃作《滕王阁序》，都督阎公开初不以为然，待到写出“落霞与孤鹜齐飞，秋水共长天一色”这样的名句，阎公矍然而起，说道：“此真天才，当垂不朽矣！”其实，这两句是源于庾信的《马射赋》：“落花与芝盖同飞，杨柳共春旗一色。”王勃的化用确实令人叫绝，比庾信的原句更显高妙，不愧“青出于蓝而胜于蓝”。《滕王阁序》中还有“东隅已逝，桑榆非晚”的句子，这是化用《后汉书》“失之东隅，收之桑榆”。另外，“老当益壮，宁移白首之心；穷且益坚，不坠青云之志”“无路请缨，等终军之弱冠，有怀投笔，慕宗悫之长风”“非谢家之宝树，接孟氏之芳邻”等，都是有出处、有来历的。王勃不愧为奇才、天才。

南宋词人辛弃疾作词喜好用典，更是化用前人诗句的高手。《南乡子·登京口北固亭有怀》云：“何处望神州？满眼风光北固楼。千古兴亡多少事，悠悠，不尽长江滚滚流！”读到这里，你自然会想到杜甫的“无边落木萧萧下，不尽长江滚滚来”，更改一字，就是辛弃疾的了。下片说：“天下英雄谁敌手？曹刘。生子当如孙仲谋。”《三国志·刘备传》载，曹操对刘备说：“今天下英雄，惟使君与操耳。”意思是天下英雄只有你与我了。曹操的原意是试探刘备有无野心，辛弃疾借用来歌颂孙权敢于与曹操、刘备这两位当世英雄分庭抗礼。最后，更用曹操的原话“生子当如孙仲谋”直接夸赞孙权立足江南建功立业的雄才大略。这样化用，是暗里谴责南宋统治者不思进取、懦弱无能，借以表达自己的愤懑之情。

毛泽东的诗：“天若有情天亦老，人间正道是沧桑。”前一句就用了李贺的诗句，虽一字不动，却表达了别样的境界，也算妙笔生花。

前些年我读冯泽老的诗，对“砚田无税乐耕研”一句大感兴趣，以为是写出了我们文化人的心声。后来我稍加变化，以“砚田无税苦耕耘——自得其乐”表露自己的心境，大胆地印放在个人的名片上，与友人相沟通、共勉励。

写诗作文务必有所创新，那是奇才、天才，一味模仿是庸才，抄袭剽窃是蠢材。化用前人诗句，恰到好处，自然也是一种创新。

2009年5月3日

## （六）说说诗词的炼字

小时候老师告诉我们，写文章不要有废话。后来明白，写文章要精炼，诗词就那么几个字，更要讲究精炼，往往一个字关乎一首诗的成败。

贾岛推敲的故事人人知晓，僧推月下门、僧敲月下门，就是不同。推敲，就是炼字。关键的地方，用不同的字，意境就不一样，效果也就不同。

今年6月7日，贵州农学院原书记冯泽老，邀约几位热爱诗词的朋友到花溪大学城贵州财经大学新校区参观，由贵大宣传部副部长周乐成同志安排车辆，我也有幸忝列其中。座谈、参观，财大修耀华书记一路陪同。他原是农学院学生，毕业后留校，一路提拔，对冯泽老书记格外敬重。

新财大紧靠斗篷山，算上那座山，足够五千亩。绕山一周的公路就有九千米。山上郁郁葱葱，校门、院墙、道路、高楼，处处新气象。办公楼前广场的院士墙，是中国两院院士题字的石雕长墙，很具文化品位。其中，“儒魂商才”四个大字尤其引人注目。它体现的是这所大学的核心价值：培养商业人才，培养具备儒家精神的新时代商业人才。

座谈会上，书记介绍后，冯老讲话还吟诵自创的赞美财大的诗。坐我旁边的青岩诗社饶昌东先生也在手机屏上草拟诗句，要作即兴吟。我始终记住“儒魂商才”，想就此敷衍成诗。

返校路上，思索以“商才儒魂”入韵，便有“财大花溪气象新”一句。第二句自然是“商才英杰有儒魂”了。添上“万千学子书声琅，喜看山林尽绿荫”，就是一首绝句。

“有儒魂”的“有”，太过平常，必须推敲。有，可换成“富”。富儒魂，好一些。富，未必好，不如用“附”，成语有魂不附体，附儒魂比较妥帖吧。

“财大花溪气象新，商才英杰附儒魂。”附儒魂，附儒魂，依附在身还是不够的，必须表露出来才好。看来还有推敲的必要啊。

那个“附”字让我不得安宁，总想换个贴切的字。“重”儒魂，如何？看重儒魂、敬重儒魂。也未必好。“尚”儒魂，如何？崇尚儒魂、崇敬儒魂。女弟子向津润觉得“尚”字好，高雅而不俗。我又觉得“尚儒魂”，崇尚而已，有敬而远之意味，也不如意。后来又出现“显”儒魂，显示儒魂；“展”儒魂，展现儒魂。还可以用“透”儒魂、“蕴”儒魂。思来想去，觉得展示，比较明朗，大体确定用“展儒魂”。弟子卢凤华说，铸儒魂，“铸”字好些。“铸”字虽好，铸国魂、铸英魂，太过凝重，还是觉得过头些。

> 财大花溪气象新，商才英杰展儒魂。
>
> 万千学子书声琅，喜看山林尽绿荫。

远在承德的弟子张金宝说，在您列出的字中，弟子个人认为最好的是“蕴”。展者，展示也；蕴者，孕育也。财大是培养商业精英的学府，学子尚未进入商海搏击，用“展”似乎过早。“蕴”意味着正在培养，前途未可限量也。蕴，蕴藉，不像展示、展现那样锋芒毕露。

好友顺真居士以为，可用“商才英杰练儒魂”，表大学生历练儒家精神之意。大学同窗罗福应先生指出：展儒魂之“展”，似乎以换用“酿”字为好，合乎正在培养的教育实际，也紧扣全诗所定之中心。

就那么一个字，换来换去，总希望切贴。我是说，那就是炼字。再读杜甫名句，“为人性僻耽佳句，语不惊人死不休。”贾岛云：“两句三年得，一吟双泪流。”卢延让云：“吟安一个字，捻断数茎须。”

懂得炼字，也就明白作诗的艰辛了。

2013 年 6 月 24 日

# （七）旧诗点评

贵大外语系老师贾国华携子女移居海外，其子刘某年过四旬，近期结婚，国华邀请老同事三人参加婚宴，一再声明不收礼。受邀的熊寅谷老师等商议以古诗一首表达祝贺之意，由熊老师执笔。熊是我大学俄语老师，又多年做邻居，相处融洽。前日晚，熊先生夫妇特意到寒舍，提供诗稿，要求调平仄、和诗律，中规中矩，免贻笑大方。

原稿文字如下。

休道相知相爱晚，和睦美满贯始终。
从来福慧双修侣，韵事偏多乐更浓。

意思很明白，新婚祝贺。因为年过四旬结婚，所以用“相知相爱晚”尽其意，第二句是祝白头到老的意思，第三句希望相伴“福慧”一生，尾句指好事让我们乐融融。表达的祝愿是诚挚而厚重的。

问题如下。

1. 韵律不谐。终，一东韵；浓，二冬韵。不挑剔的话，也马虎可行，毕竟新诗韵都是“ong”韵母。

2. 平仄。和睦，睦是入声字，此处当用平声字；贯始终，平仄平，也不行。

3. 语意。乐更浓，无诗味，不如“春意浓”“乐融融”。

4.“偏多”，所指含糊，韵事指结婚的话“偏多”就不妥。

找到问题所在，修改就不难。修正如下。

1. 莫道相知相爱晚。改“休道”为“莫道”，文雅点，且后面有“双修”，避“xiu”音重复，尤其朗读忌讳。

2. 恋爱结婚，古人“琴瑟友之”，可以用“弹琴鼓瑟”。音乐少不得，演奏什么？不外黄钟大吕吧。“弹琴鼓瑟”处也可以用“珠联璧合”。

3. 福，入声字，仄声。

4.“偏多”必改，用“韵事逢春”好。有“春”字，就不能“春意浓”。改“雅意浓”，平仄也合。

**祝贺新婚**

莫道相知相爱晚，
×× ○○○ ××
珠联璧合奏黄钟。
○○ ××× ○○
从来福慧双修侣，
○○ ×× ○○ ×，
韵事逢春雅意浓。
×× ○○ ×× ○
（二冬韵：钟、浓。×，仄声；○，平声）

2013 年 3 月 6 日

## （八）旧作改错

1973 年 7 月，正是快放暑假的日子，毕业生也纷纷准备离校。一天下午，学生陈某突然来到我的屋里，恭恭敬敬拿出新买的笔记本，请我题几个字做个纪念。我自然不会推辞，想想两年的学校生活，真情实感，欣然就提笔写了几句。

不觉光阴又两年，耕师猛把岁月添。

切磋琢磨兼昼夜，姊妹弟兄胜家园。
师生一室居树下，男女同耕在山前。
明朝新秀初登台，喜闻诸君执教鞭。

句句实情，没有矫揉造作，学生也满意而归。我只是觉得粗糙些，没有推敲平仄，对仗也还工整，没有刊发的意思，就懒得打理了。

一放四十余年，这次整理诗稿抄录出来，由冠林操作。直到前夜，接到曾永模老师电话，说是有些诗作的平仄有些疑问，希望斟酌。我首先想到，最具嫌疑就是这种即兴作。拿出来一看，真是糟糕。“猛把岁月”，四个仄声；“初登台”，三个平声；“喜闻诸君”，连用三平声，都是犯规矩的。

有错必改，善莫大焉。把冠林请来，一起改吧。

第一句，“又两年”，仄仄平；第二句结尾必须是，仄平平。改为“注心田”“注心间”都可以。

第二联，第三、四句结尾必须是平平仄、仄仄平。“兼昼夜”“胜家园”就不妥。改为“兼春夜”“兼秋夜”如何？秋夜上课读书，也是一件乐事。那时候，晚自习是学校普遍的规定，师生们都是适应的，所谓挑灯夜读是也。我们初高中时候，晚自习、早自习都少不了，读书真是“苦”啊。

“胜家园”不妥，改为“建校园”仄仄平即可。事实上，半农半读就是多劳动，建校园。我们都经历过。

第三联，文字调整一下，平仄也算切合。

第四联，初登台，意思没有问题，三平声非改不可。初应对、初应试如何？都指教育、上课。应，可平可仄的字。想来想去，还是不太好，不如直白一点，改为“登台讲”。当初意思，也是新教师登台讲课。明朝新秀，调整为“新秀明朝”是次序倒倒，就符合仄仄平平的规矩啦。前句是仄仄平平，这一句要与上联相粘。好在“一三五不论”，男、新，都是当用仄声用了平声。律句是允许的，看成正常格式。

“喜闻诸君”，闻改看，平改仄即可。仄仄平平，合规矩啦。

旧作改正如下。

### 送耕师第三届师范生毕业

不觉光阴又两年，耕师岁月注心间。

切磋琢磨兼秋夜，姊妹弟兄建校园。
男女同耕居树下，师生一室在山前。
明朝新秀登台讲，喜看诸君执教鞭。

2014年10月5日

## （九）改诗

### 中华民族之幸（原诗）

尊崇天与地，敬畏大自然。
爱家爱祖国，尊师尊圣贤。
生命在谋道，名利是尘烟。
人生如朝露，经典传千年。
温良恭俭让，文质相濡涵。
君子胸襟大，天下装心间。

### 中华民族美德（改诗）

崇敬天与地，亲近大自然。
爱家爱华夏，尊师尊圣贤。
阴阳融宇宙，五行广流传。
君子胸怀广，天下存心田。
命旅寻正道，名利是尘烟。
忠孝仁义善，修齐治平先。
温良恭俭让，勤勉无清闲。

人生如朝露，经典传千年。

张闻玉、马明芳修改

2017 年 7 月 24 日

## （十）改对联

原对联

上联：鸟在笼中，恨关羽不能张飞

下联：人活世上，要八戒更需悟空

鸟在笼中，难张飞也难关羽

人活世上，要八戒更得悟空

原对联堪称绝妙，但平仄失调。恨、要，仄仄。羽、戒，仄仄。能、需，平平。飞、空，平平。要八戒更得悟空。那个“得”字我想了很久，换了好几个字，最后才决定用“得”。下联是说，不仅八戒，还得要领悟醒悟空空的佛义，这样意境就升华了。

## （十一）说说诗词“老干体”

很多离退休的老同志，闲下来了，凭着自己对传统文化的热爱，学习写诗填词，充实晚年的文化生活。他们的诗词的确有很多共通之处，于是被人戏称为“老干体”。

老年干部，始终有饱满的革命热情，人老心不老，积极奋发，斗志不减当年。革命精神、革命热情、革命激情灌注在字里行间，给人以力量，给人以鼓舞。这就与吟风弄月、伤春悲秋的格调迥然不同。老干体诗词积极向上的风格，符合我们的民族精神，反映了大众的心声，满足了大众的渴望，因此受到大众的普遍欢迎。

如果说“老干体”诗词第一个特点是“激情饱满”的话，那么它的第二个特点就是“率真质朴”。“老干体”直抒胸臆，不转弯抹角，想什么写什么，看到什么写什么，迅速反映现实诉求，以诗词形式做新闻报道，毫不含糊地表明自己对事物、对事件的看法与观点。有首诗赞教师：“讲台笔耕数十年，桃李芬芳自无言。弱肩亦能担道义，造就中华好英贤。”虽然只有四句，写得还算朴实无华。

老同志久经革命锻炼，在岗位上长期为人民服务，形成了胸怀天下、毫不利己的优良品质，反映在诗词创作中的第三个特点就是无私而高远。有诗颂三八节，写道：“新春伊始迎佳节，桃红绿茵映春色。巾帼建功华篇颂，漫道雄关创伟业。”这里没有“我”，没有个人的影子，赞巾帼英雄，而又意存高远。

我不打算再去归纳出“老干体”诗词的第四个、第五个特点，上面三点的确很有值得称道的普遍性。我想指出“老干体”的不足。“老干体”的称谓，本来就有褒有贬，上面说的是“褒”，是说好的一面。不足在哪里？这正是老同志诗友们需要正视的地方，知道不足，对症下药，诗词水平自会逐步提高。

写诗与作文一个理。文字是个人情感的表达，文学就是一个“情”字。文章要写好，我归纳出两点：求精炼，求变化。精炼，就是说文章没有一句废话，没有一个多余的字。诗歌要求“意在言外”。直白了，就不是诗了。所谓“诗贵含蓄”，就是不能直白。直白的诗等同于顺口溜。应该说，直白是诗词的最大忌讳。

再说说“变化”。文章是反映社会生活的，人生天地间，人之道服从天道，人之理服从天理。天道之天理是啥？从哲学角度说，就是《易经》中的阴、阳二字，贯穿在人事中，就是虚、实二字。阴、阳，或者说虚、实，体现在方方面面。上、下，前、后，远、近，男、女，感性、理性，展开、收拢，写意、写实，正例、变例……无处不在，彼此相依相存。懂得这个天理，就会明白，世间的变化，主要是阴阳—虚实的变化。诗词顺乎天理，也要讲究虚实的变化。

杜甫诗的风格前人归纳为“沉郁顿挫”。沉郁，就是含蓄，意在言外；顿挫其实就是变化。“两个黄鹂鸣翠柳，一行白鹭上青天。”前句双，后句单；

前句近，后句远；前句“鸣”是听到，后句“上”是看到；前句写低处，后句写高处；黄鹂色黄，白鹭色白。变化体现在对仗中。这两句写实，后面两句“窗含西岭千秋雪，门泊东吴万里船”那是写他想离开此地万里远行啦。理解为他的想法，当然是虚。如果四句，句句写实，就缺乏变化，也不是诗。

1969年10月4日，我乘坐汽车从毕节往贵阳，已近黄昏，车过红枫湖大坝下面的姬昌桥，前面一辆大货车掀起尘土，右看大坝上飞瀑直泻，很是壮观。我有感而发，当晚写下小诗：“大道扬尘风卷土，长堤飞雪浪淘沙。中天暮色嵌（kā，平声）星斗，灯火辉煌出万家。”前两句写实，身临其境；后两句虚写，遐想水力发电的夜况。这就是虚实互补，相依相存。

“两个狗男女，一对黑夫妻”是电影《芙蓉镇》里面一副对联。上句、下句一个意思，这叫“合掌”，合掌就是雷同，也是诗歌最忌讳的。为什么忌讳？就是缺乏变化。小时候到外婆家，看到堂屋一副对联：“晨昏三叩首，早晚一炷香。”是说早晚要烧香磕头，敬奉神灵，便一直铭记在心，至今不忘。殊知，这晨昏与早晚就雷同了。赵忠祥有诗道：“回眸笑看风和浪，阔步平添寿与康。”上句的“和”，下句的“与”，一个意思，也算合掌。不如改为风兼浪、寿更康。有诗道：“觅韵寻章摘句意。”觅韵、寻章、摘句，都一个意思，还是雷同。有诗道：“三湖次第渐冰开。”次第与渐，意义重复。不如用“三湖水暖渐冰开。”

徐晋如先生点评赵忠祥的诗，讲得很有道理。再摘要介绍一二。

赵诗：“九州|得意|开|新路，四野|温馨|映|碧空。万户|荧屏|传|浩唱，三觥|美酒|敬|诗翁。”徐先生评：九州、四野、万户、三觥，数字何乃太多耶？这二联，句法上没有变化，呆滞。如上一联句法为二二一二，下一联就应为二二二一。这是说句式上也得讲究变化。

除了虚实的变化，用字、用词的变化，格律诗还讲究平仄、音律的变化。

格律定型于唐代，唐宋语音为中古音，声调有平、上、去、入四个，平声为平，上、去、入为仄（不平则仄）。格律诗的平仄十分讲究，不得错乱。末尾三字的平仄是：平平仄，仄仄平；平仄仄，仄平平。三言变五言，五言变七言，就在前面加上两个就行啦。即仄仄—平平仄（五言），平平—仄仄—平平仄（七言）。还是体现一个音律高低升降的变化。初学写诗的，要记住入声字就得了。当今语音，入声字已经消失，有的读成平声了。稍微下点功夫，就不难把握。除了记住入声字，还要注意一字两读的汉字。不少汉字有平、仄两读，如：应、教、稽、只，施、遗、衣、难、背、思等等。翻阅字典、韵书，一回生二回熟，容易记牢。写诗填词，平仄就不会出错。

文章写好，还得修改，反复修改，直到满意。写诗，更重视反复锤炼，我们叫“炼字”。这一步实在少不得。还是用徐晋如先生评点赵忠祥诗的例子。

赵诗：“湖心轻漾云霞月。”徐评：“云霞月”不如“溶溶月”。

赵诗：“岸柳柔丝拂野花。”徐评：“柔丝”不如“垂丝”。

赵诗：“嫩柳珠芽映古魂。”徐评：“嫩柳”不如“翠柳”。嫩柳、珠芽，句内对。

赵诗：“流连美景君常忆。”徐评：“常”字不如“须”字。

赵诗：“字画琴棋陪我游。”徐评：“陪”伤雅，要改“伴”。

赵诗：“关山已越几千重。”徐评：“几千”改“万千”。

赵诗：“草卧堤旁风愈欺。”徐评：“堤旁”不如“长堤”。

赵诗：“野店杯倾愁客肠。”徐评：“杯倾”不如“倾杯”，愁不如“断”。

赵诗：“心同秦川镜悬夜。”徐评：改为“心同秦镜悬春夜”。

老干体诗词往往在炼字上还欠缺功夫。对照赵诗与徐先生的评点，应该受到许多启发。往往是一个字的改动，诗味就大大的不同。所谓“一字师”是也。

我倒是觉得，要写好旧体诗词，不妨先练习写好对联。写对联是基本功。对联写不好，就不要谈写诗了。对联就上句、下句，很简洁，讲究平仄，讲究对仗，收尾得用平声韵。这是学写旧体诗词的捷径。老年诗友们千万不可忽视啊。

2011 年 9 月 26-27 日

## （十二）律诗的平仄

唐代创制的格律诗有严格的平仄要求，青年同学常常感到难于掌握。我在这里给大家介绍一个简明的方法，让你对律诗的平仄有个基本的了解。

平仄，是语音学术语，是就声调的平、上、去、入而言。平声就是“平”，上、去、入三声为“仄”。所谓“不平为仄”。今天的北方话，平声分阴阳，入声消失，入声分别读成了平（阴平、阳平）、上、去。这就是语音学上的“入派三声”。要掌握律诗的平仄，得弄清楚古入声字，将入声字视为仄声就行了。另外，不少汉字有平、仄两读，也得留意。

律诗有五言、七言之分。最重要的是最后三个字（俗称“三字尾”）的平仄。明白了“三字尾”的平仄，往前延伸，三言变五言，五言变七言。

三字尾也就是末三个字的平仄，只有这么几种组合方式。

平声为○，仄声为×。一共八种形式。

○○○　　○○×
×××　　××○　甲式
×○×　　○××
○×○　　×○○　乙式

左边四种是古体诗的平仄，我们存而不论；右边四种才是律诗的平仄，是我们研究的重点。

律诗要求上下句的平仄相反，三字尾的四种格式，实际就简化为两种，即甲式、乙式。

律诗八句四联，首联用甲式，颔联（第二联）就用乙式；首联用乙式，颔联就用甲式。四联的话，不外甲乙甲乙，或者乙甲乙甲。也就是说，颔联与尾联平仄是相同的，首联与颈联（第三联）也大体相同。所谓“大体”，指首句押韵用了平声就有点小小的变化。首句不押韵，一、三联的平仄就相同。

三言变五言，就是三字尾往前加两个字的平仄。

××　▪　○○×
○○　▪　××○　甲式
○○　▪　○××
××　▪　×○○　乙式

五言变七言，是五言前面加两个字的平仄。

○○　▪　▪　××　▪　▪　○○×
××　▪　▪　○○　▪　▪　××○　甲式
××　▪　▪　○○　▪　▪　○××
○○　▪　▪　××　▪　▪　×○○　乙式

以上就是律诗平仄的最基本的格式。组成八句，就是甲、乙、甲、乙。

××○○×
○○××○ ＞甲式
○○○××
×××○○ ＞乙式
××○○×
○○××○ ＞甲式
○○○××
×××○○ ＞乙式

也可以是乙、甲、乙、甲。（此处从略）

下面说说小有变化。这是指首句入韵，其首句平仄小有变化。

因为三字尾，只有甲式、乙式，它符合首句不入韵的律诗。而很多律诗，起句就入韵，用平声韵。即第一句就是××○，或者×○○。

首句如果用××○，第二句就用×○○；首句用×○○，第二句就用××○，首联是甲式还是乙式，由第二句的平仄确定。演示如下。

×○○（首句）
××○（二句） ＞甲式
○××（三句）
×○○（四句） ＞乙式
○○×（五句）
××○（六句） ＞甲式
○××（七句）
×○○（八句） ＞乙式

或者乙式、甲式、乙式、甲式。

下面说"一三五不论，二四六分明"。这是前人教授平仄的口头禅，取其简便。"分明"，是指七言律句中二、四、六字的平仄不得含糊，特重要。"不论"，是说可平可仄。这个"一三五不论"并不准确。主要是指七言律句中的一、三两个字可平可仄，第五个字平仄也不得含糊。

下面说说拗救。

做文章不得以文害意，写律诗也不得因平仄害意。律句中，非用这个字不可，无法更换，可是又违背了一般的平仄规律。这样的句子，叫"拗句"。对于拗句，不得听之任之，往往用"救"，就是补救。合起来叫拗救。

拗救，可以避免孤平。孤平，就是除押韵的字，五律句只有一个平声字。这是绝对不允许的。

拗救办法，不外两种：本句自救或上拗下救。

句中自救之一，即在五言律诗中，第三字拗，第四字救。

○○○ ××（律句）→○○ × ○ ×（拗救）

例如：红颜弃轩冕（李白）——“弃”字拗，“轩”字救；凉风起天末（杜甫）——“起”字拗，“天”字救；寒山转苍翠（王维）——“转”字拗，“苍”字救。

句中自救之二，即在五言律诗中，第一字该平而仄是拗，第三字该仄就用平，以此补救。

例如：故园芜欲平（李商隐）——“故”字拗，“芜”字救；双鬓向人无再青（陆游）——“向”字拗，“无”字救。

上拗下救，即上句拗，下句救。

上句是 ×× ○○ ×（律句）→ ××× ○ ×（拗句，孤平）

下句就由○○ ×× ○（律句）→ ○○○ × ○（补救）

例如：吾爱孟夫子，风流天下闻（李白）——“孟”字拗，“天”字救；鸿雁几时到，江湖秋水多（杜甫）——“几”字拗，“秋”字救。

律诗的平仄大体如此。个别出格的，就不在此列。

综上所述，归纳起来，律句的规则有三条。①相间：一句中，平仄相间。②相对：上下句，指出句与对句，平仄相反。③相黏：上联的对句与下联的出句，二、四、六字平仄相同，平黏平，仄黏仄，把上联与下联黏起来。

不合乎对的规则的，叫“失对”。不合乎黏的规则的，叫“失黏”。事物有变化，文章讲变化，平仄也讲究变化。黏对的作用就是使平仄有变化。如果不对，上下两句的平仄就雷同了；如果不黏，前后两联的平仄又一样了。平仄有变化，才能体现出律诗的音乐美、节奏美。

2007 年 4 月 4 日

## （十三）谈诗的节奏

诗的节奏，就是朗读诗歌时自然的语音停顿，相当于音乐的节拍。有节奏就有音乐美。有节奏，这是诗歌语言的特点。无节奏就没有诗，有些新诗无法朗读，读不出鲜明的节奏来，这是诗作者忽视节奏所致，怪不得有读者要求诗人多写些朗诵诗。其实，诗都是可以朗诵的，只是有些作者写的东西叫人无法朗诵罢了。

我们说的停顿，在诗歌中有两种，一是意义上的停顿（即意顿），一是语音上的停顿（即音顿）。意顿的时间停顿较长，音顿较短。是意顿的地方，也必然是音顿。一次停顿就形成一个节奏。停顿是自然的、必然的，节奏才是鲜明的。举例如下。

三月｜三日‖天气新
长安｜水边‖多｜丽人
清清的｜流水‖蓝蓝的‖天
（在用线标时，意顿用‖号，音顿用｜号）

音乐上的节拍，有一拍的，也有半拍的，诗歌节奏也有类似的情况。有的地方需要有个停顿，但停顿时间比音顿还要短，或者不停顿而用拖长尾音的办法过渡到下一节奏。

诗歌节奏的划分，与一首诗的节奏单位有紧密的联系。古诗可以根据字数定节奏，一般是两个字一个节奏，只三言、五言、七言句末尾一个字一个节奏，并不难分。由于古诗停顿自然，读诗时知道某处必然有停顿，因此节奏鲜明。新诗可不同了，可以一个字一个节奏，也可能五六个字一个节奏。一般情况下两个字或者三个字一个节奏，这就是二音节奏或三音节奏。

以二音节奏为基本节奏单位的诗和与以三音节奏为基本节奏单位的诗，各有特色。大凡以三音节奏为节奏单位写诗，适合表达舒缓的感情；以二音节奏为节奏单位写诗，表达的感情比较急促。节奏单位不同，诗的语言特色也不同。例如郭沫若同志以三音节奏为节奏单位的一首新诗和一首古诗译作与田间同志的以二音节奏为其特色的一首诗，就节奏上说，就体现了不同的风格。举例如下。

第一次　来到　钱塘江　大桥
夕阳照着　嫩黄的　江水　滔滔
六和塔　在发出　红色的　微笑
好像在说　这儿　比西湖　还好

古诗译作如下。

我忧郁　我不安　我感受着　孤独
我孤独地　遭受着　今世的　穷苦
我就使　淹然死去　而魂离　魄散
也绝不肯　同乎流俗　屈节　卑躬

再看田间同志的《天池》，下面四句应该如此划分节奏——

蔚蓝的　天池　拥有　山峰
雪白的　山峰　映在　水中
葱绿的　塔松　环绕　天池
天池　把塔松　栽在　水中

有特色的诗作，有特色的诗人，诗的形式的特色常常是表现在诗的节奏方面。闻捷同志的《河西走廊行》可以看成是三音节奏单位的代表作，田间同志的《汽笛》则是二音节奏单位的代表作。

弄清了诗的节奏单位，划分诗的节奏才有可能。当然，不问用几音节奏单位，都可以写出好诗。但是节奏单位不明确，诗便没有特色，不好朗诵，也不能准确地传达感情。

原载《山花》1964 年 7 期

## （十四）都该明白的对联

近日写了一副对联——习六经以知国学　读三代而爱家邦

我用微信发给友人，反映相当得好。赵永刚教授道："张先生这副对联文辞高妙，内蕴深厚！指示门径，启迪后学。"类似的回复相当多，就不一一罗列了。

国学的主流是儒学，儒学的核心是六经。学习六经才懂得国学。这是上联。下联说，夏、商、周三代是中华文化的根，有五千年文明认知，才有民族意识，才有家国情怀。有了民族尊严，就不会崇洋媚外，才是堂堂正正的中国人。

当今的现实是，西化无处不在，崇洋媚外大家都见惯不惊，《解放军报》前不久发表《历史的拷问》透视“汉奸现象”，似乎应该引起人们的警觉。还是平平静静，好像都麻木了。直到里约奥运会结束前，中国女排夺得冠军，举国欢呼，女排精神唤起国民的精气神，一扫沉闷，中国人的爱国热情如火山爆发，惊世骇俗；如海浪排空，汹涌澎湃。我感叹：多些女排精神，少了崇洋媚外。

2016 年 7 月初，《夏商周三代纪年》由科学出版社出版，我分赠友人，往往题字：读三代、爱家邦。以此对后学的勉励。我实在看不惯崇洋媚外，很反感汉奸卖国贼行为。“欲灭其国，先灭其史”，我以为大、中、小学要加强历史文化教育，而我们似乎忽略啦。

现在，国家提倡传统文化，振兴国学，这就有了前进的大方向。很多普通民众并不明白国学、儒学、经学的关系，需要宣传、正确解读。让国学深入人心，这是一个漫长的过程，不可能一蹴而就。

四川大学古籍整理研究所前年送我一本书《考文献而爱旧邦》，我那时觉得“旧邦”别扭，今天改一下，爱家邦。正合。

2016 年 8 月 28 日

# 《学诗说诗》编后记

9月中旬的时候，闻玉先生趁着整理诗集的机会，将之前写的楹联和一些论诗的文章结合到一起，便出了这本《学诗说诗》的小书。书虽不厚，半个月下来，一次次的校改，却着实花了大家不少工夫。

开始是我和少华兄分别将本书诗词和楹联部分录入电脑，《学诗说诗》的文章大都在先生的博客里可以找到，直接复制粘贴过来就行了。本以为这样就可以交差了，谁知道做出第一个纸质样本之后，却发现了很多问题，例如字体不统一、封面不好看、排版不合理等。除此之外，最重要的还是错别字问题。第一稿被先生用红笔批注了好多错别字，先生将修改后的稿子拿给我的时候，我才意识到事情并不像我想的那么简单。

首先是解决封面、字体、排版的问题，有了贵大出版社闵社长的题字，再找了一幅淡青色的山水画，用图片软件美化后，封面便成形了。字体和排版的问题，也没有费多大的工夫。接下来的错别字问题，却是改了一次又一次，但最后还是会发现一两个错别字。先生是个完美主义者，稍有瑕疵便觉得不舒服。这是先生做学问的态度，一点马虎不得。于是先生便用邮箱把电子稿发给大家，让大家来帮忙找碴。果然还是人多力量大，邮件发出之后，收到了很多朋友的回信，大家指出了很多我们没有发现的错误，他们认真的态度也的确让我感到惭愧。其中史达宁师兄尤其让我佩服，连标点在内都认真地校改一遍。师兄之前就在贵大出版社工作，师父的《西周纪年研究》就是史师兄最后校对的，五六十万字的一本书，目前也只发现了一处错误。相比之下，这本只有六十页左右的小书，却是改了又改，怎能不让人汗颜呢？

总之，在大家的共同努力之下，这本《学诗说诗》终于与大家见面了。整理的过程虽然烦琐，毕竟受益良多。最后，用史达宁师兄常讲的《论语》中的一句来结尾："不忠无位，忠所以立。不患莫己知，求为可知也。"只要认认真真做事，就能有所收获。能力有限，书中不当之处，还烦请大家不吝指正。

后学：岳冠林

2014 年 10 月 1 日

# 附　录

# 认知中华文明的本色

## ——中华元文化三人谈

嘉宾：张闻玉　贵州大学教授 国内知名古天文历法专家

　　　刘明武　研究中华文化的资深学者

主持：沈　彬　本报记者

记者：源头的中华文化即中华元文化是优秀的文化，优秀的中华元文化孕育出领先于世界的文明。河洛图书乃至彝族十月太阳历，可以理解为中华元文化吗？

刘明武：人文源于天文。就各学科的顺序而言，天文学是第一学。天文学的第一个落脚点是历法。有文字后，历法是用文字表达的。没有文字之前，历法是用河图洛书、八卦表达的。春夏秋冬四季，空间东西南北，万物生长收藏四种状态，都是从河图洛书、八卦这里出发的。终则有始、原始反终、物极必反、否极泰来、阴极生阳与阳极生阴这些成语或说法，都是从立杆测影、制定历法那里发现的。人文的起点在历法，所以中华文化的源头就在河图洛书。

中华文化源头应该是“道器并重”的文化。先说道。中华先贤用抽象的一阴一阳解答了天地起源问题。阴、阳先是以两爻形式出现的。文字出现之后，一阴一阳被界定为道。道为生生之源。道生天地，天地生万物，万物生男女。道，既是宇宙观，又是人生观。

再说器。在中国的文字记载里出现的是一系列有关发明创造的人和事：女娲补天、钻木取火、构木为巢，舜发明网罟、耒耜、衣裳、车船、臼杵、宫室、弓矢，嫘祖培育桑蚕，后稷培育五谷……中华先贤总用智慧创造出先进的器具，再用器具促进生产、改善生活。《周易·系辞下》：“形而上者谓之道，形而下者谓之器，化而裁之谓之变。”这个论断告诉子孙，道、器之间是可以转化的。道能启迪人的发明创造，是因为道体现在两种象——形象之象与抽象之象中。形象之象是天地万物之形象，抽象之象即太极、八卦与六十四卦之图像。形象之象生动活泼、日新月异，抽象之象简易、深邃而博大，所以两种象均可以启迪发明创造的灵性。道与器在现象上如“车之两轮，鸟之两翼”，实质上乃源流关系。

张闻玉：中国历法的起点在十月太阳历。远古历法对于中华文化的建构所起到的源流作用，那是明明白白的。人文合于天文，这是十月太阳历所建立起的永恒原则。古人强调天人合一，以此为基准、为原点，演化出五千年文化。中华文化的本质就是崇尚大自然，就是“上天”。

记者：阴阳五行，一向都披着神秘的色彩，是古老文化遗存还是玄学？而在刘先生的研究中，您却有振聋发聩的正本清源之说。

刘明武：是的。阴阳五行，绝非玄学，阴阳五行学说，源于天文，奠定于历法，首先奠定于太阳历。周日可以论阴阳，周岁可以论阴阳。周日之阴阳，为无限循环的昼夜。周岁之阴阳，为无限循环的寒暑。昼夜往来，是由日月往来决定的。寒暑往来，是由太阳运动在南北回归线之间循环决定的。昼夜寒暑，均可以重复，可以实证，可以测量，可以定量，而这四个“可以”都在自然科学的范畴之内。所以，可以定量的阴阳在自然科学的范畴之内。

记者：张教授年前参加了日本山口大学的“东亚历法与现代化”研讨会，并做了题为《四分历的推演与应用》的学术报告。会议讨论了发展与毁灭并行的现代化发展取向这样的命题。刘先生认为远古十月太阳历为今天乃至以后的社会发展提供了哲学基础，您怎么看刘先生的观点？

张闻玉：远古十月太阳历的确具有完美的数理体系。以刘先生的研究，阴阳五行之所以在中华文化中无处不在，之所以构成了各学科的哲理基础，这是阴阳五行的时空属性所决定的，这是阴阳五行的数学原理所决定的。河图洛书之中人文合于天文的原则，今人“则之”，当可以为可持续发展提供哲理之源。在“东亚历法与现代化”研讨会上，日本学者提出“美国文化已经不可能支配世界”，有必要重新探讨早已形成的“东亚文化圈”，实质是肯定中华传统文化的崇尚自然，进一步弘扬中华文化。追根溯源，中华文化的源头在十月太阳历，这正是彝族文化的重大贡献。

原载《贵州日报》2010年3月12日

# 从大巴山走出去的黔中学者[1]

二十多年前，拥有中国最高水平的天文系的南京大学校园里传扬着这样一个轰动性新闻：著名学者程千帆教授竟然邀请了一位当时尚不知名的年轻学者前来讲授古天文历法——从那时起，这位敢于弄斧班门、赋诗草堂的年轻学者不断开拓，于诸多领域都取得了令人瞩目的成就。今天，在我国古天文法、先秦史、语言学界一提到他的名字，可以说是无人不知无人不晓。他，就是著名历史学家、语言学家张闻玉教授。观众朋友，我还要告诉你，张教授就是咱们巴中人。下面请看详细报道。

大巴山钟灵毓秀，地灵人杰，张闻玉教授1941年出生于巴州区下八庙镇。生活艰苦，小小年纪就知道努力读书。1952年，他11岁时考入巴中中学读初中。这对一个农村孩子来讲，是十分不容易的。更不容易的是，6年之后，年仅17岁的他又顺利考入了贵州大学中文系。张闻玉教授上大学时正值三年困难时期，大学里很少上课而是抓生产、抓生活，即使在这样的条件下，他也尽量做到学习不辍。这些细节给学校和系上的领导以及老师留下了深刻的印象。所以，在大学恢复招生不久，毕业后分配在中学、中师任教的张闻玉就奉调回到了他的母校贵州大学任教。

1978年，以邓小平为首的党中央吹响了改革的进军号，举国上下百废待兴，人们心中洋溢着蓬勃向上的激情。张闻玉沐时而动，深感专业知识的缺失，但他从不怨天尤人，而是默默奋力追赶。1979年秋，他来到安徽滁州张汝舟先生门下问学。张汝舟教授是章太炎先生首徒黄侃的嫡传弟子。说到章太炎，我们都很熟悉，他是近现代中国著名的革命家、学者。黄侃先生则由于英年早逝，普通人对他了解不多——他能与乃师齐名并称“章黄”，

[1]　此文由邱志诚执笔，为四川巴中电视台录制的关于张闻玉先生的电视纪录片解说词。

可以想见他的学识以及当世人对他的敬重。张汝舟先生把自己从章太炎、黄侃那里学来的古天文历法、古文字学、古音学知识毫无保留地传授给了自己的这位关门弟子。1985 年，张闻玉先生又北上吉林大学，师从著名历史学家、吉林大学原历史系主任、博士生导师金景芳教授学《易》。

十年磨一剑，张闻玉教授磨剑岂止十年？他多思善断，发挥师说，强调文献、器物与天象“三证合一”的论证方法。凡为论述，必有创见，厚积而薄发，高质量的学术论文在《历史研究》、《考古与文物》、《古汉语研究》、台湾《大陆》杂志等权威刊物上频频亮相。他关于西周年代学的研究，尤其受到学术界的赞誉与推崇，如《小盂鼎非康王器》《释“辰”》《晋侯苏钟之我见》等被人大复印资料中心全文转载，《武王克商在公元前1106 年》《曶鼎王年考》《西周王年足征》《涉及〈武成〉的几个问题》《昭王在位年数考》《鲁世家与西周王年》《共孝懿夷王序王年考》《〈易 · 明夷卦〉探微》《曾侯乙墓天文图象之研究》《西周年代学研究中的几个问题》《再谈西周王年》等论文多次被国际国内大型学术论文集收录，已经成为学术史上的名篇。在学术研究中，张闻玉教授既尊重师长又不迷信权威，勇于探求真是，《王国维〈生霸死霸考〉志误》指陈近代学术泰斗、清华四大导师之首王国维之误，《关于屈原的生年月日》指陈郭沫若之失，剥茧抽丝，切中肯綮。国务院学位委员会历史学科主任委员、中国先秦史学会理事长、夏商周断代工程首席科学家、清华大学教授李学勤去年在《文史知识》杂志上撰文说：“当今以历史年代学名家者，两三家而已，张闻玉先生是一家。”

张闻玉教授出版学术专著的质量与速度也令学人感到惊讶，1995 年以来，几乎是每年一本书。已出版《古代天文历法论集》《西周王年论稿》《铜器历日研究》《逸周书全译》《辛巳文存》《历史年代与历术推演》《古音学基础》《古代天文历法说解》《语文语法刍议》等，为治先秦史者所必备，深受学界好评。在他的计划中，还要撰写好几部著述。

张闻玉教授点校、主编或参编的著作就更多了，如《中国儒学词典》《四库大词典》《汉书补注》等。他主编过全国自学考试《大学语文辅导材料》，又与梅桐生教授合编《大学语文》课本，这本教材被列为贵州省高等院校文理科教材，全省高校都在使用，印数已达数万册；他编著的《古代天文历法浅释》作为研究生教材也多次印行；2007 年 12 月起《贵州日报 · 文艺版》为他开辟了《张先生说汉字》专栏，以便为大众普及历史及语言文字知识。

一分耕耘，一分收获，张闻玉教授的研究成果多次获得贵州省哲学社会科学优秀成果奖，并被很多学术研究机构、教育机构聘为客座研究员或兼职教授。同时，先后应邀到中国社会科学院、南京大学、东北师范大学、陕西师范大学、湖南师范大学等单位讲学。他的传略还被收入《世界名人录》《中华名人大辞典》《当代中国名人辞典》等四十多种辞书辞典。

张闻玉教授不仅是一位精于治学、成果丰硕的学者，还是一位循循善诱、授人以渔的老师。他在211工程重点大学贵州大学人文学院，一直主讲“古代汉语”“传统小学”“古代天文历法”“国学典籍导读”等课程。由于他教学得法，要求严格，受到学生深深的爱戴。他经常对学生说：“一个人要有一种出类拔萃的特长，研究一个问题，就要把它吃深吃透，绝不能门门都懂却样样不通。”无论是他教过的本科生还是指导过的研究生，对此都深有体会。1992年，在张闻玉教授从事教育工作满三十年之际，贵州省人民政府对他为党的教育事业做出的巨大贡献给予了特别表彰奖励。

中国楚辞学会会长汤炳正老先生八十华诞之日，张闻玉教授为贵州大学校方拟就了这样两副对联以示祝贺：“融通华夏文明五千年传统，赓续乾嘉学术三百载辉光”“立德立言，桃李满天下；寿人寿世，文辞冠中华”。

其实，这两副对联也正是张闻玉教授自己最真实、最准确的写照。

“清风化雨江天洒，仰止情深四海同”——让我们在此祝愿桃李满天下的张闻玉教授健康长寿，大笔如椽，取得更加丰硕的研究成果。

2008年2月

# 千里寻师记

从贵阳回到北京已经七天了，脑海里总是浮现与师父相聚时的点点滴滴，我依然沉浸在寻师、访师、拜师的喜悦中。

## 初窥堂奥　心驰神往

2015 年 11 月中旬，我在长沙十翼书院学习易学时，米鸿宾老师课堂上给学员们推荐了《古代天文历法讲座》这本书。我回到北京，有幸在旧书网上买到一本。该书以讲座方式编排而成，作者用平实流畅的语言将许多人望而生畏的古代天文学讲得简单明了。拿到书的当天我就读完了全书的前四讲，第二天读完后面三讲。对四分历的编制、应用及历法上的几个问题，我只能用“初窥堂奥，心驰神往”形容那两天看书时的心境。

天文学一直是我感兴趣的学科，在北大物理系读书时曾选修天文学相关课程。我近几年着迷于古琴、传统乐律的研习，自然又接触到古代历法等问题，案头摆着多部天文学史、古代天文历算方面的书籍，我虽都仔细研读过，但苦于无法用这些知识来解决实际问题。

通过《古代天文历法讲座》的学习，我得以重新认识、推演四分历。该书依据史料及天象考证，确定四分历实施的年份为公元前 427 年。该书在王国维先生“二重证据法”的基础上加上“天象依据”，做到“三证合一”，将此方法用于铜器断代、武王克商的年份、西周纪年、屈原生辰、秦始皇崩卒日等方面的研究，结论都确凿可信。

该书作者张闻玉先生，系贵州大学人文学院教授。书中提到的张汝舟先生为先生的老师。

# 寻寻觅觅 不负真心

我在一周内，就陆续买了张汝舟先生的《二毋室古代天文历法论丛》和张闻玉先生的《辛巳文存》《铜器历日研究》《西周王年论稿》等书。

我在网上查了张汝舟、张闻玉先生的相关介绍，出乎意料的是他们并没有天文或者物理的学科背景，只具有古代汉语、先秦史学等传统学科的深厚底蕴。我喜欢传统文化，但有时感觉会窒息在浩瀚的书海中，因此下决心要找到张闻玉先生当面求教。

我的书包里常带着《古代天文历法讲座》这本书，经常翻看。适逢年底，聚会较多，只要遇到有可能与这方面相关联的老师，一定向他们打听是否认得贵州大学的张闻玉先生，是否知道张汝舟、张闻玉先生有关古代天文历法的理论。我很快了解到，大多数文史哲的专家们遇到古代天文学的问题是绕道走的。尽管有老师听说过也看过这本书，但都不认识张闻玉先生。直到2016年1月16日，我去看望乐黛云先生时，向她讲起运用《古代天文历法讲座》中的月相定点说、“三证合一”的方法可以准确考订青铜器的年月日，从而研究西周纪年。乐先生非常感兴趣，并告诉我第二天贵州省文史馆顾久馆长会来拜访她，有机会获知张闻玉先生的联系方式。

与张闻玉先生第一次通电话的内容我已经不记得了，但还记得当时激动得有些语无伦次的感觉。因为临近春节，我没有如愿马上去贵阳拜访，只是通过电邮进行了自我介绍。三天后我就收到一本厚厚的赠书《西周纪年研究》(贵州大学出版社，2010年8月出版)，上有先生的签名。

随后，先生加我为微信好友，与我多次用短信、微信联系。他似乎完全能够理解我近几年学习传统文化的困惑，甚至能够判断出我看书的进展。春节后，先生直接布置作业给我，让我试着推算几件铜器的实际天象。我依照他的提示按部就班地研读《西周纪年研究》这本书。当我按照四分历的法则推演出几件青铜器的实际天象，并与先生书中的结论完全一致时，那种欣喜真是“不足为外人道也”。

渐渐地，我才理解到张汝舟先生对《史记·历术甲子篇》和《汉书·律历志》中“次度”的解读意义，这是整套古代天文历法系统的基础，而结论完全吻合当时的实际天象。张闻玉先生在师说的基础上，将这套理论应用于青铜器的断代，通过对众多青铜器缜密的逻辑分析、严格的天象运算、符合史料的推理，进而推演出西周王年、西周历谱。

春节期间，我拜会了一位考古学家。他说，研究青铜器断代的有考古学家、历史学家、天文学家等好多领域的专家，目前关于武王克商的年代问题，起码有三十几种说法，莫衷一是。

有几个问题困扰着我：为什么这样一套完整的理论体系在学术界没有得到应有的重视呢？是因为月相定点说与王国维的月相四分说相左，而王国维至高的学术地位导致这套理论影响比较小，还是因为文史学术界懂得天文历法的人太少，无法认定这套系统的正确性？

但这些疑问丝毫没有影响我继续研读与学习古代天文历法的兴致，我搜集了一些具体问题，准备时机成熟时当面向先生请教。

## 相识如旧　恍若经年

2 月底，我满怀欣喜去长沙十翼书院上课，期间我跟张闻玉先生约好 3 月 1 日在贵州大学见面。我在高铁上翻阅先生的《辛巳文存》，书中包罗万象，涉及天文地理、诗词语法、社会现象、历史人物等，每一篇都立意巧妙，视角独特，旁征博引，引人入胜。

还没到贵阳，张闻玉先生就多次询问我的行程、住宿等问题，还特别安排研三女学生张婷届时一直陪伴我。

3 月 1 日上午 9:30，在贵州大学北校区内，我终于见到张闻玉先生，他衣着朴素，身材适中，精神矍铄，虽然已经是 75 岁的高龄，但他看上去也就六十多的样子。几句寒暄后，我们便直接去校园内先生的家。他家里陈设简单舒适，最显眼的是书房那几个装满了书籍、杂志的大书架。先生已经给我准备好许多研究必备的资料、书籍，有富余的书就赠送给我，只有单本的就送去楼下复印一本给我。随后，我们又去了先生的办公室——贵州大学人文楼一楼的先秦史研究中心，贵州大学去年返聘年逾古稀的先生担任先秦史研究中心主任。这里就是先生平日办公、会友、给学生授课的地方。

靠窗三张办公桌，屋子正中是一套普通的沙发和一张茶几。环绕屋子四壁，门对面有装裱好的大幅周公圣像，相对是召伯《甘棠图》拓片，左墙高挂夏商周三代年表三个条幅，右墙是先生集联、顺真居士（张连顺老师）书写的“六经皆史三代乃根”的金文大横幅。办公室装修体现出先秦史研究、夏商周三代的特色，让人难忘。清华前校长梅贻琦的名言：“大学者，非谓有大楼之谓也，有大师之谓也”，正可以形容此处。

先生可能顾念我是北方人，听贵州话有些吃力，所以他语速较缓慢。从对传统文化的理解开始，先生认为中国文化是在阴阳五行理论指导下，建构了中医、儒家、命理这三个主要学术层面。他说：“中国人做学问，由情入理，由辞章而经学而史学，才算走完一位学者的全过程。”当面聆听先生的教诲，虽然不是我在直接提问，我内心的不少疑惑已经涣然冰释。

谈到古代天文历法体系时，我讲起自己对这套体系理解以及应用意义，并汇报自己半年来的学习心得。先生认真倾听，时而点头微笑。通过交谈，我解除了那些长时间郁于心中的疑惑，也受到先生许多鼓励。恍惚间，我觉得一直就是这样与先生在一起向他讨教的，完全没有了陌生感，消除了心中些许的隔膜。

很快就到中午了，先生请我们去吃饭。

下午两点，我如约去办公室就具体问题再次请教先生。先生要求先将几本书的错印之处都一一改过来。他说，做学术，校勘这一课缺不得。有一处错误当时没有找到具体页码，先生回去找到了，晚上还发信息告诉我。一个小错也不放过，做学问就是要这样严谨，马虎不得。先生的言传身教，我铭记在心。

当我就具体历算推演问题、青铜器断代问题请教时，往往先生几句提示性的话就让我豁然开朗。先生说，学问必须是简明而实用的，科学的东西放之四海而皆准，有普遍意义。科学是简明的，繁复深奥不是科学；还要实用，没有实用价值，也不是学问。先生举了很多例证说明这个道理，让我折服。

先生并没有天文学专业的学科背景，他毕业于中文系。他所研究的领域涉及古代汉语、易学、先秦史学、古代天文历法，他在夏商周年代学和青铜器断代方面的学术成就格外令人瞩目。能在某一方面精通已属难得，他如何能够做到精通多个方面呢？“万事万物本同一理”，先生如是说。

第二天，拗不过先生的好意，他要带我去天河潭景区游览，品赏贵阳美丽的自然风光，张婷也随行。天河潭不愧是名胜，随处瀑布高悬，随处潭水清澈。贵州的洞穴之美胜过“山水甲天下”的桂林。贵州真是山好、水好、人也好。一路上，我们边游览边闲聊，先生讲到对他一生影响最大的两位老师——张汝舟和颜冬申。从他温和的语气中，我感到他是一位宽厚待人、同情弱者、广结善缘、乐于助人的大好人。文如其人，他的很多短文都流露出他的真性情、真风骨。

## 喜得明师　终列门墙

此次行程千里，能够向先生当面请教实属幸事，而内心里我更期望长期跟随先生学习。于是，我冒昧地向先生提出可否拜他为师终身追随。看出我是真心实意的，先生欣然同意了。

3 月 3 日上午十点，在先生的办公室，由顺真居士（张连顺老师）主持，阎平凡老师作证，举行了传统古法拜师仪式，我虔诚地向张闻玉先生行了跪拜礼。前辈黄侃（季刚）先生说:“我的学问都是磕头得来的，收弟子就得磕头。”行过跪拜礼，先生正式纳我为弟子。先生（以后得称师父了!）再次教导我，做学问要做到：不争论，不批判，自成一家言。这几句话算是“师训”，几天来先生多次提及，他慨叹真正做到并不容易。通过顺真居士的介绍，我才知道张汝舟先生是黄侃先生的嫡传弟子，张闻玉先生是章黄学派章太炎先生的第四代传人。能够得先生垂爱，实乃我平生之大幸事。我最终明确了这一生的治学方向。师恩难忘，我真诚感恩师父，感恩太师张汝舟先生，感恩太师黄季刚先生、章太炎先生。

拜师之日，恰逢先生 75 岁寿诞之期，也是贵州大学新学期之始，先生请诸位弟子小聚“雨虹阁”，我也以新弟子身份叨陪末座，同门师徒相会，其乐融融。品味茅台佳酿，浅斟慢酌，我心中的喜悦难以言表。噫！微斯人，吾谁与归！

# 身怀绝学　抱朴守常

在校园里随先生走着，耳边常响起“张老师”“张教授”的招呼声，先生也总是微笑着回应。他笑声爽朗，总是满脸喜气地与人打招呼。最有意思的是，有位退休老教师晚上想打小麻将，但人手不够，三缺一，还要先生帮忙联系人，而先生竟也认真地促成，不使失望。助人为乐，的确是先生的美德。

先生虽然学识渊博，但如果只是日常与之相处，没有人会想到他身负绝学。《菜根谭》里的句子“神气卓异非至人，至人只是常”，似在说先生。在“大师”“能人”甚嚣尘上的年代，竟有这样一位智者能够时时处处替他人着想，过着平平常常的生活。即使是向先生请教学术问题时，他也尽量用平实的语言来解说，一如他的写作风格。说者无意，听者常能感受到他智慧的光芒闪现。

三日相聚，十分不舍。临别时，先生与师母还亲自送我到校园的大门口，给司机指明去贵阳北站的具体路径，唯恐司机绕路误了我的行程。

回京几日来，我常常想起先生的话——做学问就要做三百年也不过时的真学问。这是何等的胸怀与气度！张汝舟先生创始的古代天文历法体系，经过张闻玉先生的发扬光大，现在已经结出了丰硕的学术果实，令学术界瞩目。张闻玉先生的格言“不争论，不批判，自成一家言”，也给我以无限的启发。有师若此，幸甚至哉！

马明芳

2016 年 3 月 11 日